ゲマインシャフト都市

南太平洋の都市人類学

吉岡政德

風響社

序

一

太平洋地域を示す言葉にオセアニアがある。太平洋が主として海を指すのに対して、オセアニアはその海に点在する島々を指す。オセアニアは、大きくは三つの地域に区分される。一つは、日付変更線よりも西側で、赤道よりも北側の地域であり、ミクロネシアとよばれる。ミクロは「小さい」、ネシアは「島じま」を意味するギリシャ語であり、小さなサンゴ礁島や火山島が点在していることからこの名称がつけられた。二つめは、同じく西側だが赤道よりも南側の地域で、メラネシアとよばれる。メラというのは「黒い」という意味であるが、メラネシアの島じまは比較的大きく、ジャングルに覆われており鬱蒼としていることからこの名称になったという説や、そこに住んでいる人びとの肌の色が概して黒いことからこうした名称がつけられたという説がある。三つめは、日付変更線よりも東側の地域で、ポリネシア（多くの島じま）とよばれている。これらの島じまは、ハワイなどをのぞくと、ほとんどが赤道より南側に位置している。

さて、島における人々の生活や文化を扱う人類学では、太平洋という言い方よりもオセアニアという言い方の方が一般的に用いられてきた。しかし、オセアニアの中でも、赤道よりも南側に位置する島々、つまりメラネシアの島々とポリネシアの大部分の島々をまとめる言葉としては、「南オセアニア」よりも「南太平洋」という言い方が一般的にも用いられてきた。本書でもそれを踏襲して、赤道よりも南側にある太平洋の島々を一つの地域としての「南太平洋」と呼ぶことにする。ただし、「南太平洋」という言葉のもつ独特のイメージが、「メラネシアとポリネシア」という単なる地域の括りを越えて一人歩きしているという点を踏まえておかねばならない。そのイメージというのは、「秘境・楽園」イメージである。

「最後の秘境」、「原始と現代が交錯する国」。これはパプアニューギニア観光のキャッチコピーである。一方、「最後の楽園」、「鮮やかな海の青と豊かな森林の緑、そして眩しく降り注ぐ太陽の光」。こちらはタヒチ観光のキャッチコピーである。秘境と楽園。これが南太平洋を捉えた二つのイメージである。南太平洋はメラネシアとポリネシアからなるが、パプアニューギニアはメラネシアに、タヒチはポリネシアにある。そして、二つのネシアはそれぞれ秘境と楽園というイメージを付与されてきたのである。

メラネシアとポリネシアは、太平洋が植民地化の波に飲み込まれる一九世紀には、明確な対比をもって語られていた。つまり、「宣教師達をも殺害し食べてしまう野蛮な食人種の住むメラネシア」と「文明への道を歩みつつあるキリスト教徒の住むポリネシア」という対比である［中山 二〇〇〇：五八］。食人はメラネシアにもポリネシアにもあったといわれているし、それは南太平洋の専売特許ではなく、世界各地から報告されてきている。しかし、メラネシアは食人種のレッテルが最も頻繁に貼りつづけられてきた地域であった。二〇世紀の半ばになっても、メラネシアは「離島や山奥に入れば獰猛な食人種・毒蛇・鰐等も沢山棲息してゐる」というかたちで描かれつづけたのである〔秋本 一九四三：三二二〕。この対比が、やがて、メラネシアは原始的で未開なままであり、わけのわからない秘境だが、ポリネシアは文明へと向かいつつも無垢な自然にあふれた楽園というイメージにつながっていくのである。

このことは、二一世紀の現在もなお、日本のテレビで放映される異文化を対象としたバラエティ番組にも如実に反映されている。番組の多くは、若い芸能人が異文化を体験し、その驚き、とまどい、感動などを視聴者に伝えるという形態をとっているが、中には、素人の家族が異文化体験をした後、その地の家族を日本につれてきて異文化体験をさせるという凝った趣向の番組もある。こうした番組では、異文化性を強調するため、日本では考えられないような生活を描くことに主眼がおかれるが、その代表として描写の対象となるのが「文明から離れた生活」であり、未開、原始が続いているとされるメラネシアの地域なのである。かつて放送されたある番組では、メラネシアのヴァヌアツの人びとが、弓矢と槍で襲いかかる裸の「野蛮人」として描かれており、上陸しようとする取材人のボートに、陸側から放たれた矢が飛んでくるという場面が、繰り返し放映されたことがあった。別の番組では、パプアニューギニアの人びとが、村落に到着した若者たちに槍を振りかざして襲いかかり、襲われた女性は恐怖のあまり泣き出すというような場面が放送された〔吉岡 二〇〇五a〕。二一世紀の今日、日本からの訪問者を弓や槍で襲い掛かるというような状況があるはずもない。これは明らかに捏造であるが、メラネシアが未開で原始なところであるというイメージを強調したものであるといえる。

こうした原始的な秘境イメージと楽園イメージは、ここで改めて言うまでもなく、同じコインの裏表であるということはよく知られている。文明世界に住んでいると自認する人びとが、文明という恩恵に浴しているという自覚を強くもてば、そうではないところは不便で未開で、よくいえば神秘的、悪くいえばわけのわからないところと映る。これが秘境イメージの原点である。一方、文明はその発展とともにさまざまな害毒をもたらし、人間や自然がもってきたさまざまなよい点を犠牲にしてきたととらえれば、そうではないところは、まだ文明の毒牙におかされていない無垢で美しいところと映る。これが楽園イメージである。どちらも、自分たちのいる文明世界が捨ててきたものを持ちつづけており、よくも悪くも、まだ自分たちの世界にまで到達していない過去の段階にある世界というイメージなのである。野蛮で未開な「秘境」には、文明の利器が溢れた近代化された風景は似合わない。従って、「秘境」を描きたいときにはその地の都市を素通りする。同様に、無垢な自然にあふれた「楽園」でも、車の排気ガスや都市の喧騒は忌避される。その結果、南太平洋には都市はないかのようなイメージ作りが行われるのである。

しかし「秘境パプアニューギニア」は、じつは、人口的にも産業的にも太平洋の「大国」であり、首都のポートモレスビーは南太平洋を代表する近代都市である。そこにあるパプアニューギニア大学は、太平洋の各国からエリート留学生を集め、各国の中枢となる人材を育成して送り出しているところである。そして、街中では、携帯電話で話しながら歩く人びとを見かけるのも珍しいことではないのだ。弓矢で襲う野蛮人として描かれたヴァヌアツの人びとも、似通った都市生活を送っている。インターネットカフェは、いつも若者であふれ、グッチやフェラガモなどが並ぶブティックのある洒落た首都・ポートヴィラでも、ポートモレスビーと同様に、携帯電話片手に話しながら歩く人びとをしばしば見かける。都市は、我々と同時代を生きる南太平洋の姿を映し出してくれるのである。

南太平洋は「過去を生きている」のではなく「同時代を生きている」ということをしっかり認識して初めて、差異に気付く。南太平洋の都市は、西洋近代の都市とも日本の都市ともどこか違う。ポートモレスビーのような近代都市でも、やはりメラネシア的とでも呼ぶしかない何かが存在する。ツヴァルの首都のフナフチに至っては、規模が小さすぎて、村と見まがうばかりである。メインストリートの両側には、村落の景観そのままに畑や田んぼがあり、木々の中に家々が点在している。しかしそこは都市なのだ。ニューヨーク、ロンドン、東京などの「グローバル・シティ」〔サッセン 二〇〇八〕の対極にあるといえるこれら南太平洋の都市は、どのようなものであるのか、西洋近代の意味での都市とどのように違うのか、なにがそれを都市と思わせるのか、そうした点を、本書で論じようと思うのである。

二

筆者が太平洋に初めてフィールドワークに出かけたのは一九七四年だった。目的地は、メラネシアの英仏共同統治領ニューヘブリデス（現ヴァヌアツ共和国）であった。経由地としてフィジーのナンディで数日滞在し、ニューヘブリデスでは、首都のポートヴィラやエスピリトゥ・サント島（以下略して「サント島」と表現）のルガンヴィルにも滞在したが、目的がペンテコスト島での村落調査であったため、都市での滞在は、いわば素通りの状態だった（地図1、地図7参照）。一九八一年にヴァヌアツに出かけた時は、ニューカレドニアのヌーメアを経由した。しかし、前回と同様、村落調査の目的のため、ヌーメアやヴァヌアツの首都ポートヴィラ、サント島のルガンヴィルは単なる経由地としての存在だった。

次に太平洋に出かけたのは一九八三年だったが、その時は、ミクロネシアのキリバス共和国での村落調査を目的に、グァム、ナウル経由でキリバスの首都タラワ、そしてタラワのすぐ南の環礁島マイアナへと向かった。帰路は、マーシャル諸島共和国のマジュロ、ミクロネシア連邦ポナペ（現在のポーンペイ）のコロニア、トラック（現在のチューク）のモエン（現ウェノ）にそれぞれ数日滞在したが、どれも北太平洋の都市ということになる。

一九八五年には、パプアニューギニアの首都ポートモレスビー、中央高地のマウントハーゲン、ソロモン諸島の首都ホニアラ、ヴァヌアツのポートヴィラ、西サモア（現サモア独立国）のアピアなどの都市に滞在した。以前よりも、都市の在り方への関心は高まっていたが、基本的に、ヴァヌアツのペンテコスト島での村落調査の前と後のついでの都市滞在であった。

一九九一年は、ニューカレドニアのヌーメアで滞在したのち、ヴァヌアツ共和国へ向かい、ポートヴィラからペンテコスト島に飛んでいる。翌年の一九九二年は、南太平洋の都市を経由せずにヴァヌアツのポートヴィラへ。そしてペンテコスト島北部での村落調査を行っている。

一九九六年は、パプアニューギニアの首都ポートモレスビー、中央高地のメンディを見てからヴァヌアツに向かった。ポートヴィラを経由してペンテコスト島で村落調査を終えたあと、こんどは、トンガ王国のヌクアロファでしばらく滞在した。この頃から、都市での人類学的調査に興味を持つようになっていったと言える。

本格的に南太平洋の都市での人類学的調査を開始したのは、一九九七年である。ヴァヌアツ共和国のサント島にある都市ルガンヴィルを対象に、一九九七年、二〇〇三年、二〇〇四年、二〇一二年、二〇一四年と集中的にフィールドワークを実施した。首都のポートヴィラはルガンヴィルへの起点であるため、必然的に滞在する機会も多かったが、二〇一一年と二〇一三年にもフィールドワークを実施した。また、ツヴァルの首都フナフチでも、一九九八年、二〇〇五年、二〇〇七年、二〇〇九年にフィールドワークを実施した。さらに、二〇一一年には、パプアニューギニアのポートモレスビー、フィジーの首都スヴァに滞在し、以前の経由地としての都市ではなく、調査地としての都市という視点から考察してきた。本書は、こうしたフィールドワークに基づいた都市人類学的議論である。

さて、本書は第一章から第八章までの構成となっているが、第一章「都市とは――「都市的なるもの」と「都市らしさ」」では、本書全体を貫く理論的立ち位置を明確にするために、都市社会学や都市人類学の成果を整理しつつ、都市とは何かという問題を考えている。議論の起点となるのは、社会学者ルフェーブルの提起した「都市的なるもの」という概念である。それは、ルフェーブルが本来の都市の在り方として捉えたもので、そこでは、異質なモノが異質なまま併存するという特質を見出すことができるという。こうした異質性が発現する場を彼は「ヘテロトピー」と呼んでいるが、都市にみられるヘテロトピーという性質は、近代の浸透とともに同質的で画一化された場である「イゾトピー」に侵食されていったという。例えば、細く曲がりくねってはいるが生き生きとした街路が、都市計画などによって、まっすぐな大通りに変更され、ごちゃごちゃとしていたが生活の息づかいが感じられた小さな家屋群は、きれいだが無機的なビルに建て直されることは、まさしくイゾトピーがヘテロトピーを侵食していく事例であるというのである。つまり、ヘテロピーに満ちた「都市的なるもの」を侵食していくイゾトピーとは、近代的な都市のイメージ、つまり「都市らしさ」ということになろう。

ところで、従来の都市社会学の議論では、都市は常に村落と対比される形で論じられてきた。この対比でしばしば用いられてきたのが、古典的な社会学的研究の中でテンニースが提示した、ゲゼルシャフトとゲマインシャフトという概念である。ゲゼルシャフトとは、利益社会と訳されるもので、人為的、機械的、打算的な社会関係をさしており、一般には都市にみられる社会関係として捉えられている。一方、ゲマインシャフトというのは、共同社会と訳されており、地縁や血縁や友情などで結びついた自然発生的な社会関係を指す。これは村落共同体、つまり村落における社会関係を示す概念として用いられてきた。しかし、南太平洋の都市は、これら社会学における議論にみられるように村落と二分法的に対比されたものとして成立してはいない。「農耕する都市」は各地で見出され、村落共同体的な居住地が都市の中に作り出されている。都市の中に村落が入り込んだような南太平洋の都市。第一章では、それを、社会学の常識に逆らって、つまりゲマインシャフトは村落と、ゲゼルシャフトは都市と結びつけて考えられてきた社会学的伝統に逆らって、「ゲマインシャフト都市」と名付けることを提案している。そして本書では、この新たに命名されたゲマインシャフト都市の在り方を、「都市的なもの」「都市らしさ」あるいはヘテロトピーとイゾトピー概念を使って論じようと思うのである。

さて、続く第二章から第六章までは、具体的な南太平洋の都市の姿を記述分析している。

第二章「南太平洋の都市の諸相」では、南太平洋の二大都市であるパプアニューギニアの首都ポートモレスビーとフィジー共和国の首都スヴァ、そして、二都市と同じメラネシアに位置するヴァヌアツ共和国の首都ポートヴィラをとりあげ、植民都市としての成立の過程を見ながら、近代都市の中におけるメラネシア的な都市生活のあり方を考える。ゲマインシャフト的な社会関係が都市の中にどのように見出されるのかを、まず具体的な事例から探るのが本章である。第二章「ヴィレッジと呼ばれる首都」は、第二章とは逆に、最も小さな首都であるツヴァルのフナフチをとりあげる。ツヴァル自体が、人口一万人程度の独立国家であり、首都フナフチの人口は四〇〇〇人程度に過ぎない。村落としか思えないような景観を持つフナフチの中心部は、政府庁舎、銀行、ホテルなどが集まったビジネスセンターとなっているが、人々はそこを英語で「ヴィレッジ」と呼ぶ。しかし、各島から集まった異質な人々が集住しているフナフチは、他の島の村落とは別格の存在であり、そこにゲマインシャフト都市としての姿が見いだせる。

続く第四章、第五章、第六章は、ヴァヌアツの地方都市ルガンヴィルが舞台である。まず第四章「アメリカ軍の建設したキャンプ都市」では、第二次世界大戦時にアメリカ軍によって建設されたキャンプを起点として成立したルガンヴィルの、その歴史的設立の経緯を描く。第五章「都市文化としてのカヴァ・バー」では、アルカロイド系（カフェイン、ニコチン、モルヒネなどの類を成分を含有する）飲み物であるカヴァを飲ませるバーを対象とし、盛り場の人類学的研究を提示する。ヴァヌアツの都市部では、アルコールを飲む酒場よりもカヴァ・バーが圧倒的に多く存在しており、ルガンヴィルでも夕方の六時ころから大勢の男たちが集まる。都市にしか見られないこのカヴァ・バーを通して、メラネシア的な都市文化のあり方を考察する。第六章「都市におけるエスニシティの誕生」では、ルガンヴィルに集まる各島からの移住者たち相互の関係を考察し、単なる出身地の違いであったものが、近代の論理の流入によりエスニックな排他性をもった違いへと変換される様子を論じる。

本書の最後の二つの章、第七章と第八章では、ゲマインシャフト都市における共同体の在り方を理論的に、そして具体的な事例を交えながら、論じている。第七章「南太平洋の都市における公共圏と親密圏の可能性」では、社会学でしばしば議論の対象となってきた公共圏や親密圏という概念を整理して批判的に検討した後、これらの概念が、南太平洋の人々の都市生活において適用できるのかどうかについて論じる。社会学では、基本的に村落共同体と公共圏の二元的対比を踏まえて議論が行われるが、村落と都市が連続している南太平洋において、そうした議論が妥当性をもつとは言い難い。その点を踏まえたうえで、第八章「ゲマインシャフト都市にみるもう一つ別の共同体」では、ゲマインシャフト都市と名付けた南太平洋の都市における共同体がどのような性質を持っているのかを論じる。そこでは、第七章で検討した社会科学的な共同体概念への批判を踏まえ、それとは異なる共同体の在り方を提案している。章のタイトルにある「もう一つ別の共同体」というは、哲学者のリンギスが提案した「何も共有するものがない者たち」がつくる共同体のことであるが、それは同じく哲学者のジャン＝リュック・ナンシーの提案した「無為の共同体」に通じる枠組みでもある。本書では、しかし、それら哲学的な議論を参照はするがそれに拘泥するのではなく、実社会を見据えたときに見出させる「もう一つ別の共同体」を描くことで、本書の結論としている。

●目次

目次

目次

装丁＝佐藤一典・オーバードライブ

地図1　オセアニアの国・地域と都市

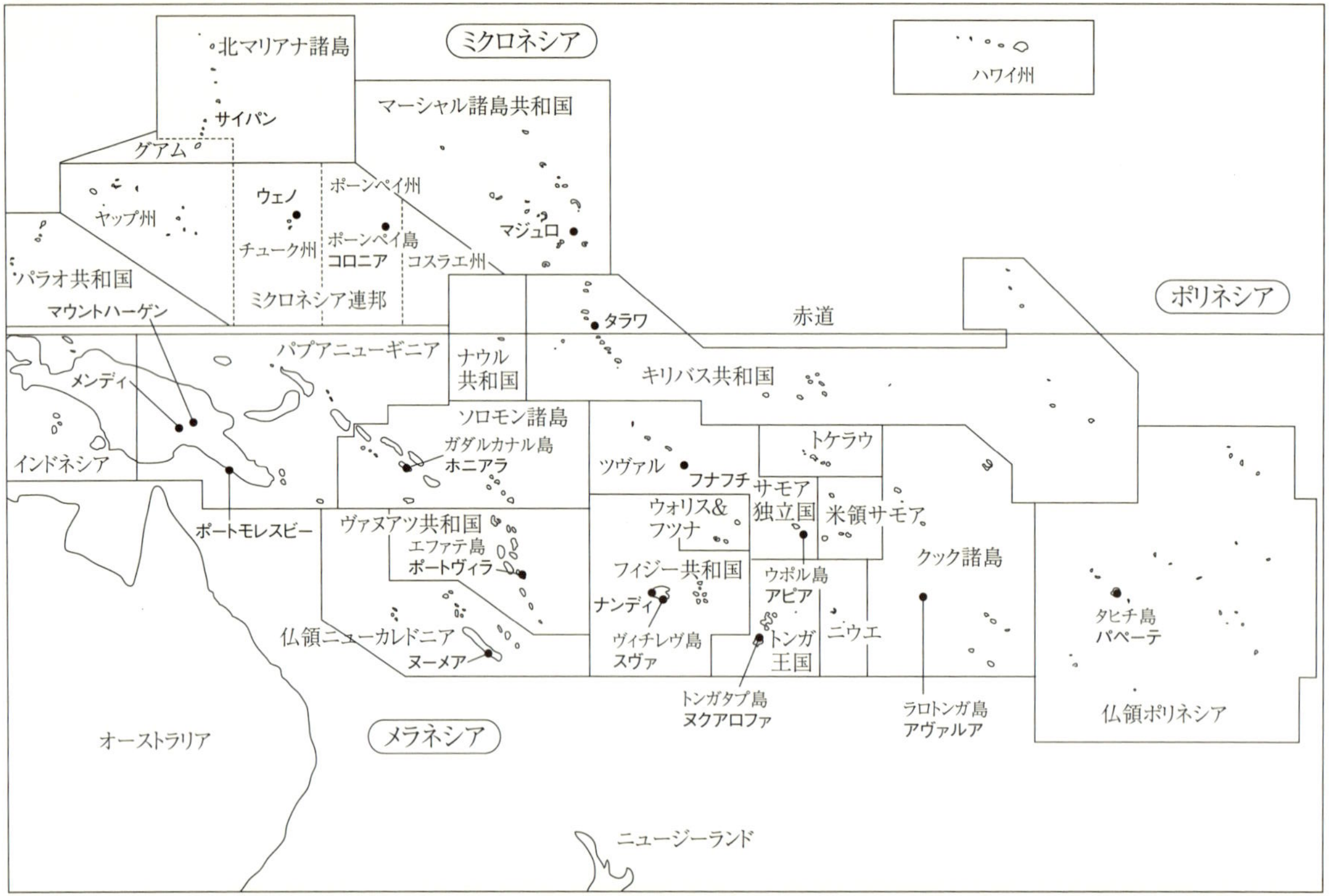

●ゲマインシャフト都市——南太平洋の都市人類学

第一章　都市とは――「都市的なるもの」と「都市らしさ」

一　「都市的なるもの」を巡って

1　イゾトピーとヘテロトピー

二〇〇四年に出版された関根康正編『〈都市的なるもの〉の現在』は、日本の都市人類学研究に大きなインパクトを与えるものであった。関根は、ルフェーブルの「都市的なるもの」という概念に依拠しつつ、都市とは何かという問いに人類学的なフィールドワークを踏まえた成果をぶつけようとしたのである。関根は都市が迎えた転換点について次のように言う。

「要するに近代の始まりという転換と、近代の終わり（？）つまりポストモダンの到来という転換の二つである。第一は、村に対して都市がヘテロトピーとして存在した時代（「都市と村落の敵対」の時代）が終わり、都市の織り目が繁殖し村を侵食、支配するようになり始める転換（「村落の都市化」つまり近代の空間の一元化）である。その結果、イゾトピーな近代都市空間が総合の触手を伸ばし、称讃の意が込められた都市らしさが生まれるという第一次の空間の抽象化がもたらされた。……第二は、すでに述べたカステルの「情報的発展様式」の段階に対応する、いわゆるポストモダンのグローバル都市の現出に見られる「都市のフロー化」という転換であり、それは第二次の更なる徹底した空間の抽象化をすすめる。そこが新たなヘテロトピーを産出する場として考察されることになる」［関根　二〇〇四：一三一―一四］。

イゾトピーというのは、同域と訳され、「同じものの場であり、同じ場でもある」とされている。ルフェーブルは、近代の浸透とともに都市にはこのイゾトピーが増殖してくると考えており、国家の合理主義によって形成されたイゾトピーの例として、「まっすぐな幹線道路、幅広くがらんとした並木道、見通しのきく眺め、下層人民の権利や利害関係や訴訟費用をかえりみず、先住民を一掃する土地の占有」などをあげている［ルフェーブル　一九七四：一五九―一六〇］。これに対してヘテロトピーというのは、異域のことであり、「排除されると同時に、うろこ状に並んでいる、異なった場であり、異なったものの場でもある」と位置付けられている［ルフェーブル　一九七四：一六〇］。つまり、ヘテロトピーというのは異質性や差異性が発現している場であり、工業化が進行し近代によって「都市の織り目」と呼ばれる都市的性質を持った領域が田舎に入り込んでいく前に存在していた都市には、こうしたヘテロトピーとしての性質が存在していたという。しかし、近代の進行とともに、画一的なイゾトピーが増加し、都市そのものがイゾトピー化してきているというのである。例えば、パリがオスマン男爵によって大改造され、それまで曲がりくねってはいたが生き生きとしていた街路を、長い並木道のある大通りに変えていったことなどは、イゾトピー化の例として考えられている［ルフェーブル　二〇一一：二九］。近代は、様々なものを画一化、すなわちイゾトピー化させていくのであり［ルフェーブル　一九七四：三二］、西欧では一六世紀からこうした状況が始まるとされている。ルフェーブルは、全体にイゾトピー化した都市の出現を「都市的なるもの」に対する危機と捉え、都市の持つヘテロトピーとしての性質から生み出される都市の中枢性（それは、異種様々な人を集め創造的交配をもたらすものであり、都市の中心や、あるいは街路で偶発的に生じる）から排除されることを阻止する必要があると論じる〔ルフェーブル　一九七四：一八六〕。

ルフェーブルが一九七〇年当時に感じていた「危機」は、工業化社会の後に来るべきまだ見ぬ都市社会によって解消されると彼自身は期待したが、都市のイゾトピー化は一九八〇年代に入ってからさらに加速してきたようである。都市社会学で「都市のディズニーランド化」〔吉見　一九九六：七二、レルフ　一九九二〕、「都市の死」〔吉見　二〇〇五〕や「都市の余白化」〔若林　二〇〇五〕などと呼ばれている状況は、まさしくこうしたイゾトピー化が極端に進行し、隔離され画一化された空間の増殖が、都市の差異に基づいた関係性を断ち切っていく様を示していると言える。二一世紀に入っても増殖しつづける高層団地群、大型ショッピングセンター、商業施設のテーマパーク化などは、まさしくルフェーブルがイゾトピーの例としてあげようとしている事例に該当していると言える。また、危険防止を錦の御旗として、あるいは再開発を掲げて、入り組んだ狭い路地、ごちゃごちゃした商店街が、小ぎれいだが無機的なビルの立ち並ぶ通りへと変異し、ホームレスなど異質とされるものが適正化の名のもとに排除されていく現実は、オスマンの時代から現代に至るまで続いているのである。関根は、「東京の様々な場所が深みを失って乾いていく感じ、何か安定した場所性といったものが流れ出していってしまう感じ、何か異様で不気味な空間へと投げ出されていく感じ」がするようになって不安になったというが〔関根　二〇〇四：二二〕、こうした都市における場所性の喪失、不安定さ、所在なさなどは、近代のもたらした都市のイゾトピー化が現代に至っても継続して発展しているということを示している。

さて、関根は近代が「都市的なるもの」を締め出してきた状況を述べるとともに、ポスト近代における「都市のフロー」現象のなかに「都市的なるもの」が再生すると考えている。それはいわばルフェーブルが想定したまだ見ぬ都市社会を、ポスト近代の都市のあり方に見ようということのように思える。確かに、様々なものが流動的に確定されない時代にこそヘテロトピーが出現すると考えることは、的を射ていると思われるかもしれない。しかし、ここで留意する必要があるのは、村落と都市が対立していた近代以前の都市におけるヘテロトピー的状況が、都市がフロー化しているポスト近代においても類似のものとして出現するのかという点である。近代が確立する以前の状況は、ポスト近代におけるような流動的な状況に類似しているとしても、異なったものである。なぜなら、ポスト近代の特徴とされる流動性や異種混淆性、あるいはボーダレス性は、カテゴリー間の差異をなくす方向性を持っているのに対して、近代以前の状況では、カテゴリーは近代におけるように排他的に定義されずに曖昧に構成されているが、カテゴリー相互の枠組みが壊れるとかボーダレス的に異種混淆状況が生じるというわけではないからである。

近代の排他的なカテゴリーは、様々な言い方で表現されているが、ここではニーダムの用いた単配列的カテゴリーという表現で表しておこう。単配列というのは、一定の特性を共有することで同一のカテゴリーを構成するというやり方で、その特性を持たないものはカテゴリーから排除される。これに対して、近代以前、あるいは、科学的な定義に対する日常的なやり方におけるカテゴリー化は、多配列という概念で示される。これは、互いに類似していることでチェーンの輪をつなぐようにして単一のカテゴリーを構成するやり方である[1]［Needham 1975］。近代以前の状況を示すこの多配列カテゴリーは、そのカテゴリーに含まれる典型的な個体のもつ特性に類似した特性を持つ他の個体を包括することで構成され、曖昧な枠組みを作りだすが、カテゴリー相互の違いは存在しており、異質なものや差異は認識されているのである［吉岡　二〇〇五b］。しかし、異種混淆やボーダレスをもたらすポスト近代の状況は、何が異質であるのかを決定できない状況を生み出す。つまり、ポスト近代の状況は、異質なもの、差異のあるものを確定しない故に、ヘテロトピーを生みだすことにはならないということになる。

ルフェーブルは、イゾトピーに満ちた近代においてヘテロトピーが発現する街路＝ストリートに注目し、次のように指摘している。つまり「固定され、冗長な秩序のなかに凍結された都市生活の全要素は、解放され、街路のなかで、街路によって、中枢へと流れ込む」と［ルフェーブル　一九七四：二九］。確かに近代におけるストリートは、イゾトピー化した都市の固定された枠組みを打ち破り、ヘテロトピーを出現させる場となりうるかもしれない。しかし、都市そのものが固定した枠組みを失いフロー化、流動化したポスト近代では、ストリートはその役割をどのように果たせるのであろうか?結局、ポスト近代の状況が都市全体を覆えば、ヘテロトピーも消滅することになるのである。この種の議論では、ヘトロトピー的状況と異種混淆的状況を同一視しているような議論も見受けられるが、異種なるものが混淆してクレオール状況を作り出せば、異種が異種として存続はしなくなるという点に気づいていない。ヘテロトピーは、異種混淆ではなく異なるものを異なるものとして受け入れ交流させることのできる「異種共存」なのである。

2 「異質性の排除」論

ところで既に述べたことから分かるように、近年の都市社会学の議論では、都市とは異質な他者との共存や交渉を可能にする場であったはずなのに、現実には異質性の排除や同質空間を作り出すことで、そうした作用が機能不全に陥っている、という視点が共有されているようである。例えば社会学者の齋藤純一は、都市のもつ公共的な空間が「人びとの相互の交渉を可能にし、人々が他者との間に新しい〈間〉（inbetween）を創出することを可能にする空間を指すとすれば、現在、都市を制覇しつつあるのは、そうした人びとの〈間〉を消し去り、むしろその距離を積極的に広げようとする分断／隔離（segregation）の思想と行動であるように思われる」と指摘する［齋藤　二〇〇五：一三二］。こうした分断や隔離によって異質性を排除する動きは、貧民層を住みなれた場から追い出す都市計画や、逆に、アメリカの大都市におけるインナーシティ（都心近辺に出来上がる低所得者層の居住地）に見られるような、貧民層の居住地を他から隔離するやり方や、さらにはゲイティッド・コミュニティ（全体を外壁などで囲み、ゲートで外部者の出入りを規制しているような団地）の出現の中に見いだせると言う［齋藤　二〇〇五：一三五］。齋藤の視点に立てば、最初の事例は、「ヘテロトピーとしてのスラム」［若林　一九九九：一九〇］を消滅させることを意味しているし、二つ目の事例は、スラムを閉じ込めて異質性があたかも存在しないかのようにしているということになる。三つ目の事例は、安全という名目で富裕層が自らを他の住民から分離し、異質性を入れこまないように囲ってしまうという例だろう。これらは、異質性を排除し同質な空間を作り、異質な人々の間での交流を断ち切るという状況として考えられているのである。

こうした状況を、同じく社会学者の西澤晃彦も批判する。彼は大型ショッピングセンターについて、「大型ショッピングセンターは、多くの人々を密集させ共存させるが、そこには受動的な消費者が漂うばかりであって「都市的なもの」が発動する余地は全くない」と論じる〔西澤　二〇一〇：一六三〕。たしかに、ルフェーブルを援用すれば、大型ショッピングセンターはまさにショッピングのイゾトピー化をもたらし、本来あった商店街などでのヘテロトピー的なショッピング、つまり「都市的なるもの」が喪失させられてしまう、ということになるのだろう。西澤は、大型ショッピングセンターでは「多くの人々を密集させ共存させる」と述べるが、異質な人々がただ受動的に併存しているだけの状態は、異質なものが排除された状況と同じで「都市的なるもの」の死と考えられているのである。異質なものが併存しているだけの状況が典型的に見出せるのは、群集という匿名性を帯びた人間の集まりにおいてであるとされる。相互に無関心で互いに干渉せずに行きすぎるこの状況こそが、「都市の死」「都市の余白」と呼ばれてきた状況の典型例なのである。そしてこれは、都市の近代化と関連している。一九世紀に発明されたバスや鉄道によって、初めて見ず知らずの人々が、何分間もだまったまま語り合うこともなく一緒に同じ空間に居続けるという現象が生まれたというが、大通りを大勢の人々が互いに干渉せずに黙々と歩みをつづける様は、まさしく、近代的な都市の風景である〔若林　一九九九：二五二〕。そこでは、ヘテロトピーがヘテロトピーとして存在することが承認されているが、互いに接点を持たない。それは、異質性が排除される状況と連動することになるのである。

たしかに、「群集」という概念を定義の側面から言えばこうしたことが言えるかもしれないが、大都会のターミナル駅を行き交う大勢の人々や大型ショッピングセンターで買い物をしている大勢の人々は、現実には、ただ異質な人々が併存しているだけの状況にあるのだろうか。例えば、大型ショッピングセンターを行きかう人々は、鳥瞰的に外部から見ればあたかも群集のごとく相互交流をもたないように見えるが、その内部に視点を移すと、ショッピングという目的を共有した近隣関係にある者同士が一緒に出かけたり、ショッピングの場で出会うことをしばしば目にすることになる。そしてその時、一緒に出かけた人たちがお互い紹介されて、交流することもよくあることである。つまり、異質なものの交流は現実問題として生じるのである。一方、しばしば大型ショッピングセンターと対比される商店街はどうであろうか。ちょっと考えればわかるが、商店街でも「なじみの店」以外では消費者は受動的になってしまい、大型ショッピングセンターでの行動と変わらない状況が生じる。しかも、なじみの店では売り手となじみの客の間に特別の関係ができあがるため、他の一見の客との間には差異が生じる。つまり、なじみの店を持たない受動的な買い手は、なじみの店で買い物をする人びとからはますます隔絶され、異質さの許容からは遠い位置に立つことになるのである。異質なものの単なる併存＝異質なものの排除が見られる例としての大型ショッピングセンターと、異質なものの交流の例として考えられる商店街は、社会学で想定されているほど正反対の位置にあるとは必ずしも言えないということになろう。

類似の指摘は、齋藤の議論でも言える。スラムがヘテロトピーとされるのは、それが都市全体から見た時には異域となっているという意味からであろう。近代の進行と共に、排他的な単配列カテゴリーが浸透し、スラムはますます他の都市部から異質な場として認定されることになる。しかし、排他的で単配列的なカテゴリーは、その内部に、同質的なまとまりを作りだす。つまり、スラムがヘテロトピーとして確立すればするほど、それは同時に、その内部に同質性が拡がっていくのであり、齋藤の言う「貧困者の住みなれた場」は、その内部に多分に同質的な居心地の良さを含んでいるのである。彼の議論ではスラムの解体は「異質性の排除」と考えられているが、それは同時に「同質性を排除して他の異質な場に拡散する」という側面も持っているのである。つまり齋藤の議論では、異質なものの交流を疎外する側面は強調されるが、同質性が排除されて異質なものの間に拡散するという側面は考慮されていないと言える。一方、ゲイティッド・コミュニティに関しては論理が逆になる。ゲイティッド・コミュニティでは、富裕者層が自らの居住地をゲートで囲み、安全性などを理由に他の都市住民が簡単には入れないようにしているが、齋藤によれば、これは同質的で排他的な場を作り上げるから、異質性を排除する例だとされるのである。スラムがヘテロトピーであるなら、ゲイティッド・コミュニティも明確なヘテロトピーである。どちらも他に対する異質性と内部における同質性を持っているのであり、前者の解体は異質性の排除を意味し、後者の解体は異質なものの交流に資することになるという具合に、正反対の性質を持っているとは、必ずしも断言することは難しいのである。

3　「都市的なるもの」と「都市らしさ」

先に引用した関根の議論にもどろう。彼はそこで、社会学者と共通することであるが「都市的なるもの」と「都市らしさ」を区別している。「イゾトピー的近代都市空間」は「称讃の意が込められた都市らしさ」であると関根は言うが、確かに、現在人々が村落、あるいは田舎と対比してイメージする「都市らしさ」とは、ビルの間を縦横無尽に走る高速道路、高層ビル群、住宅団地などであり、それらはルフェーブルがイゾトピーの事例として取り上げたものでもある。つまり、ルフェーブル的な意味でヘテロトピーを起点とする「都市的なるもの」とイゾトピーを基盤とする「都市らしさ」は、対照的な位置づけを持つことになるのである。先ほどの区分で言えば、「異質なものの交流・共存」が「都市的なるもの」と、「異質なもののたんなる併存」が「都市らしさ」と結びつくことになる。社会学ではある意味自明のこの区分は、しかし、関根の論集の中にみられる人類学の議論においては必ずしも明確ではないように思える。例えば南真木人は、「〈都市的なるもの〉とは、近代的な価値観に則った、人間の開発（ビカス）充足度の階梯における上方ベクトルであり、より広い世界へ誘う普遍性への指向でもある」と述べるが〔南 二〇〇四：二〇六〕、それこそ、イゾトピーに満ち溢れた「都市らしさ」を意味していると言えよう。また松本博之は、空間を均質化ないし平準化させていく過程である近代の資本制が「都市的なるもの」を生みだす力となっていると述べているが〔松本 二〇〇四：三九八〕、これも「都市らしさ」と言うべきだろう。概念の定義、あるいは規定という側面から見れば、これらの議論は、両者を混同しているということになる。しかし、同時に、以下の点も留意しておこう。これまで論じて来たように、ルフェーブル以降、西洋の都市、あるいは西洋近代が深く浸透した近代都市を扱った都市社会学において注目されるべきは「都市的なるもの」であり、それを疎外する都市の問題としての「異質性の排除」であった。ところが、関根の論集に寄稿している多くの論者が対象としている都市は、いわゆる第三世界の都市であり、そこでは常に「都市らしさ」が議論の対象になるということなのである。

同じ論集の中で松田素二がケニアの都市において議論の対象とするのも「都市らしさ」である。彼は、「本来の生活の場であり、本当の自分として生を営むことができる場としての村」と「現金を獲得するためだけの金の世界で、本来の自分とは異なる虚構の存在であることが許される都市」という、権力によって押し付けられてきた二分法的な区分を、人々が自分たちの生活拡充のためのカードとして逆に有効に利用する姿を描いている〔松田　二〇〇四a：二六七―二六九〕。松田の意図は、押しつけられた権力による「戦略」を人々は「戦術」として巧みに利用している、という図式の提示であろうと思われるが、ここで注目したいのは別の点である。それは、第三世界の都市、もっと正確に言えば、植民地化を経験した地域で植民地化以降生み出された都市は、ヘテロトピーとしての都市として成立したにも関わらず、都市イメージとしては、イゾトピーとしての都市が強調されると言うことである。

この点をもう少し詳しく見ていこう。植民地化によって突然もたらされた都市空間は、村落と対比すると明らかに異質性を許容する存在であり、様々な言語、文化、民族が行き交うヘテロトピーの場となっていった。もちろん、こうした都市は西洋近代の価値観、枠組み、技術を体現する場でもあったが、都市は、そうした価値観を実践している植民地支配者だけの同質な空間から、被植民者たちが植民地全体から集まるような多様性を持った空間へと変貌するなかで成長していった。その過程で、こうした都市は、「農耕する都市」として成立していった〔松田　一九九六〕。この農耕する都市こそ、異質なものを異質なものとして受け入れ交流するヘテロトピーとしての都市の動きとして位置づけることができよう。植民地の都市は、農村をそのまま都市の中に持ち込むことを許すヘテロトピー社会として、農村と都市の対立を薄めるようなやりかたを貫く。しかし、人びとの意識では、近代を体現する都市と伝統を体現する村落の二分法は明確に存在することになる。これらの地域における都市は、西洋におけるものよりもはるかに村落的な色彩をもっているにもかかわらず、人びとは、都市をまるで「イゾトピーにあふれた都市らしいもの」として位置づけ、村落と対立させているのである。

「都市的なるもの」と「都市らしさ」は、様々な側面から対比するものとして描かれてきた。ルフェーブルは、ヘテロトピーとイゾトピーという概念で両者を区分けしたが、それは同時に、前者は近代以前の都市にはみられたが、近代の論理の侵入とともに後者が現われたということでもあった。そして近代都市の内部では、「異質なものの交流」を特徴とする「都市的なるもの」が浸食され、「異質なものの単なる併存＝異質性の排除」を特徴とする「都市らしさ」が拡がり、都市の問題、あるいは、不安として出現することになったと論じられてきた。しかし、我々が見て来たように、異質なものの交流と異質性の排除は、概念上対立するが、現実社会における事象においては想定されているほど対立するわけではないことが分かった。つまり、「都市的なるもの」と「都市らしさ」はこうした側面から言えば接点がないわけではないのである。さらに、植民地化を経たところにおいて新たに作りだされた都市では、ルフェーブルの想定したような近代以前と近代以降の明確な対比、ヘテロトピー的状況とイゾトピー的状況の明確な対比が設定できない。つまり概念としては対立する「都市的なるもの」と「都市らしさ」は、実際のこれらの都市では、西洋的な近代都市と比べると、はるかに曖昧なものになるということなのである。しかし、そこでは都市が、非西洋的な伝統的世界における西洋近代への窓口としての役割を持つため、伝統的で非西洋的な村落と対比された時、近代的な都市というイメージが強調されることになるというわけである。我々は、都市とは何か、を考えるときに、「都市的なるもの」と「都市らしさ」の違いを念頭に置きつつも、概念の違いだけに拘泥するのではなく、現実社会でこれらの性質がどのように交差し、どのように使われているのかを見据える必要があるのである。

二　都市とは

1　中世都市

都市社会学はその長い歴史の中で、常に、「都市とは何か」と自問し続けて来たといえる。中でもウェーバーの都市類型論は、都市とは何かを論じる様々な議論で引用されてきた。社会学者の布野修司はウェーバーの言う都市の意義を「①防衛施設、②市場、③裁判所を持ち、さらに④団体として、⑤自律性、自主性を持つ都市「ゲマインデ」の団体的性格と「市民」の身分的資格」という五項目としてあげている［布野　二〇〇五：四〇］。最後の「都市ゲマインデ」というのは、中世西欧に特徴的に見られる自治的な都市共同体のことであり、その都市共同体を構成するのが「市民」である［藤田　一九九三：三〇—三二］。この都市共同体は西欧に広く見られるが、他に萌芽的に近東アジアの一部からだけ報告されており、それ以外のところ、例えば日本では、都市ゲマインデも市民という身分も存在していなかったという［ウェーバー　一九六四：四一、四六］。

さて、中世都市の特徴は、城壁に囲まれた市域の中で生活する市民が誓約共同体を構成していたということである。この共同体は誓約兄弟団であり、誓約をした者は相互に兄弟としての義務を課せられた。そしてそうした義務を遂行すると誓約した者だけが、新しい市民として受け入れられていったという［プラーニッツ　一九八三：一四三、一七二、一八六］。こうした誓約共同体は、都市君主の暴挙に対して「市民」の代表者が自らの城塞の管理を要求し、それを国王が権利として承認することで自治的な性質を持つことになったと言われている。以後、誓約を申し出た市民は、都市の債務に責任を持ち、城壁で囲まれた市域の防衛に一致協力していくのである。この「自治的な団体」を指しているゲマインデを、日本語では「共同体」と訳していることから［プラーニッツ　一九八三：二二八］、「都市共同体」という訳語が登場することになる。しかし、これは、村落共同体などで用いられてきた共同体とはニュアンスを異にしており、自治体としての意味が強い。

しかしそれでも、中世の都市共同体は村落共同体と性質を同じくしているとして社会学者の若林幹夫は次のように言う。「共同体とは、血縁関係や地縁関係、人的な相識関係にある限定的な成員の間の、人格的で非限定的な関係に基礎をおく、内閉的な社会のこと」であり、「語義的に言えば、「都市共同体」において「共同体」と訳される"Gemeinde"および"commune"の語は、国家に下属する自治的な公共団体を指しており、必ずしもここで言う「共同体」的な社会のことを意味しているわけではない。だが、都市共同体は、特定の定住空間に帰属する特定のメンバーからなる強度に閉じた団体をなしており、居住空間に基礎をおき、成員の生活全般を非限定的に包括するという点で、明らかに共同体である」［若林一九九二：一五六、一五七］。共同体の問題は第八章で詳細に扱うが、ここでは、中世都市は親族関係を想定された特定のメンバーからなる団体であったという点に注目しておこう。しかしウェーバーが言うように、これらの「都市は、どこにおいても、身分的地位を全く異にする諸々の住民要素を含んで」おり、「都市は、確かに、世界中どこにおいても、すぐれて、従来異郷者であったひとびとが集住したものであった」［ウェーバー　一九六四：七二―七三、九四］。つまり、都市共同体は村落共同体に類似した共同体であったとしても、「異質な人々が集住」し、役割分担をしながら共存していたという点で、ヘテロトピーに満ちた状況が存在していたとも言えるだろう。

2 近代都市

ヘテロトピーに満ちた中世の都市に対して、イゾトピー化が進行する近代の都市をフィールドワークを踏まえて詳細に論じたのは、シカゴ学派である［Park, Burgess, Mackenzie 1925、中野、宝月編 二〇〇三］。シカゴという大都市を舞台に様々な社会学的都市論を展開してきたシカゴ学派ではあるが、それは、近代に先立つ都市の伝統をもたないアメリカという場で育った研究ならではのものであったという。つまり、アメリカでは、社会が近代的な状況へ移行することと近代的な都市が成立することが同時進行の状態であったため、都市を研究したシカゴ学派は、「都市としての近代」を発見していったというのである［若林 一九九二：二二］。若林は言う。「一九世紀から二〇世紀にかけて、社会に関心を寄せる多くの人びとが都市を発見する。けれどもそれを、「社会を発見したのだ」といいかえても、さほど不都合は生じない。……それはヘーゲル的な意味での市民社会であり、テンニースの言う意味でのゲマインシャフト（共同体）にたいするゲゼルシャフト（社会）である」［若林 一九九二：二三六―二三七］。シカゴ学派はまさに、近代の論理にみちた「都市らしさ」を、ゲゼルシャフトとしての都市の中に見出そうとしたわけである。

こうした方向性は、社会学者ワースの有名な都市の定義、つまり「都市は社会的に異質な諸個人の、比較的大きく、密度のある、永続的な集落である」という定義にも反映されている［Wirth 1938: 8］。この定義の中心にある「異質な諸個人」の集まりという要素は、一見すると「都市的なるもの」の特徴である「異質なものの交流」を指しているように思えるが、実はそうではない。これについて、彼は次のように述べている。つまり「彼らはたしかに生活欲求をみたすために村落民より多くの人びとに依存しており、それゆえ非常にたくさんの組織集団に加わっているが、彼らは特定の人びとに依存することは少なく、他の人々への依存は彼らの活動範囲の極めて断片的な局面に限定されている。……都市の接触はもちろん対面的であるかも知れないが、非人間的で、表面的で、一時的で、分節的である」[Wirth 1938: 12]。要するに、都市で人々が帰属している集団は互いにわずかにしか関係をもたず、誰と誰がどんな集団に属してどんな関係を持っているのかが良くわからないというのである[Wirth 1938: 16,22]。都市では、異質な人々が行き交う。しかし、彼らは相互に関係をあまり持たないような形で行き過ぎるというわけである。異質な人々のたんなる併存、これは、大型ショッピングセンターで受動的に買い物をする人々の姿と連動するものであり、イゾトピーと関連した「都市らしさ」の特徴と言えよう。ワースは、近代における人間関係のあり方を都市の中に見出していたのである。

ワースの都市の定義では、異質性についての規定の後に続く「比較的大きく、密度のある」集落という規定があるが、これも「都市らしさ」と結びついている。ルフェーブルの言うイゾトピーに満ち溢れた「都市らしさ」は、高層ビル群、それらビルの間を縦横無尽に走る高速道路、などのイメージと結びつくと言えるが、これらは、言うまでもなく人口規模が大きく人口密度の高い大都市を象徴している。社会学者の藤田弘夫は「都市というと誰もがすぐに思い浮かべるのが、周辺に対して相対的に大きな人口と密度をもった「大集落」ということであろう。都市についての素朴な理解から生み出されるこの概念は都市の一次的概念ともいえるものである」と述べているが[藤田 一九九三：三〇]、彼の言う「都市の一次概念」はまさしく「都市らしさ」のイメージということになるであろう。しかし、都市と呼ばれてきたものがすべて「大都市」であるわけではない。どの都市にも高層ビル群があるわけでもないし、高速道路が街中を走っているわけでもない。さらに言えば、どの都市も大きな人口を抱えているとは言い難いのである。

例えば、藤田は日本では人口三万人以上が市（都市）としての条件となるが、デンマークでは人口が二〇〇人規模でも都市としての位置づけを与えていることを指摘している［藤田 一九八七：五］。人口密度にしても、国によってその基準が異なり、日本ではＤＩＤ（人口集中地区）とされるのは一平方キロメートルあたり四〇〇〇人以上だが、アメリカにおけるアーバン・エリアとされるのはその一〇分の一以下であり、人口規模の大きさが都市の規定条件として共通に用いることのできる要素とは言えないという［岡部 二〇〇五：一五七］。また、歴史上の都市を見ると、一一、一二世紀にドイツに出現したハンザ都市同盟では、各都市は人口がせいぜい二〇〇〇人から五〇〇〇人であったし［藤田 一九九五：四二］、グッビオやアッシジといったイタリアの中世の小都市は、人口が一万人に満たなかったと言われているのである［岡部 二〇〇五：一五七］。要するに、人口規模や人口密度を都市を定義するための内包として用いることは難しいということになるのである。本書の対象である南太平洋の都市は、しばしば、人口規模が小さいことから「都市とは言えないのでは」と言われてきた。しかし、たとえ数千人の人口規模ではあっても、「都市」たりえるのである。では、どんな点が都市を都市たらしめているのだろうか。

3　都市を都市たらしめるもの

ゲゼルシャフトとしての都市の中にシカゴ学派が見出したのは、異質なものの単なる併存状況である。それは、今日、社会学の議論の中で「都市の死」、「都市の余白化」として論じられる状況へとつながり、ルフェーブルの視点から言えば、それらは「都市的なるもの」の崩壊を意味する。確かに、近代の都市では異質なもの相互の交流が疎外される傾向があるだろう。しかし、これまでの社会学議論で見逃されてきたのは、こうした近代の都市においても、異質なものは異質なものとして存在することが許容されているという点である。群集、乗合バスや電車の乗客、大型ショッピングセンターを行き交う見ず知らずの大勢の人々などの事例は、「都市的なるもの」の反証として取り上げられるものであるが、そこでは、しかし、異質な人々の併存が許容されている。そして、これらの場合ですら、異質性の交流が皆無というわけではない、というのは既に見て来た通りである。もちろん、スラムの解体などに見られる異質性の排除が進行していることは確かであるが、逆に、ゲイティッド・コミュニティの出現のように異質性の創出という現象も起きている。そもそも、近代の都市では、すべてがイゾトピー化されつくしてしまうというわけではないのではないか。

近代における単配列的思考が蔓延すればするほど、厳格な排除の論理が闊歩し、都市計画などの策定では、異質性の排除が進行するであろう。しかし、日常生活における人々の思考は、単配列的なものに対立する多配列思考なのである。ニーダムの描き出した多配列という概念は、ヴィトゲンシュタインの論じた、曖昧な「家族的類似」によるカテゴリー化に基づいている［吉岡　二〇一〇］。それは、科学的な論理に対する日常の論理、科学知に対する日常知、戦略に対する戦術［セルトー　一九八七］、科学に対するブリコラージュ［Levi=Strauss 1962］に通ずる。曖昧でいいかげんなまとまりをつくりだす多配列思考では、排除の論理は曖昧化されてしまう。ヴィトゲンシュタインは、ゲームという概念に共通の要素があるだろうか、と問うことで「家族的類似」を説明したが［Wittgenstein 1967: 31e-32e］、同じことは、「ユダヤ人」というカテゴリーにも当てはまる。ユダヤ教というものをユダヤ人の共通要素にあげることが多いが、キリスト教徒であってもユダヤ人と言われる人々は存在する。その場合には、宗教ではなく別の要素、例えば、身体的特徴や血統などの要素を持ちだしてくる。そのカテゴリーの特徴とされる要素を、場面やコンテキストによってすり替えることで、カテゴリーの境界は曖昧になると同時に、主張する者の都合に合わせて拡大したり縮小したりするのである。多配列が日常社会におけるカテゴリーあるいは概念を作りだすとすれば、理論的に取り出されたヘテロトピーとイゾトピーの対立は、現実社会においては、曖昧なものになるということなのである。そして、すでに指摘しておいたように、単配列的なカテゴリー化においては、異質性と同質性が表裏一体の関係にあるという点を踏まえれば、異質性の排除によって都市生活がイゾトピーに覆い尽くされてしまうというのは、理論的にはあり得ても、現実には起こりにくいと言うべきだろう。

さて、話を戻そう。中世の都市においても近代の都市においても、異質なものの間での交流があるかどうかは別として、異質なものの存在を許容するという性質を持っていると言うことが出来るだろう。おそらくこの点が、都市を都市たらしめるものの一つであるように思われる。そして、もう一点、追加しておく必要があるのは、何度も論じて来た「都市らしさ」である。ワースは、人口規模や人口密度を都市のメルクマールに設定した時、「比較的」という用語を用いている点に着目しよう。これは「周辺と比べてより人口の多い、より人口密度の高い」と解釈することが出来る。既に説明したように、「都市らしさ」の典型的なイメージは、大都市のそれである。しかし、我々の生活が多配列的に営まれていることを思い出そう。多配列カテゴリーは、その中の典型とされる個体の持つ特性と類似した特性を持つ個体を、同一のカテゴリーへと組み込んでいく。「都市らしさ」の典型的なイメージである大都市の持つ高層ビル群などの特徴に類似した特徴を持つものが、「都市らしさ」カテゴリーの中に組み込まれていく。そしてそれらの特徴は、周辺と比べてより「都市らしい」とされるもので出来上がる。例えば第三世界におけるように、周囲はでこぼこの非舗装道路だがここだけはきれいな舗装道路が多くある、あるいは、周囲は竹を編んだ壁、サゴヤシで拭いた屋根の家屋が点在しているが、ここでは、コンクリートのビルと呼べるような建物がいくつか建っている、などの特徴をもったものをも含みこむ形で「都市らしさ」という曖昧なカテゴリーを作り出していくのである。こうした多配列的なカテゴリーとしての「都市らしさ」イメージは、西洋世界の都市に比べるとより村落的な景観を持っている南太平洋の小規模な人口密集地であっても、村落といかに異なった都市部であるかということが強調される点を説明してくれる。これらの小規模な集落でも、異質性の存在を許容し、周囲と比べてより都市に近い要素を持ったところであれば、都市として認識されるのである。

ところで、シカゴ学派の都市社会学に対して、独自の社会学を展開したカステルは、都市社会学が成立しうるのかという疑問を投げかけると共に、ワースの言うアーバニズムはそのまま近代の「資本主義的産業化、市場経済の出現および現代社会の合理化過程の文化的表現」であり［カステル　一九八二：六〇］、そもそも都市的と呼べるものは存在するのではなく、それは、労働の集団的再生産として考えることができると主張したことは知られている［カステル　一九八四：三九六］。カステルら新都市社会学の論者たちの議論を空間論的転回と呼ぶことがあるが、この空間論の再構成は、先に取り上げたルフェーブルの空間論に端を発していた。その「空間の社会学」と、シカゴ学派におけるように社会としての都市を対象としてきた「都市社会学」の接点を見出そうとしている社会学者の吉原直樹は、「都市を舞台として人と人がさまざまに触れ合う生活の総体に思いをいたす局面」に注目する必要を説いている〔吉原　一九九三：五〕。ここで吉原の言う「生活の総体」というのは、まさしく人類学における古典的な文化の定義、すなわち「文化とは生活様式の体系である」という定義を思い起こさせる。さらに方向性は違うかもしれないが、同じく社会学者の吉見俊哉も近年の都市論では「都市をそこに集合する人びとによって生きられる世界として捉え、彼らの身体と空間の編制を個々の社会的場面のなかで見つめ直していこうとする非常にアクチュアルな視角を胚胎させて」きたと指摘する〔吉見　一九八七：七〕。そして彼は、カステルの批判を乗り越える方向性を次のように提示する。「都市という空間に大量の人々が集合して住まい、また往来していることは、そうした状況を可能にしている社会技術的な諸条件に促されながら、なお相対的に自律的な一定の文化形成力を内包しているのではないだろうか。そしてそれは、マンフォードやルフェーブルが素描したような都市の文化的な集中性、祝祭性、劇場性として示されているのではないだろうか」〔吉見　一九九五：一四八〕。ルフェーブルの言う異質性が交差する都市の中枢性に着目した吉見もまた、それによって生み出される「文化」を想定しているのであるという点を、押さえておこう。

三　第三世界の都市

1　第三世界の都市の特徴

都市の研究において、社会学と人類学の接点を文化に見出す方向性が見えてきたが、西洋近代を起点としてそれとの対比で第三世界を論じようとする社会学と、第三世界の論理を見据えることから第三世界を論じようとする人類学の間の隔たりは、依然として存在はしている。特に、第三世界の都市を対象とした都市社会学的な議論は、人類学の視点から見れば、紋切り型で単純な論理が目立つ。例えば、第三世界の都市の特徴として列挙される諸点、すなわち、①農村からの押し出し要因による都市への移動の結果、都市の人口が急速に膨張すること、②ずば抜けて巨大な人口を抱えるプライメイト・シティが存在すること、③工業発展が低位なままで人口だけが増大する過剰都市化現象が生じること、④都市が農村化し、農村的生活様式や意識が拡大すること［新津　一九九五：六六―六七］、などがその例である。しかし、これらの特徴は「第三世界」に共通に見られるのだろうか?

最初の「農村からの押し出し要因」では、農村での生活が都市の生活よりも経済的にひどいものであるため、都市に出てこざるを得ない、という論調が一般的である［ルフェーブル　二〇一一：一一五、カステル　一九八四：三七、新津　一九九五：六八］。確かにそうしたケースは様々なところで見られるだろうと思われるが、後に見るように、南太平洋の諸都市と村落の関係はそうしたものではない。村落では自給自足が現在でも成り立っているところが多く、都市で食いはぐれが起こっても村に戻れば食糧がなくて困るという事態は起こらない。ただし、村落でも子供たちの学校などで現金が必要なケースがあり、これらの人々は現金を稼ぐために都市に一時出稼ぎに出かけることが多くなるのである。都市への永住ではなく出稼ぎというパターンは、再び村落へ戻るということを意味している。そして、こうした移動は一人太平洋だけではなくアフリカでも一般的に見られる都市への移動である［松田　二〇〇一：一八〇］。ただアフリカでは、一九八〇年代に行われた世界銀行やＩＭＦからの強制的な構造調整のせいで、村落での自給自足は揺らいできたがそれ以上に、都市生活者の貧困が強まり、村落での貧困者よりもさらに貧困な都市生活者が溢れるという事態になっているという［松田　二〇〇一：一八五］。フィールドワークを踏まえたこうした事例報告をみると、「スクォッターは、いかにひどく見えようとも、農村での生活よりは、ましなのである」という藤田の議論が、いかに一般論的で紋切り型なものであるかが分かるであろう［藤田一九九三：一九五］。

二つ目の特徴である、プライメイト・シティ概念にしてもそうである。社会学者の新津晃一は、一九九三年当時のタイの全都市人口一〇二四万人にたいして首都のバンコクの人口は五五七万人、第二の都市の人口は三七万人であることを指摘しているが［新津　一九九五：六九］、この当時のタイ全体の人口が五八〇〇万人であることを考えると、都市化率が高く、しかも第一位の都市に人口が集中している様子が伝わってくる。しかしだからといって第三世界の都市はすべてそうだと言うわけではない。アフリカに目を移せば、都市化率はぐっと低くなる。タイの資料と同年代の一九九〇年ころで、東アフリカの都市化率は二〇％以下であった上、この当時（一九八九年）の東アフリカのケニアでは、首都のナイロビの人口が一三二万人であったのに対して第二位の都市モンバサの人口は四八万人であった。首都は第二位の都市の三倍の人口もなかったのである。この第一位の都市と第二位の都市の人口比は、現在でもあまりかわっていない。また、これも後にとりあげるが、太平洋におけるパプアニューギニアでは、二〇〇〇年の時点で首都のポートモレスビーの人口は二五万人、第二の都市であるラエの人口は一二万人であり、首都はプライメイト・シティとは呼びがたい。そもそもプライメイト・シティというものは、第三世界に限ったことではない。イギリスではロンドンの人口が七六〇万人に対して第二位のバーミンガムは九九万人、オーストリアのウィーンは一七〇万人で二位のグラーツは二五万人と、首位都市が第二位の都市の実に約七倍の人口を抱えているのである。

三つ目の特徴とされる過剰都市化現象を考えよう。これは、工業化の発展が低いにもかかわらず人口が増加して都市化が進むことを指し、その結果、小規模で非公式な経済活動部門であるインフォーマルセクターが増え、居住者の向上意欲が高く過渡的な意味を与えられたスラム、いわゆる「希望のスラム」が生み出されるという〔新津　一九九五：六七、七二〕。前二者に比べると、この指摘は第三世界の様々なところで見いだせる現象であると言える。西洋社会を都市論の基盤に据えて来た都市社会学では、工業化が起こることによって近代都市への脱皮が始まるという歴史的な推移が当然生じるものと考えられてきた。しかし第三世界では、植民地化によって初めて都市が作りだされた地域も多くあり、そうした地域では、西洋列強によっていきなり（中世ではなく近代の）都市が建設されたのであり、工業化の進展とともに近代都市が出現したのではないため、工業化と都市化は連動しない状況を生み出した。それは、西洋近代の都市の様子から見れば「過剰」都市化ということになるが、第三世界の側から見れば単なる都市化現象であろう。ただし、工業化が進展せずに産業も活性化しない段階で、多くの人口が就労を求めるとなれば、当然フォーマルセクター（行政が指導し、公的な記録にも掲載される公式の経済活動）での就労は限界となる。それゆえ、第三世界の都市の特徴として、過剰都市化をあげるのではなく、インフォーマルセクターの活性化をあげる方が適切であろう。なお、「希望のスラム」は、よりよい生活への通過点として捉えられているという点で、西洋近代の都市における「絶望のスラム」との対比で語られているが、そうなればそれがスラムと言う概念でとらえることができるのかどうか、疑問であろう。

工業化が進展していないという点と連動させた議論が、四つ目の特徴である都市の農村化である。布野は、発展途上地域では「都市の膨張があまりにも急速であったこともあって、都市内に農村的要素を取り込む形態が一般化するのである」と論じる［布野　二〇〇五：五四］。これは、工業化もなく産業も活性化しない状態で人口が増えるため、就労に限界が生じ、それを補うために農業活動を都市に持ち込む、という意味である。現象面としては、第三世界の都市は「農耕する都市」であり、この特徴はアフリカや南太平洋についても当てはまっている。そして確かに、就労機会が見つからないが都市で生きていかねばならない場合、自助手段として空地を利用して農耕を行うという現象は見られる。しかし、南太平洋のヴァヌアツ共和国の都市部で筆者が見出したことは、家を建てるための敷地を購入する時に農耕出来るスペースを確保する場合や、工場や企業にいったん就職したにもかかわらず自己都合でやめて、空地を借りて農耕を行い、農産物を販売する生活をしている事例である。事態は単純ではない。工業化が遅れる　↓　都市での仕事がない　↓　生きるために農耕を行う、という分かりやすい図式だけが「農耕する都市」を形成しているのではない。南太平洋の場合は、近代の理論に従った就労が出来るにも関わらず、それを嫌い（途中でやめるなど）、村落と類似の生活を都市で実践するということも起こりうるのである。

2　アフリカにおける都市人類学研究

さて、都市人類学研究において常に言及されるのがサウゾールである。そして彼の有名なA型とB型の都市区分は、アフリカにおける都市の人類学的研究の出発点となってきた。彼は、アフリカにおいて自生的に発展してきた都市をA型、植民地体制下で発展してきた都市をB型と区分したが［Southall 1961］、それを受けてオコナーは、前者を土着都市とイスラーム都市に分類した。アフリカはイスラームの影響の強い地域とそうでない地域があることから、伝統的な都市としてのA型がさらに二分されたのである。また、B型は、もともとあったアフリカ人の集落を基礎として作られた植民地都市と、ヨーロッパからの行政官や移民の居住地を基礎として作られたヨーロッパ型都市に分類されている［O'Connor1983: 27-37］。なお、サウゾールの分類を受けて日野舜也は、A型を交易都市、部族王国・イスラーム首長国の都市、都市連合部族国家の都市に区分し、B型を植民地行政都市と鉱山都市に区分している［日野 二〇〇一：八］。

本書の対象である南太平洋においては、基本的に都市は植民地行政都市（オコナーの区分で言えば、植民地都市とヨーロッパ型都市）ということになるが、植民地化によって形成された都市について、前出の布野は次のように述べている。「近代植民都市の起源は、交易拠点として設けられる商館である。そこでの取引、貿易が植民都市の第一の機能である。そして、取引、貿易をめぐって引き起こされる様々な軋轢、抗争に対処するために防御機能が付加される。商館の要塞化、要塞の建設である。続いて、布教のための拠点として教会や修道院が設置される。交易や布教のための拠点を恒常的に維持するためには、商館員や兵士の常駐が必要とされる。植民あるいは移住によって市街が形成されることになる。市街地が成長すれば、それを支える後背地も成長する。植民地社会が拡大するにつれて、植民都市は段階的に都市の持つ諸機能を備えていくことになる。すなわち、植民都市は、規模や発展段階によって、0ロッジ（lodge）、A商館（factory）、B要塞化した商館あるいは商館機能を含む要塞（fortified factory）、C要塞（＋商館）＋集落（fort（＋factory）＋settlement）、D要塞＋市街（fort＋city）、E城塞（castle）、F城塞＋市街（castle＋city）におよそ類型化できる」［布野　二〇〇五：四三］。

布野は、交易の拠点が都市の始まりであるように考えているが、都市人類学的研究が明らかにしているように、植民都市の始まりはもっとヴァリエーションに富んでいる。南太平洋の都市を例にとれば、白人商人が商館を開いた場所が都市としての始まりとなっているところはヴァヌアツの首都ポートヴィラなど［Bennet 1957］、確かにたくさん存在する。しかし、もともと商館があったがそれを基盤に都市として発展したのではなく、第二次世界大戦時に連合軍の基地としてプランテーションを切り開いて建設されたことが今日の都市の始まりとなったヴァヌアツのルガンヴィル［Geslin 1956］や、宣教師がミッションを置いた場所を起点としたパプアニューギニアのポートモレスビー［Oram 1976］、土着の集落も白人の居住地も商館もないところに建設されたフィジーのスヴァ［Gravelle 1979］、サトウキビの工場を中心に建設されたフィジーのシュガータウン［小川　二〇〇〇］など様々である。そして、これらのどの都市でも、交易を巡る軋轢を防御するための設備、つまり要塞の建設や兵士の常駐などは生まれなかったし、ましてや城塞と呼べるようなものは出現しなかった。さらに言えば、これらの都市では、市街地が成長しても後背地は成長したとは言い難かった。社会学の議論では、都市では食料の生産が行われないため、都市への食糧供給は都市の後背地の農村から行われると一般に考えられてきた。しかし、植民地化によって作り出された太平洋の都市では、食料のほとんどは輸入品で構成されており、都市周辺の農村から食料を吸い上げるということが顕著に見られるわけではないのである。

さて和崎春日は、アフリカにおける都市研究の中から、第三世界における都市の特徴の一つとして、生活の相互扶助の必要性から同一文化の背景をもつ者が固まって居住し小街区を形成する傾向を指摘している［和崎　一九八七：六九］。確かに、南太平洋の諸都市においても、小街区を形成するまでには至らないことも多いが、同様の傾向は見られる。しかし、こうした住み分けは第三世界に限ったことではないということは、既に、パースらシカゴ学派が初期の研究で明らかにしてきている。様々な背景を持つ人々が流入し続けるシカゴの様な大都市では、エスニシティや階層に従った棲み分けに基づいた同質的なコミュニティが形成され、都市は互いに混ざらない小世界のモザイクとなっていくというのである(3)［Park, Burgess and Mackenzie 1925: 40、ベッカー　一九九八：五、高山　二〇〇三：四八―四九］。確かに、第三世界の都市においても近代都市においても、文化や階層に基づいた棲み分けが見いだせるのであろうが、それと関連した前者の特徴をここで追加しておかねばならない。それは、第三世界の都市における人々の生活の特徴として、労働や仕事にかかわる政治・経済の領域と、棲み分けによって実現する同じ文化的背景を持った人々との共同生活の領域は明確に区分され、前者においては都市的なマナーで他者と接し、後者においては自らの文化のマナーに従うという点である［和崎　一九八七：六八、シンガー　一九六八：五九］。

つまり人々は、私的な生活において自分たちのコミュニティの持つ文化的背景に従うが、公的な生活では、都市全体を貫く「都市のやり方」というものがあってそれに従うということなのである。第三世界の都市、特に植民地化を経験した植民都市において、都市生活者の互いの文化的差異を超えた「都市のやり方」が成立するのは、これら植民都市は植民地支配を行った西洋世界の産物として提供されたため、西洋的な文化的価値観や制度が共通の「やり方」として成立するという現実があるからである。この傾向は南太平洋の都市においてはさらに顕著になる。都市は西洋世界への窓口であり、メラネシア的に言えば、カストム（*kastom*：伝統的な慣習全般）と対立するスクール（*skul*：西洋世界から入ってきた新しいモノ）の拠点なのである。したがって「都市的なやり方」の多くの部分は、伝統的な価値観とは異なった西洋的価値観であり、しかも、強制的にもたらされ、受け入れざるを得なかったものなのである。もちろん「都市のやり方」の全てが西洋的価値観であるというわけではない。社会学者のフィッシャーは、「都市の民族集団に関する歴史的な研究や人類学的な研究のほとんどにおいては、言語や行動様式やその他の文化要素が、民族集団相互間で採用されていること、しかもそれが、当該地域のなかでもっとも有力な集団から多く伝わっていること等が明らかにされている」と述べているが［フィッシャー一九八三：七一］、まさしく、都市在住のある民族集団で用いられている文化要素が、変形されながらも他の集団でも採用され、やがてそれが都市のやり方として流通することも現実に生じる。第五章で詳述するが、ヴァヌアツの都市におけるカヴァ・バーがその例で、ある島でのカヴァ飲用のやり方が、変形しながら都市全体に広がってカヴァ・バー産業となっているのである。これは、メラネシア的都市文化として位置づけられるが、カヴァを売るということは伝統文化にはなかったことであり、西洋的な市場経済の枠組みを用いていることには変わりはないとも言える。

さて、都市のマナーに従って生活する政治・経済の領域における社会関係を、ミッチェルは、アフリカの都市を対象とした古典的な都市論のなかで、「構造的関係」と呼んでいる。その典型的なものは生産活動の点から規定される仕事関係であるというが［Mitchell 1966: 51］、生産活動は市場経済の仕組みに則って行われているというわけであるから、ミッチェルもこの社会関係を、基本的に西洋近代の論理が流通する公的な都市生活における関係と見ていたということになる。一方、棲み分けによって実現する同じ文化的背景を持った人々との共同生活の領域と関連あると思われるものとして、「カテゴリー的関係」というものをあげている。この関係は群集やビアホールやマーケットに見出されるものであり、民族間の関係もこれに該当するという。つまり、見ず知らずの人々が行きかうこれらの場面では、人々は互いにステレオタイプ的にお互いをカテゴリー化し、それが先鋭化すると民族的な対立に至るというのである［Mitchell 1966: 52-53］。まさしく異質性が併存する都市的場面における人々の関係を捉えているのだが、ここでは、棲み分けによって文化的背景を共有する人びと相互の関係が排他的であるかのような捉えられ方がなされている。しかし、こうした関係は、本当に排他的で対立的なのだろうか。

ミッチェルがこの論考を書いていた時代には、人類学をめぐる本質主義批判やポストコロニアル批判は登場していなかった。しかし、従来の民族誌的事実の本質主義的な捉え方は批判され、排他的で対立的な民族概念は近代の論理の侵入と共に生まれたものであり、それ以前は、互いに曖昧な区分しか持たなかったし、カテゴリー相互の乗り入れも生まれていたという指摘がなされてきたのである［松田一九九二、中川　一九九六］。そうした視点からミッチェルの言うカテゴリー的関係を見直すと、近代の論理が深く入り込んだところでは民族対立や民族紛争につながるとしても、日常生活におけるマーケットやビアホールなどでは、相互をカテゴリー化するとしても漠然とした多配列的なカテゴリー化であり、人々は、必ずしも排他的ではなかったということは考えられる。現に、南太平洋の都市においては、様々な出身地の者同士がカテゴリー化され、個人の単位よりも出身地の単位でまとめられる傾向が強いが、必ずしも排他的になるわけではなく、マーケットやビアホール（カヴァ・バーもこれに入るだろう）は、これら出身地別のカテゴリーを背負った人々が、自然と交流する場を構成している。もちろん、近年になればなるほど、これらのカテゴリー間で対立関係が生まれることもあるが、それは、多配列的なカテゴリー関係が、近代の論理である単配列的な原理の侵入によってその性質を固定化してしまったと考えるべきなのである[4]（第六章参照）。

3　ゲマインシャフト都市

南太平洋の都市を念頭に置いて、話を整理してみよう。植民地化によって作られた植民都市で生活する南太平洋の人々は、西洋的な近代の論理の枠組みが流通する公的な場面で構造的関係を持ち、伝統的な文化的背景を同一にする出身地の同じ人々のコミュニティでは、それぞれの文化的価値観にしたがった人間関係を持ち、都市特有の、異質な人々が交差する群集、マーケット、カヴァ・バーなどでは、同じ文化的背景を持つ者同士のコミュニティというレッテルを背負いながらも、交流するカテゴリー的関係が見いだせるということになる。さて、共同生活が実現される私的な領域では、同じ出身地の言語を話し、儀礼や宗教を共有し、相互扶助を基盤とした生活が営まれる。高級官僚であっても、定職がなく寄生生活している者であっても、出身の島の人間関係に従った生活が都市で営まれている。それはまさしく村落共同体的と呼ばれてきたものが都市において再現されていると言っても過言ではない。多くの南太平洋の都市では、村落の生業である農業でさえこれらのコミュニティに持ち込まれ、人々は都市に村落を移してくる。テンニースの区分で言えば、ゲマインシャフト的関係が、これらの領域には見いだせると言える。しかし都市生活者は、村落と異なる生活をしているのであり、私的な領域以外の領域において、異質な人々と関係を持っているのである。もちろん村落でも別の村落の人々と対立したり交流したりする。ただ、村落の内部には、構造的関係もカテゴリー関係も見出すのが難しいと言える。一方、カテゴリー関係において異質な人々と関係を持つという点では、それはある意味、中世の都市が作り出した都市ゲマインデの姿に似ていると言える。互いに交流する異質な人々が集まっていた中世の都市は、ヘテロトピーに満ちた都市の例であった。ところが、南太平洋の都市が中世の都市と異なるのは、前者は、近代都市として西洋世界の手で建設されたということである。従って、カテゴリー関係において異質な者の交流が見いだせるとしても、そして、そこにヘテロトピー状況が出現するとしても、都市における構造的関係は西洋近代の枠組みが覆っているのであり、そこが中世の都市と決定的に異なるところなのである。

南太平洋の都市は、人口規模が小さく、中世の都市と同程度のところがたくさんある。しかし、中世都市とは違い、「近代」の落し子である。だが、もちろん社会学的な意味での近代都市でもない。しかも、村落と類似したゲマインシャフト的関係に基盤を置いた生活が見いだせる。しかし、村落とは違った「都市らしさ」を持っている。村落とは違って、舗装された道路の上を多数の車が行き交い、高層ビルと呼べるものはないにしても、村落では見出すこの出来ない何階建てかのビルが多数存在し、人々はその点を強調する。景観的に、都市は村落とは異なるのである。さらに、言語や文化の異なる島々の人々が集まっている上、何よりも、カストムの拠点としての村落に対してスクールの拠点として機能しているのが都市であり、西洋近代の論理が流通する場として明確に差異化されているのである。このような都市を、本書では、「ゲマインシャフト都市」と呼ぶことにしようと思う。テンニースによれば、近代以前の都市では、ゲマインシャフト的共同生活が営まれていたということなので［テンニェス　一九五四：二三〇、二七三、三三四、若林　一九九二：一八九］、中世都市はゲマインシャフト的な都市ということになる。しかし、中世都市は、兄弟誓約をすることで擬制的な家族関係を都市住民全体に作り出していた点で、村落共同体とほとんど変わらない人間関係を見出すことができる。それは、ゲマインシャフトとゲゼルシャフトという対比においては、明確にゲマインシャフトだけで成立するものであるということになる。しかし、南太平洋の植民都市では、テンニースが、資本主義と連動し大都市において典型的に見られると考えていたゲゼルシャフト的関係が［テンニェス　一九五四：一一八、二三〇］、構造的関係による公的な生活の中に見いだせる。その意味では、ゲマインシャフトの関係によって成立する村落共同体や中世の都市ゲマインデと、ゲゼルシャフトの関係によって成立する近代都市の間に位置することになる。そうした点が、ゲマインシャフト都市と名づける所以なのである。(5)

註

（1）単配列、多配列という概念は、ニーダムが自然科学の分野から人類学の世界に持ち込んだもので、最も単純な説明は以下の表によって行うことができる［Needham 1975］。表の中の個体5と6は、E、F、Gという特性を共有することで一つのクラスにまとめられている。共通の特性を持っていることで一つのクラスにまとめられる仕組みが、単配列による分類である。いわゆる科学的定義はこのやり方で行なわれており、近代の厳密で排他的な枠組みや分類も、この単配列の原理に基づいていると言える。一方、個体1、2、3、4は、すべての個体に共通する特性を持っていないにもかかわらず、互いに似ているということで一つのクラスにまとめられている。これが多配列の原理であり、まさに、ヴィトゲンシュタインの言う家族的類似と同じ仕組みで出来上がっている。単配列と対比すれば分かるように、多配列の仕組みは、近代以前の緩やかでいい加減な枠組みや分類、ヴィトゲンシュタインが論じたように、現実の社会に見られる具体的な生活の場における様々な枠組みにも見出すことが出来る。彼は、「我々は、自分が使用する諸概念を明確に描くことが出来ない。それは、我々がそれらの真の定義を知らないからではなく、それらには真の〈定義〉がないからである」と主張しているが［Wittgenstein 1969: 25］、本書に即していえば、それは、現実社会にある諸概念は単配列的に定義できないということを意味している。そしてそれを受けて、ニーダムも同様に、現実の社会にある様々な現象は多配列的であるという認識を示しているのである。詳細は［吉岡　二〇一〇］参照。

	多配列クラス				単配列クラス	
個体	1	2	3	4	5	6
特性	A B C	B C D	A B D	A C D	E F G	E F G

（2）日野の言う植民行政都市、オコナーの言う植民地都市やヨーロッパ型都市を、ここではまとめてコロニアル・タウン、あるいはコロニアル・シティの意味で「植民都市」と呼ぶことにする。

（3）ワースの都市の定義における「異質性の単なる併存」も、この視点を踏まえていると言える。一方、ワースのアーバニズム論を見据えつつ、都市生活には逸脱や発明などを生みだす「非通念性」がなぜ浸透するのか、という点を問題にしたフィッシャーは、ワースとは異なった方向性を示している。彼はまず、「都市的なるもの」を人口の集中という観点からのみ定義すると宣言する［フィッシャー　一九八三：五七］。そして、都市的になればなるほど、つまり人口規模が大きくなればなるほど、下位文化の多様性は増大し、その結果、下位文化相互の違いや争いによって個々の下位文化の内部は強度を増していくという。やがて、強化されたある下位文化の信念や行動が他の下位文化に採用される状況が出現してくるが、特殊な下位文化が増加すればするほど、一般的な通念から逸脱した信念や行動が採用されることも増加してくる、というのである［フィッシャー　一九八三］。フィッシャーのこうした仮説は、大都市では異質なものの間で交流が生まれると言っているということになるが、その仮説が盤石に実証されているとは言い難いと言われている［松本　一九九六：四二一、二〇〇八：六〇］。

（4）　ミッチェルは三つ目の社会関係として、「パーソナル・ネットワーク」をとりあげている。それは、個々人が自分の周りに築きあげる個人的な関係のネットワークと規定されていることから分かるように［Mitchell 1966: 54］、個人的な関係の網の目を念頭において提起された関係である。ただこの関係は、本章で問題としている植民都市における特徴的な関係というわけではない。

（5）　註4で触れた「パーソナル・ネットワーク」は、個人を起点としてその周りの家族や友人から成り立っている。従って、家族や友人関係をゲマインシャフトの中核に据えるテンニースに従えば、これは当然ゲマインシャフト的であるということになる［テンニェス　一九五四：二七三］。そして若林［一九九九：七五］やフィッシャー［一九八三：七二］が論じるように、大都市においてもこうした個人的なネットワークに基づくゲマインシャフト的な関係は見いだせる。しかしだからと言って、村落共同体におけるゲマインシャフト的共同生活と同じものが近代的大都市にも見いだせる、と論じる人はいないであろう。それは、パーソナル・ネットワークに基づいた関係と村落共同体におけるコミュニティ全体にわたる相互関係とはレベルが異なるからである。前者の関係は、家族や友人という個人的な関係であるため、村落共同体、中世都市、植民都市、近代都市、どこにおいても見いだせるが、後者の関係は共同関係であるため、どこにでも見出せるというわけではないのである。

第二章　南太平洋における都市の諸相

本章では、南太平洋の「大都市」であるパプアニューギニアの首都ポートモレスビーと、フィジーの首都スヴァ、そして両都市と同じメラネシアに位置するヴァヌアツ共和国の首都ポートヴィラをとりあげ、都市の成立、生活のあり方などを論じる。これらの都市は、南太平洋で最も一般的な植民都市として成立し、植民地の首都を経て独立国家の首都へと移行したところである。ポートモレスビーは、パプアニューギニアの中で首都特別区を構成しており、二〇一一年の人口は三六万人を数え、太平洋随一の都市として君臨している。スヴァは一九九六年の段階では約一七万人の人口を擁していたが、二〇〇〇年に市内の東部が新しい町として独立した行政単位となったため、二〇〇七年のセンサスでは約八万六〇〇〇人となっている。しかし、スヴァと街続きにある近隣の町を含めたグレーター・スヴァ・アーバン・エリアは二四万人を数え、依然として南太平洋の中での大都市としての存在を示している。これら二つの都市に比べると、ポートヴィラはずっと小さな首都で、二〇一〇年のサーヴェイにおける人口は四万九〇〇〇人余りである。南太平洋の首都の中では筆者が最も長期に滞在したところであり、フィールドデータの蓄積もあることから、二大都市との対比の意味でここで取り上げる。そして、これら三都市における近代都市としての側面、さらにはメラネシア的な都市としての側面を考察しようと思う。

ところで、都市の人口規模は国家全体の人口によって大きく左右されるが、パプアニューギニアは約七二六万人（二〇一一年センサス）、フィジー共和国は約八四万人（二〇〇七年センサス）、ヴァヌアツ共和国は約二五万人（二〇一〇年サーヴェイ）である。なお、ポートヴィラの人口は少ないが、それでも南太平洋の独立国家の首都としては四番目（三番目はソロモン諸島の首都ホニアラ）の規模を持っていることを付加しておく。

一　ポートモレスビー

1　歴史的経緯

ポートモレスビー周辺にはコイタ人やモツ人が居住していたが、モツはガルフ湾からポートモレスビーの南東地帯に至るまでの広い範囲で交易を展開しており、彼らの言語はこの地域一帯の共通語になっていた。この地を初めて訪れたミッションはロンドン伝道協会で、一八七二年に布教のためにラロトンガ島民がポートモレスビーの北西にあるモツの村にやってきた。しかしマラリアなどによって死者も出たため、結局引き揚げてしまった。翌年の一八七三年に、キャプテン・ジョン・モレスビーがこの地域を訪れ、陸地に囲まれた恰好の港に船を停泊した。彼は、父親であるフェアファックス・モレスビーの名前にちなんで、内部の港をフェアファックス、その外側の港をモレスビーと命名した。これが、ポートモレスビーという名称の始まりである。その翌年には、この地に、今度はロンドン伝道協会のヨーロッパ人宣教師が妻子とともに到着し、ミッションハウスを建設した。一八八一年には最初のニューギニア人改宗者を生みだし、一八八三年にはミッション・ティーチャーを養成するカレッジが作られた。このように、ポートモレスビーは、キリスト教の布教の拠点としてそのスタートを切ったのである［Oram 1976: 13-16］。

モレスビーが、産業活動と無縁というわけではなかった。大量のナマコの存在が知られたことで、一八七八年にはモレスビー近辺に、オーストラリア、インドネシア、中国の船が多数やってきていたと言われている。一八八〇年には、最初の交易商店が開かれている。一方、一八七七年に現在のジャクソン国際空港の北方に流れているラロキ川近くで金の鉱山が発見され、翌年には鉱夫が採掘を始めたが、彼らの作った会社はうまくいかず二、三年のうちに引き上げてしまった。しかし、このことはオーストラリアの関心を引いていた。一八七八年にはオーストラリアにあるイギリスのコロニーの一つ、クィーンズランド政府が行政官をモレスビーに派遣している。この行政官は、権限がないにもかかわらず疑似政府のようなものを作り、犯罪者を裁いたりしていたと言う。こうしたこともあってクィーンズランド政府は

写真１　高台から見たポートモレスビーのダウンタウン（1985 年）

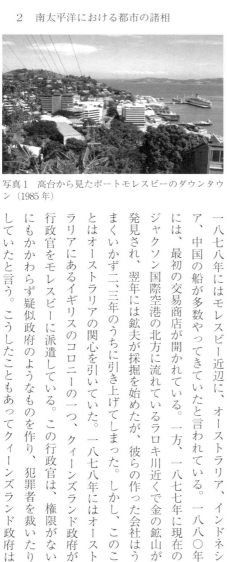

一八八三年にニューギニアを保護領にすると宣言するが、イギリス本国はそれを認めなかった。当時ニューギニア島は、西部が既にオランダ領となり、東部の北側はドイツが関心を寄せていた。そこで、イギリス政府は一八八四年に、ニューギニア島東部を南北に分割する協定をドイツと結ぶが、それもオーストラリアの各コロニーが共同で年間一万五〇〇〇ポンドの経費を支出するという条件で行ったものであった［Oram 1976: 17-19］。

写真2　ハヌアバダの水上家屋群（1985年）

ニューギニア南東部はイギリス領ニューギニアとなり、植民地の首都の選考が行われた。候補はいくつもあったが、ミッションはモツ語が広範に通用するということを理由にモレスビーを首都にすることを推奨しており、一八八五年モレスビーにやってきた高等弁務官は、モレスビーは植民地の中で文明化が試みられた唯一の地域であり、比較的病気が少ない地であり、電報基地があり、オーストラリアのクックタウンに近く帆船でも行き来できる、という理由で、モレスビーを植民地の首都にすることを決定した［Oram 1976: 20］。

一八八六年には、今日のタウン地区北東のニュータウンや南東のバディリの土地を含めて五五二エーカーの土地が政府によって購入された。これらの土地は、港からエラ・ビーチにかけての地区であるグランヴィル・ウェストとニュータウンのグランヴィル・イーストに区分され開発がすすめられ、一九〇〇年に入ってからはバーンズフィリップ社の商店、病院、銀行、ホテルなどのビルの建設も行われ

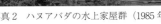

地図2　ポートモレスビー

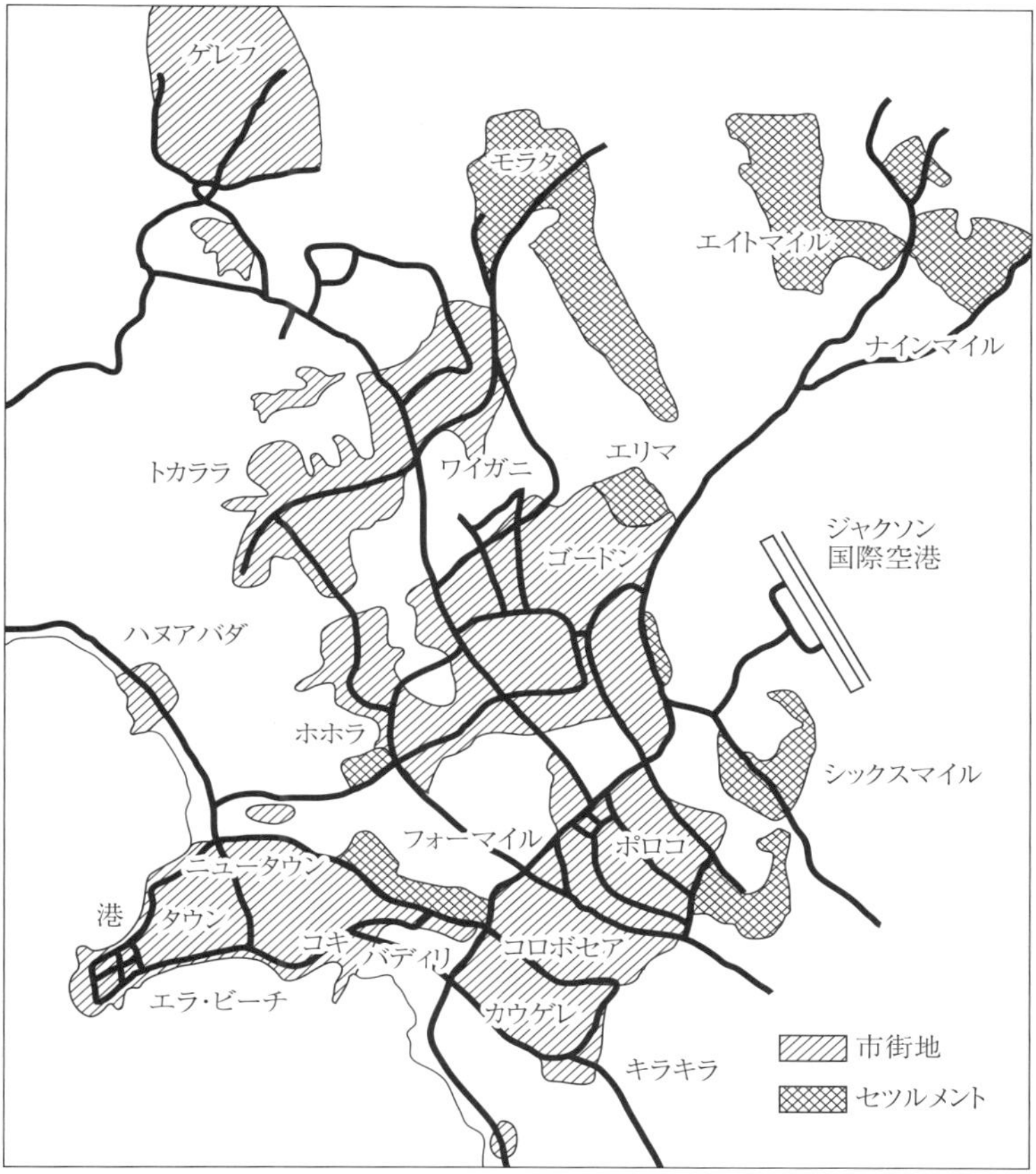

Oram 1976, Map3、熊谷 2000 図 2 を参照にして筆者が作成。

表1　ポートモレスビーの人口推移

年	人口
1947	7,230
1954	15,700
1961	29,000
1964	33,500
1966	41,848
1971	76,507
1980	123,624
1990	195,570
2000	254,158
2011	364,125

Oram 1976のTable 1、熊谷 2000の表 1、Papua New Guinea National Statistical Office 2013:15より筆者が作成。

写真3　ボロコの商業地区（1985年）

たが、全てウェストの側で、イーストの側の開発はほとんど進まなかった。政治的には、イギリス領ニューギニアは、オーストラリアが連邦として独立することによって、オーストラリアが引き継いでオーストラリア領パプアとして統治することになり、さらに、第一次世界大戦ではドイツが敗れたため、ニューギニアの北東部のドイツ領ニューギニアは、国際連盟の委任統治領としてオーストラリアが統治することになった。

ポートモレスビーの人口は、市街地の拡大とともに大きくなっていったが、一九二一年のポートモレスビー在住のヨーロッパ人は三一三人、一九四一年には四〇〇人であった。一九四〇年当時ハヌアバダには二二七六人のニューギニア人がいたと言われているが、当時のポートモレスビーの市域は極めて狭く、ハヌアバダはまだ市内に含まれてはいなかった。ただ、四〇〇人程度のヨーロッパ人ではあったが、ポートモレスビーはオーストラリアの小さなタウンの様相を呈しており、そうしたタウンで手に入る程度のサーヴィスや快適さは享受できていたと言われている。第二次大戦後、オーストラリアはニューギニア東部を二つに分けていたテリトリーを統合して統治する方針を打ち出し、一九四九年、ポートモレスビーは両テリトリーにわたる行政首都となることが決定された。こうした事態が、モレスビーの拡張へとつながることになった。

一九五一年までにはボロコ地区の開発が行われた。一九五四年には、東はバディリ、カウゲレ、コロボセアへ、北はボロコ、北西はハヌアバダを含む地域まで市域は拡大していった。コキとバディリは近隣を含めた地域の商業的、社会的センターとなっていき、ボロコでは居住地の分譲を初め、ショッピングセンターでの商業店舗用地売りだし、郵便局、ホテル、映画館の建設などが進み、重要な商業センターとなっていった。一九六〇年代にはホホラ地区が開発され一九六八年にはジャクソン空港、ゴードン、ワイガニへと拡大してゆき、それに伴い人口も増加していった（表1参照）。しかし、ポートモレスビーの拡大は、もともとニューギニア人の土地を植民地政府が順次購入していくという形で進められ、しかも、地形の関係から開発地区が飛び地のように作られていったため、一九七四年で、市域の約五分の一は慣習的共有地（customary land）のままであった。二〇〇〇年現在においても、市域の西部と南東部を中心に慣習的共有地が存在しており、市域全体の二割近く［熊谷　二〇〇〇：八二］に達しているという点は、ポートモレスビーの都市としての特徴となっている。パプアニューギニアは一九七五年に独立し、ポートモレスビーは独立国家の首都となった。

2　都市への移住

ポートモレスビーでは、長い間、ニューギニア人の市内での居住に制限を設けていた。一九一〇年に制定された原住民労働条例では、家庭の使用人を除けば、ニューギニア人は市域の外側に雇い主が建てた労働者用の宿泊所に住むことが義務付けられていた。また一九二四年制定の原住民行政規則では、ニューギニア人が定職なしに四日以上市域内に滞在することを禁じていた。さらに、一九一二年から一九六四年まで継続して存在していた浮浪者条例では、市域にいる者で、目に見えるかたちで合法的な支援手段を持たない者、あるいは、不十分な支援手段しか持たない者は二カ月投獄された。これによって、何年ものあいだ、移住者の多くは短期間投獄された後村落に送り返された。こうした差別的な法規制は、一九六〇年代に入ってから改善されることになる。一九六二年には差別的な原住民女性保護条例やその他の差別的な条例を廃止する演説が行われ、一九六三年には差別的な行為に反対する条例が採択されて、以後、市域内のホテルや海水浴場でヨーロッパ人とニューギニア人が一緒にいることが増えたと言われている［Oram 1976: 158,169、熊谷 二〇〇〇：三二］。

浮浪者条例によって市域への移住を制限されたニューギニアの人々は、こうした法規制にも関わらず、増加し続けた。彼らは、セツルメントと呼ばれる掘立小屋の居住地を作って行ったが、一九六〇年代半ばでは、これらのセツルメントのほとんどは北西のハヌアバダ近くの慣習的共有地や南東のキラキラ、コロボセアの村落に作られていた。移住者たちは、ポートモレスビー内にあった慣習的共有地に出来上がっていた村落の人々と伝統的な交易関係を結んでおり、こうした村落に受け入れられていったのである。そのため、浮浪者条例にもかかわらず、移住者を簡単に追い返すことは難しかったと言われている。その結果一九六六年のポートモレスビーの人口の八〇％はニューギニアの他の地域からの移民で占められることになった［Oram 1976: 97-99］。

差別条例が撤廃される中、こうした移民の増加は問題視されつづけた。慣習的共有地だけではなく、都市の空地となっている公有地にもセツルメントは作られていったのである。一九六九年に議会には、村落生活に有害な結果をもたらしているのは人々の都市への大規模な移動であり、政権に都市への移住制限を再び導入することを要求する、という議案が提出された。そして一九七三年には、政府は仕事や住居をもたない人々の都市への移住を抑えるべきであり、既に都市に居住している浮浪者を故郷に戻してそこで住み続けるようにさせるための方策を考えるべきだ、という趣旨の動議を採択している。これに対して政府は反対はしなかったが、世界中のどの政府も田舎から都市への移住を止めることは出来ない、という立場をとり、同年、「都市地域にとっての自助住宅集落」という政府白書を出し、都市のセツルメントに上下水道、電気の供給、道路の建設などの公的援助を与えることとなった。これは公有地に作られたセツルメントに限ったことで、慣習的共有地に作られたセツルメントに関しては援助は与えられなかった［Oram 1976: 168-169、熊谷　二〇〇〇：三六］。

植民地政府は、一九五〇年代までは、外国人向けの高級な一戸建てを中心に住宅を供給するだけで、ニューギニア人などの労働者のための住宅は作ってこなかった。というのは、都市における住宅は雇用主が提供すべきものであると考えていたからである。一九六〇年代になってようやくニューギニア人用の安い住宅をホホラ地区に建設を始め、やがてそれらは、トカララなどへと広がって行った。これらの住宅は基本的に賃貸の集合住宅であったが、居住したニューギニア人は自らのワントック（*wantok*：同一の言語を基盤とした同郷者集団）を呼び寄せることで、収容人口が増大していった。これら政府の賃貸公共住宅建設は、一九七〇年代後半に行われたゲレフ地区での建設を最後に終了することになった。そして、一九八〇年代には、賃貸であった公共住宅を持ち家へと転換する計画が推進されるとともに、民間による高級賃貸のコンドミニウムの開発が行われるようになった。結局、裕福な人々は持ち家、あるいは高級コンドミニウムに居住し、貧しい人々はセツルメントに留まるという状況が生まれ、ポートモレスビーの人々は「エリート」と「グラスルーツ」と呼ばれる二分法的な区分へと分かれていくことになるのである。セツルメントは一九七五年には住宅総数の一七％を占め、一九九五年には、二六の公有地内のセツルメントと四八の公有地外のセツルメントを数え、その人口は総人口の三分の一を占めているのである［熊谷　二〇〇〇：三四―三六、六二―六三、Goddard 2005: 39］。

3　都市生活者の人間関係

オラムの古典的なモレスビー研究のタイトル、『コロニアル・タウンからメラネシアン・シティへ』の通り、ミッションの基地を起点として「ヨーロッパ型」の植民都市（コロニアル・タウン）として成立してきたポートモレスビーは、ニューギニア各地からの移民の流入とともに、メラネシアン・シティへと変貌を遂げて来た。しかしオラムはメラネシア人の人口が増加しただけで「メラネシアン・シティ」になったと論じたわけではなかった。彼は、ポートモレスビーの人々の都市生活の中に、ヨーロッパにおける都市とは異なる人間関係を見出していたのである。モレスビーに移住してきた人々は、基本的に、市域内、あるいは近隣の慣習的共有地に居住する村人と、結婚や交易などを通して交友関係を持っていた。そして彼らは、次に、自らの故郷の人々、同じ文化的背景を持つ人々であるワントックを呼び寄せていったわけである。オラムは言う。「一九六六年には、少なくとも先住民人口の三分の一は部族集団の中で居住しており、その割合はそれ以後も減少していない。これらの居住集団は、町に住んでいる全ての部族成員の社会的中核として働いていた。そして、近隣関係は、出身地を共有する人々が都市部内の村落やセツルメントに一緒に住んだ時だけ、関係のネットワークにおいて重要な役割を演じた」[Oram 1976: 136]。親族関係とワントック関係が近隣関係よりも重要なものとなっているニューギニア人の生活を分析して、オラムは、「パプアニューギニア人が関わっている関係性のネットワークは、ヨーロッパ人のそれとは違って、ゲゼルシャフト型よりもむしろゲマインシャフト型の社会組織を作り出している」と主張するに至る[Oram 1976: 155]。彼は、ゲマインシャフト都市としてのポートモレスビーをメラネシアン・シティと呼んだのである。

こうしたゲマインシャフト的生活が最も端的に出現したのがセツルメントであったことは容易に想像がつく。一九六〇年代の自然発生的なセツルメントは、出身を同じくする人々の集団によって棲み分けが行われていたのだが、その状況は二〇〇〇年を過ぎた段階でも変わっていない[Goddard 2005: 141]。しかし、政府の再定住計画によってつくりだされたモラタ地区のセツルメントや独立後新しく作られたエリマ地区のセツルメントには、様々な出身の人々が混在しており、棲み分けによって出来上がった自然発生的セツルメントとは異なり、暴力沙汰や出身地の異なる人々の間の不和は日常茶飯事のことであると言われている[熊谷　二〇〇〇：六六、Goddard 2005: 158]。棲み分けが行われた場合のみ近隣関係が意味を持つ、と一九六六年のモレスビーを分析したオラムが指摘したことが、今日においても継続しているのである。

ところで、ポートモレスビーは南太平洋で最も治安の悪い都市というだけではなく、二〇〇四年には

写真４　ワイガニの国会議事堂（1985年）

英紙エコノミスト誌の調査部門であるエコノミック・インテリジェンス・ユニットの住みやすさランキングで、レイプ、強奪、殺人などの発生率の高さから、世界で最悪の首都と位置付けられ、二〇一三年には改善されたものの、世界で三番目に住みにくい都市とされている。ポートモレスビーは、ラスカル（強盗）などが頻発して危険な都市であるという風評は、筆者が最初に訪れた一九八五年には一般的に流通していたが、実際にタウン、コキ、ボロコ、ワイガニなどを歩いてみても、風評ほど治安が悪いという印象は受けなかった。ただ、モラタのセツルメントの入り口には、ライフルを持った警察が検問をしていたのが、風評をうかがわせるだけだった。モラタの内部も、掘立小屋やトタン貼りの家屋が林立していたが、身の危険を感じることはなかった。しかし、二〇一一年にモレスビーを訪れた時は、状況はかなり悪くなっていた。スーパーの駐車場で非ニューギニア人がラスカルに襲われたりすることが頻繁に起こり、繁華街のボロコの人通りの多い大通りでさえ、旅行者は安心して一人では歩けない状況が出現していた。大通りから横に入った道では、ベテルナッツなどを販売している人々がいるが、それらの人々がいるにも関わらず公然と「かつあげ」が行われ、それに対して人々は見て見ぬふりをするという現実が出現していた。

　犯罪の社会学的議論では、犯罪は貧困、無職、教育の無さ、社会的不平等などが原因で生じるという仮説が存在する。特に、第三世界におけるこれらの問題は、近代化がうまく進まず雇用機会も少ないことが原因とされ、雇用機会の増大が犯罪を軽減するという近代化論が語られてきた。しかし、モレスビーの犯罪集団を調査したゴダードは、それを否定する。彼は、ポートモレスビーでは、比較的賃金の良い大学の職員や学生が余暇時間に犯罪に加担することもあり、貧困や社会的不平等が犯罪者への誘因となっているわけでもないと述べる［Goddard 2005: 11-12］。そして、パプアニューギニアで最も腹立たしいとされていることは、エリート層が裕福であるということでも、構造的な不平等が存在するということでもなく、親族や交換パートナーとの伝統的な関係を維持したり贈与交換を遂行することへの違反であると指摘し、貧困への反発よりもむしろ贈与交換の義務の履行という動機を問題とするのである［Goddard 2005: 117］。

考えてみれば、ワントックとの間にあるゲマインシャフト的関係が今日のポートモレスビーにおけるニューギニア人の生活で重要な要素を占めているとすれば、こうした視点は当然といえば当然であろう。しかも、犯罪者へのインタビューなどから分かったことは、彼らは、通常の仕事を持つ機会があったとしても、犯罪はそれより儲かる仕事だからそちらに就くということであるとゴダードは言う。つまり犯罪は、貨幣経済における富の獲得手段の一つであり、そうして獲得した富は、義務の履行のため分配され、それが今度は自らの威信を高めるのである［Goddard 2005: 106］。犯罪者集団のリーダーとその成員の関係は、典型的なビッグマンとその親族集団の関係に類似しており、その富の分配はメラネシア社会の伝統的モデルに従っている。つまり、犯罪はメラネシア人が資本主義経済を伝統的な贈与交換に統合するためのひねくれたやりかたなのである［Goddard 2005: 12,88］。

ポートモレスビーは南太平洋で最大の人口規模を誇る都市である。パプアニューギニア大学には、太平洋各国からエリートが集まり、卒業後は、それぞれの国の高官となって近代国家の推進役をはたしている。都市には高層ビルが建ち、イゾトピー化された「都市らしさ」も随所に表れている。しかし同時に、パプアニューギニア各地の異質な人々が集積し、西洋近代という枠組みを共通に持つことで公的には互いに交流する。それはフォーマルな仕事に就いても、インフォーマルな仕事に就いても同様である。共通語として用いられているピジン語（パプアニューギニアではトク・ピシンと呼ばれている）、あるいはモツ語を用いて意思の疎通を行い、役所や銀行では西洋的な基準に基づいたマナー、やり方が異質な人々の間を通して行われる。こうしてヘテロトピーを許容する状況も生まれる。人々は、セツルメントにおいては背景となる文化単位に棲み分けしていることが多いとはいえ、そして、セツルメント以外で居住する多くの人々もワントックのシステムに巻き込まれているとは言え、マーケットで、公園で、他の文化的背景を持つ人々と話を交わし交流する。トク・ピシンなどの共通語がそれを可能にしている。ポートモレスビーは、イゾトピー（「都市らしさ」に見られるような近代がもたらす画一的な様相）とヘテロトピー（「都市的なるもの」にみられる異質性の許容）が共存するゲマインシャフト都市なのである。

二　スヴァ

1　歴史的経緯

一九四〇年代、フィジー諸島は各地の首長たちが勢力争いを繰り返していた。ヴィチレヴ島周辺に勢力を持っていたのはザコンバウであり、当時、フィジー諸島で最初に白人定住者を集めて商業の中心地となっていたヴィチレヴ島東海岸沖のオヴァラウ島にあるレヴカも、その勢力下にあった。そのため、白人定住者が交渉する相手はザコンバウであった。一八四六年にフィジーにやってきたアメリカ領事のウィリアムズも、「フィジー王」を名乗っていたザコンバウに様々な要求を行った。特に、スヴァ沖のヌクラウ島にあったアメリカ領事館が火災にあった時、様々な物品をフィジー人が持ち去ったとして、ザコンバウにその賠償要求を行ったのが最初だった。ウィリアムズは領事館や商店を近くのラウカラ島に移したが、それらも放火にあってしまった。その結果ザコンバウに対してアメリカ政府からつきつけられた賠償金額は四万三〇〇〇ドルへと跳ね上がり、困った彼は、イギリス領事に、フィジーの土地を譲渡する代わりに賠償金の肩代わりと自らの「フィジー王」としての地位の承認を求めたが、これは拒否されてしまった。しかし、オーストラリアのポリネシア・カンパニーがこの話に乗ってきて賠償金を肩代わりする代わりに、一八六八年、現在のスヴァが立地しているスヴァ半島の土地は同社に譲渡されることになった。

写真５　フィジー博物館があるサーストン・ガーデン（1998 年）

一八七〇年に同社は白人開拓者に分譲を開始した。大勢の開拓者が生活を始め、現在の中央区にはサトウキビ工場などが建設された。しかし気候や土壌が適しておらずこの産業は失敗に終わり、人々はこの地から引き揚げて行った。その結果、一八八〇年当時、同地には三〜四軒の家、使われなくなった教会、使われなくなった工場、捨てられたホテルなどが並ぶ廃墟同然の場所となっていた「小川

地図3　スヴァ

二〇〇〇：二五四―二五五、Gravelle 1979: 93-94,157、Douglas and Douglas 1994: 199-200］。

スヴァにはもともとフィジー人の集落があった。彼らは、現在のサーストン・ガーデン（アルバート公園の南）で生活していたらしい。しかしヨーロッパ人の居住が始まる頃には、彼らはこの地からコロヴォウ（ヴィティレヴ島東海岸部）に移動していった。サーストン・ガーデン北方、つまり港の近くは周囲はマングローブの沼地であり、沼地の悪臭が漂っていたと言われている。これらの地は、一八七七年までには、マクエワン・アンド・カンパニーにその所有権が渡っていた。同社は、その土地について、開拓民にではなく植民地政府に交渉を持ちかけた。フィジー諸島は、様々な経緯の後、ザコンバウの意を受けて一九七四年にイギリス領となったが、植民地の首都はレヴカに置かれていた。同社は、所有しているスヴァの土地の半分と、政府庁舎建設用の用地を無償で政府に提供する代わりに、スヴァを首都にするように交渉したのである。もともとレヴカは狭小な地であったため、白人たちはそれに変わる良港を探し求めていた。一八六一年にはスヴァ、ナンディ、カンダヴ島のガロアの調査が行われ、スヴァが最適であると報告されていた。そのこともあって、植民地政府は、首都をレヴカからスヴァに移転することを一八七九年に正式決定し、首都建設の準備期間を経て、一八八二年に、正式に移転した〔小川　二〇〇〇：二五五、Gravelle 1979: 158〕。しかし、新聞は、都市計画は「強風の後のクモの巣」に似ており、「お世辞としてだけ街路と呼べる」その狭い路地や小路は、「マラリアを発生させる沼の空気を保持するように特別にデザインされた集団生息地」を貫いて曲がりくねっていた、と揶揄した。一八八〇年に政府はスヴァの地の分譲を開始したが、六〜七区画売れただけだった。当時はまだレヴカの方が投資には適していると考えられていたのである。しかし、沼地は干拓され開発が進むことで、次第にスヴァの人口も増えていった。首都となった当初のスヴァは、現在の中心地あたりの一マイル（一・六キロメートル）四方の区域にすぎなかったが、やがて、スヴァ半島の南西部は白人たちの住宅地となり、労働者層は、トゥーラック地区に住居を構え、そこから港に通じる道に中国人やインド人の商店街ができていった〔Gravelle 1979: 157-158〕。

一九〇〇年代初めに作られた近くのカミング通りは、売春宿からカヴァ屋[1]まであり、船乗りや訪問者、庶民の繁華街となった。一九二三年に大火災が発生したが、消失した店舗は仕立屋、飲食店一八を含む四五店舗もあったという。一九三八年までには、中心部の南側に博物館、図書館、植物園、競技場、公民館などの文化施設が作られた。さらに、べっ甲細工、金銀細工の職人が活動を開始し、家具や石鹸などの製造工場、製材所、造船所、印刷所などの軽工業も発展していった。その結果、第二次大戦後もスヴァにおけるフィジー人人口は増加していった。フィジー人は当初、トゥーラック地区の雇用者の建てた住宅に居住していたが、やがて、収まりきらず、一九五〇年代にはワイベルやライワイ一帯に粗末な住居群の集落が形成されていった。その後、こうした集落はナセセ、ナンブア、さらには今日のナシヌ・タウンのカウニクイラにも拡大していった。これらの場所は、不法に占拠されたスクウォッター・キャンプ（不法居住区）となり、当然のことながら電気や水道なども配備されていなかった［小川　二〇〇〇：二六二―二六五、二六九―二七〇］。

ところで、フィジーの都市はタウンとシティに区分されている。現在、一〇のタウンと二つのシティが存在しているが、スヴァは一九五二年には市域が六マイル（九・六キロメートル）四方以上に拡大され、一九五六年にはタウンからシティになっている［Nayacakalou 1963: 33］。表2はスヴァの人口の推移を示している。既に述べたように、二〇〇〇年にスヴァの東部の市域がナシヌ・タウンとして行政上分離されたため、二〇〇七年のセンサスでは人口が半減しているが、スヴァの中心街は、ナシヌが分離される以前の人口規模に見合う賑わいを見せていると言われている。スヴァの東隣りのラミ・タウンからスヴァの西隣のナシヌ・タウン、さらにはその西隣のナウソリ・タウンまでは、今日、グレーター・スヴァ・アーバン・エリアという名称でまとめて呼ばれる都市部を形成しており、二〇〇七年この都市部の人口は二四万人を数える。スヴァのセントラル地区（今日の中央区）は、このグレーター・スヴァ・アーバン・

写真6　スヴァのメインストリート（2007年）

エリアの中心となっており、スヴァを都市とみる場合は、この大きな単位でのスヴァを考える（そしてそれは、ナシヌが分離される前のスヴァ市に近い規模を擁する）のが適切であるとされる。なお、スヴァ周辺では、スヴァーナウソリ回廊と呼ばれる「メトロポリス都市域」が設定されている。それは、グレーター・スヴァ・アーバン・エリアと重なるところが多いが、東西はスヴァからナウソリまで、南北は、太平洋から北のコロ・イ・スヴァ森林公園までの間の地域を指す［UN-Habitat 2012］。

表2　スヴァの人口の推移

年	総人口	インド系人口	フィジー系人口
1901	4,695	1,728	701
1911	7,788	?	?
1921	12,982	7,246	1,981
1936	15,522	7,821	3,471
1946	25,409	12,729	6,406
1956	37,371	19,321	9,758
1966	80,269	41,233	28,582
1976	117,829	53,191	48,303
1986	141,273	69,701	70,261
1996	167,975	66,611	100,118
2007	85,691	25,164	47,339

小川 2000 表 1、表 3 と Fiji Bureau of Statistics 2014 Table 1.4 より筆者が作成。

さて、フィジーの都市形成の特殊性として、インド人移民の存在をあげておかねばならない。一八七五年、イギリスから派遣された初代の行政官ゴードンが着任したが、フィジーはその前に、はしかの大流行で人口の三分の一が減少するという事態に見舞われていた。ゴードンは、コプラと砂糖産業によって植民地の経済の立て直しを考えたが、フィジー人の伝統的慣習を保護するという政策のもと、フィジー人を彼ら自身の土地でヨーロッパ人の下で働かせることには反対した。そして、イギリス領であったインドに労働力を求めるという道を選択したのである。一八七九年にインドから四九八名の労働者がやってきたが、以後、一九一六年まで毎年二〇〇〇人の移民を受け入れることになった。労働契約が終了した後もインド人はフィジーに残

写真7　インド系住民との共生（2007年）

り、一九七六年には、フィジーの全人口の約五〇%を占めるようになったのである［Douglas and Douglas 1994: 163,200-202］。都市部におけるインド人の存在は特に顕著であった。スヴァでは、一九〇一年の段階でヨーロッパ人が一〇七三人だったのに対してインド人は一七八二人であり、インド系住民はフィジーが一九七〇年に独立した後もスヴァ都市民の中の最大の民族集団であった（表2参照）。その後、インド系住民を抑圧するクーデタなどもあってインド系住民のフィジーにおける人口そのものが減少して今日に至っているが、スヴァの都市形成において大きな役割を演じて来たのはインド系住民であり、フィジー系住民は、都市としてのあり方が決定してからそれに乗る形で増加してきたということが出来よう。つまり、スヴァは、パプアニューギニアのポートモレスビーのように、メラネシア人の増加が都市のあり方そのものを形成してきた「メラネシアン・シティ」ではないということなのである。

2　都市生活

第二次大戦後、フィジー系住民がスヴァに大量に流入してきてポートモレスビーの自然発生的セツルメントのようなキャンプを作ってきたが、これらのキャンプは、出身地ごとの棲み分けによって出来上がっていた。しかしポートモレスビーの場合には、多くのセツルメントは慣習的共有地に作られたが、スヴァの場合は、全て公有地に作られたという違いがあった。公有地は政府が開発の対象とすることで、棲み分けによって伝統的な仕組みが存在していたキャンプを変貌させていった。一九五二年、ハリケーンのために住宅を失ったサマブラ地区の人々を住まわせるために、植民地政府はナンブア地区に人工的に村落を作ったが、フィジーの伝統文化を保持するという政策のためか、伝統的な集落構成を尊重して、出身のプロヴィンス別に分けられ、同じ政治単位に属する者同士が近くに住むように工夫されていた。しかし、いかに伝統を装った疑似村落ではあっても、土地も家屋も政府所有であり、人々は地代と家賃を払ってそこに住むという近代の仕組みを受け入れざるを得なかった［Nayacakolou 1963: 36］。

一九五八年から住宅公社が活動を始め、政府の所有地を開発して道路、水道、電気などのインフラを整備し、区画割りを行い、造成原価ベースでの提供を開始した。一九六四年には、スクウォッター・キャンプに居住する人々に住宅を供給すべく、低所得者向けのトイレ、洗濯設備付きのワンルームアパートメント、あるいは二部屋あるアパートメントを貸し付ける計画がスタートした。一九六九年にはライワンガ地区で一八四戸のアパートメントからなる四階建ての建物四棟への入居が始まり、隣接するライワイ地区にも五棟の建物が建って、一九七〇年に入居が完成した。そしてライワイ地区のキャンプ集落は解体された。これらの開発地域は一七五エーカーに及び、フィジー系、インド系、パート・ヨーロピアン（ヨーロッパ系の血を引く）、ポリネシア系であるロトゥマ島民、中国人を含む一万二〇〇〇人規模となった。そして、西洋近代の仕組みに従って、入居は順番待ちの順に行われたため、隣人を選ぶことはできなかった。その結果、フィジー人キャンプで一般的に見られた伝統的社会区分は、ここでは見出せないことになった［Mamak 1977: 33、小川　二〇〇〇：二七一―二七二］。

こうした住宅公社によって開発が進められる前のスヴァのフィジー系住民の間では、親族的結びつきを重視した生活が行われていた。村落では自らの世帯に親戚を住まわせる割合が七二%であるのに対して、スヴァではそれが七七%になっており、どの世帯も、親族の結びつきを通して他の六世帯くらいまでとは結びついており、それらの世帯もそれぞれ別の世帯と結びついている状態であった。そして、親族関係を越えた新しい関係が出来上がる場合も、基本的に、世帯主の出身地を基盤にしたものであった［Nayacakalou 1963: 35,37］。しかしこの当時のフィジー系住民の人口はまだまだ少なく、増加してくるのと並行して住宅公社の住宅供給が行われるようになったため、増加してきたフィジー系住民は、そうした住宅政策に従った形での生活をせざるを得なくなったのである。世帯を単位として住宅を取得するという手法は、小さくてもプライバシーが保てる個室を求めるインド系住民にとっては適切なものであっても、開放的で大部屋を好み出身地が同じ者同士で集まるフィジー系住民の生活習慣には不適切なものであった。そもそもスヴァは、権力を持ったヨーロッパ人と彼らの労働者としてのインド系住民とで作られてきた都市だった。インド各地から集められたインド系労働者は、互いの絆を持つこともなく、集団主義的な生活を行わなかった。それは、西洋式の個人主義とは異なっていたが、結果として、同じ方向を向いていたと言えるかもしれない。スヴァは、後から増加してきたフィジー系住民の生活スタイルにはそぐわない形の都市として出来上がってきたのである［小川　二〇〇〇：一七五、村田　二〇〇二：一八七］。

その結果、フィジー系住民の「近代化」が強化されることになった。集合住宅の中には、コミュニティ意識が無くなり、破壊活動、アルコール中毒、犯罪などが日常茶飯事になるところも出て来た。一方、こうした団地は、異なった地域や民族的背景の異なった人々を結びつける新しい社会関係を作りだしたと言える側面も持っていた。住宅公社が都市の労働者階級の人々を対象にしていたので、隣人は、職種や教育レベルが似ている人々であり、職場仲間や親しい家族同士の付き合いが各所で見られるようになり、子供たちの遊び仲間も、女性を中心として世帯間の結びつきを作りだしたと言われている［Mamak 1977: 37、小川　二〇〇〇：二七三］。コミュニティ意識の欠如も親族関係を越えた隣人関係による紐帯の出現も、どちらも、伝統的な紐帯から都市的な紐帯へと変貌していることの表れであり、民族的差異を越えた画一的で浅い付き合いの出現は、まさに都市のイゾトピー化であろう。さらに、住宅公社に住むことすら出来ない人々は既に七〇年代から増加しており、都市内部での貧富の差がどんどんと広がってくると同時に、農村の貧困化が強まり、農村と都市の差が広がっていると言う［Narsey 2008: 121］。まさに、「都市らしさ」が拡大し、テンニースの言い方に従えば、ゲゼルシャフト的な生活が出現してきたということになろう。

写真8　スヴァのダウンタウン（2005年）

フィジー系住民は少なくとも建前上は、親族関係などに意味を見出している。親族関係を維持するためには金がかかり、親族体系が拡大すればするほど義務と責任が増えるが、親族の絆は深まり結束力は増えるという認識は存在する［Rika 1986: 191-192］。しかし小川和美は次のように述べている。「フィジー系都市住民の多くは、今なお出身地に対する思い入れが強い。しかしメラネシア全般に見られる「ワントク」

とは異なり、そこに運命共同体的な要素は希薄である。諸個人が単に場を共有しているに過ぎない都市という空間においては、他者との繋がりを見いだす手段として「同郷」という結節点は有効ではあるが、それは極めて観念的に維持されているにすぎないのではなかろうか……・観念的に「村落共同体」、「親族集団」といった伝統的な紐帯を維持しながらも、都市住民たちの間にそれを維持するだけの基盤と必然性が徐々に失われつつある今、こうした紐帯もまた徐々に薄まってゆくのではあるまいか」［小川二〇〇〇：二八三―二八四］。

スヴァは、先住民であるフィジー人も植民者であるヨーロッパ人もいないところに、都市計画によって作られた都市である。出発点から、西洋近代の論理に沿って出来上がっていたところと言える。そしてフィジー人を農村にとどめ伝統的な生活を続けさせるという植民地政府の政策にそって、労働力はインドから徴収することになった。インド人は労働者としてスヴァで生活を始め、雇用者であるヨーロッパ人とともにスヴァを発展させた。インド人は、インド各地から募られたため相互に関連をあまり持たないまま異郷の地で生活をスタートさせた。そのため、インドの伝統的文化をフィジーに持ち込むことにはならなかった。スヴァは、西洋近代の論理に従った近代都市として成長していったのである。その過程でスヴァに居住していたフィジー人は、それでも伝統的紐帯を重視した生活を送っていた。しかし、インド人の人口を上回るほどの人口増加を実現させたフィジー人の都市への流入は、近代の論理に従った住宅政策によって対処されることになった。

もちろん、住宅政策だけがフィジー人の伝統的紐帯を断ち切ったわけではない。フィジー人のそれは、もともとパプアニューギニアにおけるワントックほど共同体意識は強くなく、ある意味で、後に述べるヴァヌアツのポートヴィラにおける同郷意識と似ている。そこで相互扶助が強く求められるのは、「近い」親族関係にある者に対してだけである。近いというのは、付き合いが近い者同士という意味も含まれるが、基本的には、拡大家族の範囲が基本となる。これら拡大家族は隣同士で住んでいるわけではない。ポートヴィラでは、ポートモレスビーよりも「棲み分け」が強く実施されているわけではない。しかし、こうした同郷意識は、ヴァヌアツの都市では依然として強く働いている。スヴァでポートヴィラよりも「村落生活」が減退し、相互扶助精神が減少していく原因は、やはり、スヴァが形成される過程で、フィジー系住民がほとんど都市づくりに参加しなかったことであろう。インド系の圧倒的な割合でスヴァは形成された。相互の結びつきのない移民としてのインド人集団は、個人的な行動、生活を行っており、フィジー系とは対照的だった。だから、フィジー的な「文化」が都市に反映されることはなかったと言えよう。

三　ポートヴィラ

1　歴史的経緯

ヴァヌアツ共和国は、メラネシア東部のニューヘブリデス諸島を中心とした島々から成る島国で、一九八〇年独立したマイクロ・ステートである。独立前、英仏共同統治領ニューヘブリデスとして知られており、イギリスとフランスが共同で統治する世界でもまれな植民地としての歴史を歩んできた。

一八五〇年代には、エファテ島北西のハヴァナ港を基地としてヨーロッパ人がしばしば訪れ、

写真9　英仏植民地統治行政府のおかれていた建物。現在は政府庁舎の一つとして使用されている（2004年）

一八六〇年代には、そこに、コプラとタバコや金属製の道具を交換する交易商店が作られた。一八七三年には、キリスト教の長老派がイリリキ島にミッション・ステーションを作っているが、これが最初の布教活動であった。それに少し遅れて、英国国教会の布教も開始されている。これら非カトリック系の布教活動は、イギリス人宣教師などによって一九世紀の前半に開始された。この頃のニューヘブリデスには、しかし、イギリス人だけではなく、当時すでにフランス領となっていた隣地ニューカレドニアを経由してフランス人も入植を行っていた［吉岡　二〇〇五b：二九―三四］。こうした入植者の中に、イギリス生まれでフランス国籍を持つジョン・ヒギンソンという人物がいた。彼は、フランス人としての立場から、フランス本国にニューヘブリデスの植民地化を強く進言すると同時に、フランスのカトリックをニューヘブリデスに導き入れた。その結果ニューヘブリデスで、非カトリック＝イギリス系、カトリック＝フランス系という独特の構図が出来上がったのである［Bennet 1957: 118、Garret 1982: 293］。

こうした状況を経て、結局イギリスとフランスは、一八八七年に軍による共同統治を開始することを決めた。やがて一九〇六年には民政に移行し、正式に英仏共同統治領ニューヘブリデスが発足するのである。植民地の首都としては、エファテ島のポートヴィラが選ばれ、そこには共同統治政府（condominium）が置かれることになった。

地図4　ポートヴィラ

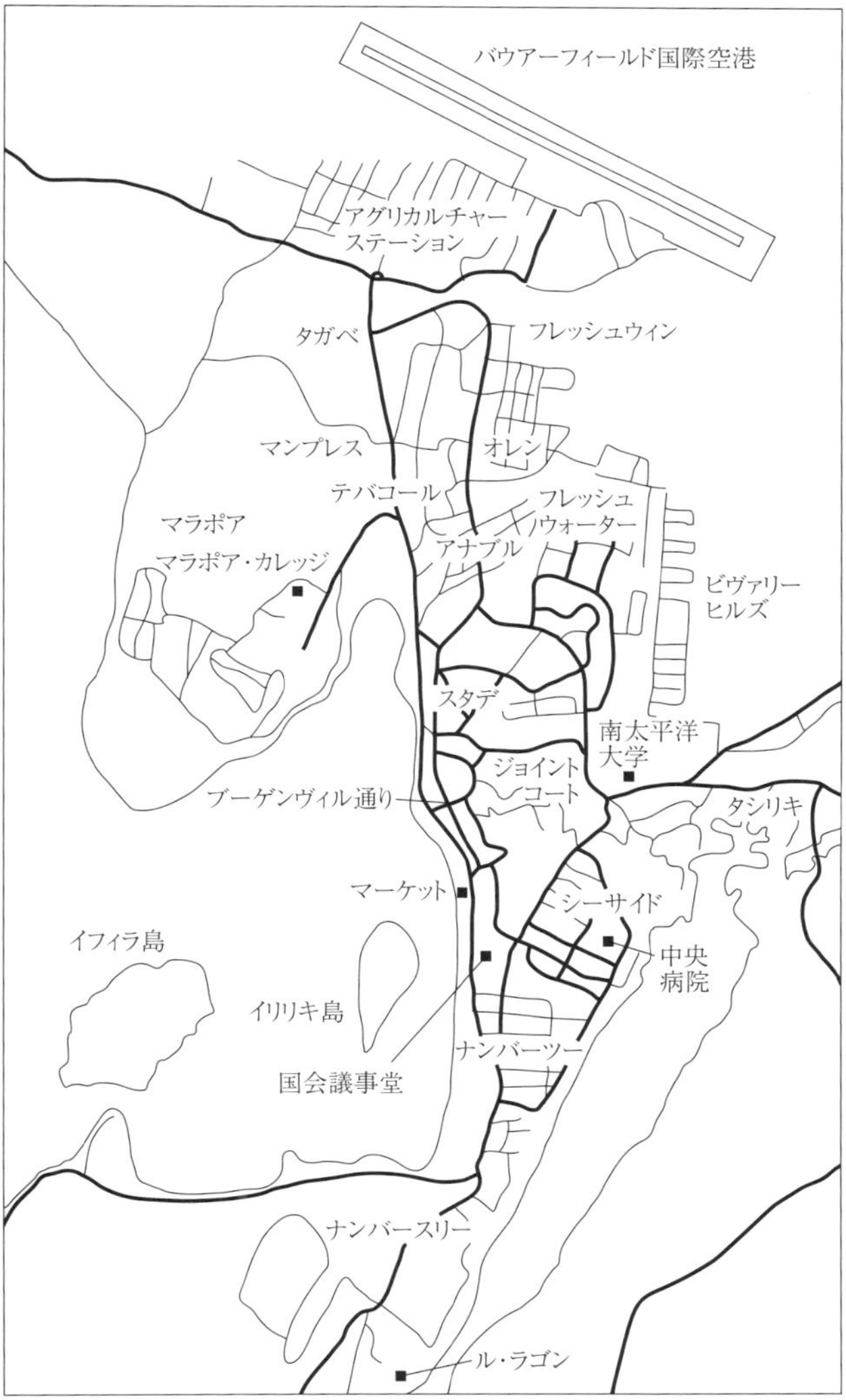
バウアーフィールド国際空港
アグリカルチャー
ステーション
タガベ
フレッシュウィン
マンプレス
オレン
テバコール
フレッシュ
ウォーター
マラポア
マラポア・カレッジ
アナブル
ビヴァリー
ヒルズ
スタデ
南太平洋
大学
ジョイント
コート
ブーゲンヴィル通り
タシリキ
マーケット
シーサイド
中央
病院
イフィラ島
イリリキ島
ナンバーツー
国会議事堂
ナンバースリー
ル・ラゴン

植民地となる前のポートヴィラは、ニューヘブリデスの経済的商業的中心として活動を開始し始めたばかりであった。軍による共同統治が始まる五年前の一八八二年に、先述したジョン・ヒギンソンの設立したニューヘブリデス・カレドニア社の店舗がこの地で開業し、周辺に新しいプランテーションが開かれていった。この企業は、ニューヘブリデスのすべての土地の八％にも及ぶ広大な土地を買い占め、フランス本国からの移民の受入れなども行っていた企業であった。ニューカレドニアを本拠地としつつ、一八八五年にはポートヴィラにニューヘブリデスの拠点を置いて活動を展開したのである。しかし一九〇〇年頃にペストが流行することでポートヴィラのプランテーション生産は大打撃を受けることになった。生産活動の中心は、ヤシと綿花の大規模なプランテーションがあったエピ島（地図7参照）に移動していったが、エピには港がなかったため、ポートヴィラは商業活動のセンターとしての機能は維持し続けた。その後、綿花の価格暴落や台風などの影響でエピの生産活動も衰え、プランテーションでの生産は北部の島々が中心的な地位を占めるようになっていった。しかし、首都としてのヴィラの地位は揺るがず、輸出や輸入はヴィラを経由して行われたし、商社などがヴィラから他の島々に指令を出していた（[Tryon 1999, Bennet 1957: 118]）。

ポートヴィラは、一九三〇年代には一〇〇〇人の人口を数えるようになったが、そのほとんどはヨーロッパ人だったが、二〇〇人程度のアジア人も居住しており、町の北側には二五軒の中国人の店、一軒のベトナム人の店があった。一方、ニューヘブリデス人の居住は、行政的に徹底管理の対象となっており、エファテ島出身でなかったり雇用されていなかったりしたニューヘブリデス人は、一五日間以上ポートヴィラにとどまることは許されなかった。そしてすべてのニューヘブリデス人は、夜九時以降は町を出ていかねばならず、とどまりたい場合は地区行政官に報告をし、九時過ぎまで仕事が延びた場合には雇用主は、ニューヘブリデス人職員が警察に捕まらないように、理由を書いた手紙を携帯させる必要があった［MacClancy 2002: 100-102、Bennet 1957: 122］。

こうした規制は、一九四二年、アメリカ軍が到着することで中止されることになった。第二次世界大戦時に、連合軍は北エファテのハヴァナ港に基地を置き、現在のポートヴィラ周辺にもキャンプを作っていった。今日、ポートヴィラの南部がナンバーツーやナンバースリーという名称で呼ばれているのは、この時のキャンプの名称の名残りである。また、ポートヴィラ北方には滑走路を建設したが、これが現在のバウアーフィールド国際空港の始まりである［Haberkorn 1989: 74］。

戦後の一九五〇年代のポートヴィラは、現在のブーゲンヴィル通りからマーケット辺りまでの旧市街がビジネス街であった。旧市街の北部はホテルやインド人、中国人の粗末な商店が並び、南部には小奇麗な西洋風のオフィス、店舗、銀行などがあった。その南側でイリリキ島の向かい側にはぼろぼろになった波止場、ほったらかしの倉庫、そしてニューヘブリデス人の飯場があった。アジア人は旧市街の北側からアナブルの南あたりに住居を構え、ヨーロッパ人は、旧市街を取り囲む高台、つまりアナブルの高台、現在のジョイント・コート、そしてナンバーツー辺りに居住していた。一九五五年の居住者は、フランス人四八〇人、イギリス人一五八人、ベトナム人三五〇人、中国人一〇二人、ニューヘブリデス人二〇〇人、ウォリス諸島人五〇人

表3　ポートヴィラの人口推移

年	人口
1967	5,208
1979	10,601*
1989	18,905
1999	29,356
2009	44,039

*Port Vila Centre と Port Vila Rural を合わせると 14,598 人。
（Vanuatu National Statistic Office 2000b:5 と Vanuatu National Statistic Office n.d.:12〈2009 年のセンサス・データ〉より）

の計一三四〇人だった［Bennet 1957: 122-123］。

一九五〇年代から一九六〇年代にかけてポートヴィラのニューヘブリデス人人口は五五〇％増となった。その理由は、米軍が放棄していった乗り物や建築資材が安い料金で入手できたため、現金収入を求めて都市に働きに出る者が増加してきたことによる。また一九五九年のハリケーンによって町の建物が破壊されたが、一九六〇年代にはそれらの再建工事のための労働力が求められたことも、ニューヘブリデス人労働者の増加につながった。一九六五年当時には、ポートヴィラの全人口二六一六人のうち一三一二人がニューヘブリデス人であった。

写真10　フレッシュウォーター・ファイヴの住居（2015年）

一九七〇年代になると、ポートヴィラの人口の多くはニューヘブリデス人が占めるようになる。筆者が初めてポートヴィラを訪れた一九七四年、町はヨーロッパ人用のレストランとニューヘブリデス人用の食堂に区分されており、官庁、企業、事務所はヨーロッパ人が、小売の商店はアジア人が中心となって営まれていた。ニューヘブリデス人は使用人であり、彼らにとって自分たち以外は「ボス」であった。旧市街を中核とした街並みは、現在のそれと余り変わりを見せていないが、ヨーロッパ人の姿が比較的目立つ町だった。ただし一九七九年のセンサスでは、（Port Vila Centre と Port Vila Rural を合わせた）一万四五九八人のうちヨーロッパ人は一五九三人に過ぎず、ニューヘブリデス人の人口は一万人を超えていた［Vanuatu National Statistic Office 1983: 67-68］。ポートヴィラは、一九八〇年に独立を達成したヴァヌアツ共和国の首都となり、以後、ポートヴィラはメラネシア人の町として発展していくことになる。

一九八五年に筆者がポートヴィラを訪れた時は、「アナブルは村がそのまま町に移ってきたようなところ。五時近くになるとカヴァを作っている」とフィールドノートに記している。アナブル地区やテバコール地区、タガベ地区の住宅は増え、アナブルも奥の方まで開発が進んでいた。しかし、景観は村落のようで、カヴァを飲ませるカヴァ・バーが何軒も営業を行っていた。カヴァというのは、コショウ科の灌木で、その根の樹液を嗜好品として飲む慣習がヴァヌアツには伝統的にあった。この伝統的な嗜好品を、料金をとって飲ませる店がカヴァ・バーである。一九八四年にヴァヌアツで最初のカヴァ・バーがアナブルで開業してから、急速に軒数は増加してゆき、現在、インフォーマルセクターの産業としてヴァヌアツの都市部ではなくてはならないものになっている。アナブルからさらに北側の奥に、オレンと呼ばれる地区がある。ここは一九九七年の段階でまだ電気が通っておらず、市のゴミ収集の対象にもなっていないところだった。人々は「島のようなところだ」と形容していたが、それは村落生活のままであるという意味だ。オレンの南東部にはフレッシュウォーター地区が拡がっている。この地区は五区分されており、町の中心に近い側（フレッシュウォーター・ワン）から奥の側（フレッシュウォーター・ファイヴ）へと切り開かれていった。このフレッシュウォーターとマンプレスに水道が延伸され終わるのが二〇一一年である。フレッシュウォーターの東側には、大きな宅地を分譲することで邸宅街を作るべくビヴァリーヒルズと名づけられた地区が新しく開発されている。二〇一三年の段階で、メインストリートはまだ未舗装のままの状態であった。

表4　ポートヴィラにおける電気、ガス、水道利用

年	総戸数	電気照明使用世帯	料理にガス＋電気使用世帯	水供給の種類別世帯		
				個別水道	共同水道	タンク
1979	3,284	1,551（47.2%）	?	1,901*	1,350**	?
1989	4,080	2,192（53.7%）	2,872+ 24（71.0%）	2,228	1,279	352
1999	6,155	3,858（62.7%）	3,752+127（63.0%）	2,935	1,746	640
2009	9,054	7,680（84.8%）	4,078+345（48.9%）	4,082***	3,746	708
				4,357	3,971	95

* 区分は屋内水道。** 区分は屋外水道。***2009 年の上段は飲み水、下段は洗濯の水。
（Vanuatu National Statistic Office 1983:364,369, 1991a:108,109, 2000b:134,138,140, and n.d.:173,175,181,183 より作成）

2　都市生活

ポートヴィラの都市域拡大にともなって人口も増加してきたが、全ての地区で「都市らしい」生活が実現しているわけではない。表4はポートヴィラの電気、ガス、水道の普及を示したものである。照明の統計では、一九七九年に一五一世帯、二〇〇九年には一二九世帯が自家発電世帯として区分されて計上されているが、表4では合算している。表を見て分かるように、照明として電気を使用する率は急速に増加している。一九七九年の段階では自家発電も含めて電気を照明として使用しているニューヘブリデス人世帯数は六一九世帯にすぎず、その他はヨーロッパ人など入植者の世帯である。外国からの入植者の割合は、一九七九年で二五・八％、一九八九年では八・九％、一九九九年では五・九％、そして二〇〇九年では四・四％と減少しているので、それを考慮すると、ニューヘブリデス人の間での電気使用はかなり普及してきたと言える。しかし、二〇〇九年の段階に至っても約一五％の世帯は電気を用いる生活をしていない点も注目すべきであろう。しかも、人々の生活を観察すると、電線が屋内に引かれている高級住宅地の一戸建てにおいても、電気を使う時間帯は夜の一部の時間だけであ

り、しかも、薄暗い照明しか用いない傾向が強い。電気を使わない地区ではケロシンランプが一般に用いられるが、電気はそれよりは明るいが、文字を読むのには苦労するくらいの薄暗さでもある。一方、料理の燃料に至っては、人口が増加する割にはガスや電気での料理の割合が増加していないため、年代が進むほどパーセンテージが減少しているという奇妙な傾向が見られる。最も多く使われている燃料は薪で、多くの世帯では、村落と同様に別棟に土間仕様のキッチンスペースがあり、そこで薪や炭などを使って調理するケースが見られるのである。

こうした形での都市生活は、都市に移住してきた人々の故郷の島の村落での生活との落差を最小限にしていると言える。その傾向は、水道の利用状況を見ても分かる。大きな特徴は、共有水道とタンク利用の多さである。共有水道というのは、ヤードと呼ばれる宅地の中にいくつかの世帯が居住している場合、ヤードの中に設置された屋外の水道を共同で使用するという形態である。これは村落で、山の上、あるいは中腹に雨水の貯水場を作り、そこからパイプで村落の何か所かに引いてきたものを共同で使用するという形態と類似している。また、タンクは個別タンクと共有タンクに分かれるが、どちらも、雨水をトタン屋根で受けてそれをタンクにためる方式で、村落では一般的に見られるやり方である[2]。この様に、電気、ガス、水道という都市の三大ライフラインは、都市らしさの象徴であるにもかかわらず、村落との落差を押さえるような形で用いられ

写真 11　アナブルのヤード内の住居（2015 年）

写真12　渋滞するポートヴィラのメインストリート（2011年）

ているといえよう。村落から都市への流入の要因として、都市の利便性がしばしば指摘されるが、少なくともヴァヌアツでは、利便性が都市への移動の大きな要因になっているとは言い難いということが分かるであろう。

さて、ヴァヌアツの都市生活者は、第五章、第六章で詳述するが、自分たちの都市での生活が村落での伝統的な生活からかけ離れていないかどうかを非常に気にする。そして、彼らの考えている伝統的な村落生活と出来るだけ近い生活を都市で実現することを心がける。そうした姿勢は、カストム（*kastom*）とマン・プレス（*man ples*）というビスラマ（ヴァヌアツで用いられている共通語であるピジン語）での表現が端的に示している。カストムというのは、第一章でも簡単に触れたが、西洋世界と接触する以前から存在していると考えられている伝統的慣習のことで、西洋との接触によってカストムがどんどん消滅していくとされるが、「カストムが強い」というのは自慢であり、村落がこうしたカストムの牙城であると考えられている。一方マン・プレスというのは、パプアニューギニアのワントックと類似の概念だが、それよりも緩やかなまとまりを持つもので、「プレス」の代わりに島の名前を入れることで「〜島民」ということを意味する。例えば、ペンテコスト島出身者はマン・ペンテコストと呼ばれるわけである。ところが、このプレスの代わりに都市の名前を使うことは出来ない。つまり、ポートヴィラで生まれ育った者も、彼の父親がアンブリュム島、母親がエファテ島出身だとすると、様々な状況を加味しながら、この人物はマン・アンブリュムと呼ばれたりマン・エファテと呼ばれたりするのであり、間違っても、マン・ポートヴィラと呼ばれることはないのである。ポートヴィラの都市民は全員、ヴァヌアツのどこかの島の島民に分類されるのであり、それぞれの島のカストムと関係を持つことになるのである。

ところで、ヴァヌアツでは一〇〇以上も異なった言語が現地語として話されている。全人口が二五万人だとすると、平均二五〇〇人程度で一言語を話すということになる。従って当然のことながら、一つの島の内部でも複数の言語が話されていることが多い。マン・プレスという概念は島を単位に出来上がっているが、人々がアイデンティティを強く持つのはその中の同一言語圏である。例えばペンテコスト島では北部、中部、南部で異なる言語が話されており、北部の人々は、北部の同一言語圏の人々を起点にマン・ペンテコストを考えるが、他の島の人々にとっては、北部、中部、南部関係なくマン・ペンテコストということになる。三つの言語圏では言語だけではなくカストムも異なっているため、マン・プレス概念は本来は強い結束力を生みだす単位とはならない。しかし、他称として島単位でまとめられる点で、都市部では、他の島の人々よりも親近感を覚える程度のまとまりは作りだしている。そして、同一言語圏、同一の島という順で、近隣に集まる傾向はあるが、パプアニューギニアでのように棲み分けを行うというところまではいかない。「あそこはどこどこ島民が集まっている」と言われる場所はあるが、同一の島の者だけで小さな街区を構成しているわけではなく、別の島の出身者も同じ居住区で住んでおり、ある島の出身者が比較的多いという程度である。しかも、他の島民から「同じ島出身者」とまとめてくくられても、言語文化的なまとまりはその内部の言語圏であるため、生活における相互扶助の単位の対象になるとは限らない。

都市生活者の相互扶助の単位は、同じ言語文化圏の中でも近い関係にある人々である。それは村落でも同様であり、日常的に関係を持ち相互に行き来するのは、普段から付き合いが多くしかも系譜的に近い親族がこうした関係の中核になる。ポートヴィラで生活する人々の中でも、同一言語圏でしかも近い関係にある親族達がまとまることになる。一番、安定した収入を得ている者の家には、その人物の拡大家族範囲の親族が寄生していることが多い。そして、冠婚葬祭の時には、もっと範囲を広げて同一言語圏の人々が集まる。しかしそれも、村落で行われるのと同様な範囲の人々を対象に、村落と同様な料理法に従った料理やカヴァの宴が準備され、さながら村落の様に現地語での会話が支配するのである。

写真13　ポートヴィラのメインストリートに建つカジノのあるホテル（2015年）

ポートヴィラは、ヴァヌアツの西洋世界との窓口として作りだされた都市であり、旧市街を中心としたビジネスセンターでは、小奇麗なショーウィンドを持つ店舗や、西洋風のレストラン、ホテルや銀行、庁舎のビルが立ち並んでいる。バスやタクシーを始め、様々な仕事車が渋滞の列を作り、歩道を歩く人々は携帯電話で話しながら歩く。世帯別に見たポートヴィラの携帯電話の保有率は、二〇〇九年のセンサスでは九〇%にも上ることが、今日の首都の状況をよく反映していると言える。ポートヴィラは「都市らしさ」に満ちており、景観、交通、通信、仕事、どれをとっても近代の論理が貫かれており、各島の村落と比べて明確に都市と呼ぶにふさわしい姿をしている。人々はこうした近代の論理に基づいた世界を生きつつも、プライベートな空間では、自分たちの出身文化圏のカストムに沿いながら、他の文化圏、さらには他の島の人々の生活慣習とは異なったやり方での生活を送っているのである。ポートヴィラは、異なったやり方での生活を許すところであり、しかも言語単位、あるいは島単位での生活は排他的な性質を持っていない。異なった島出身の人々は、日常的にも交流するし、お互いに、西洋世界と比べると類似しているという認識を持っている。つまりポートヴィラは、ヘテロトピー的な状況、すなわち異質なものの交流、を実現する場ともなっているのである。

仕事などの公的な領域においては、西洋近代の論理に従った都市らしさ、すなわちイゾトピー化された生活を生き、私的な領域においては、出身言語圏の伝統的な文化、慣習に従った生活を貫く生活。しかも、これら私的な領域における個別の生活は、近代の都市におけるエスニシティの様に単配列的な仕組みで出来上がっているのではなく、近代の論理以前の伝統的な世界を貫いていた多配列的な仕組みが作用しているのである。

註

(1)　カヴァ屋というのは、カヴァを販売したり飲ませたりする店のことを指している。スヴァでは現在、こうしたカヴァ屋がたくさん存在するが、それらの店では、パウダー状態にしたカヴァを売っており、それを購入して店主に渡すと、水を混ぜて飲むことのできるカヴァを作ってくれる。それをその場で飲むこともあるし、購入したカヴァ・パウダーを自分たちで水に溶かして飲料用のカヴァを作り、カヴァ屋の奥や二階で宴会のようにみんなで楽しむ場合もある。

（2）硬水の水道水よりも雨水の方が飲料水に適しているという点もあり、西洋式の高級アパートなどではことさら雨水を飲料水に勧めるところもある。

第三章　ヴィレッジと呼ばれる首都

本章では、南太平洋の中でも最も人口規模の小さな独立国ツヴァルの首都、フナフチをとりあげる。第二章で論じたポートモレスビーやスヴァという「大都市」とは対照的な極小の首都のあり方をフィールドワークを踏まえて考察する[1]。

一　ツヴァル概観

1　歴史的経緯

ツヴァルの島々の一部が最初に西洋世界に知られたのは、一五六八年、スペインのメンダーニャの航海によってである。しかし、このときは直接の接触はなく、ツヴァルの人々が初めてヨーロッパ人と接触するのは一七八一年のことである。その後、一八一九年にイギリス商船を率いていたアメリカ人がフナフチに到着して以来、地理的にはエリス諸島として知られてきた。以後、様々な国の船舶が寄港し、

地図5　ツヴァル

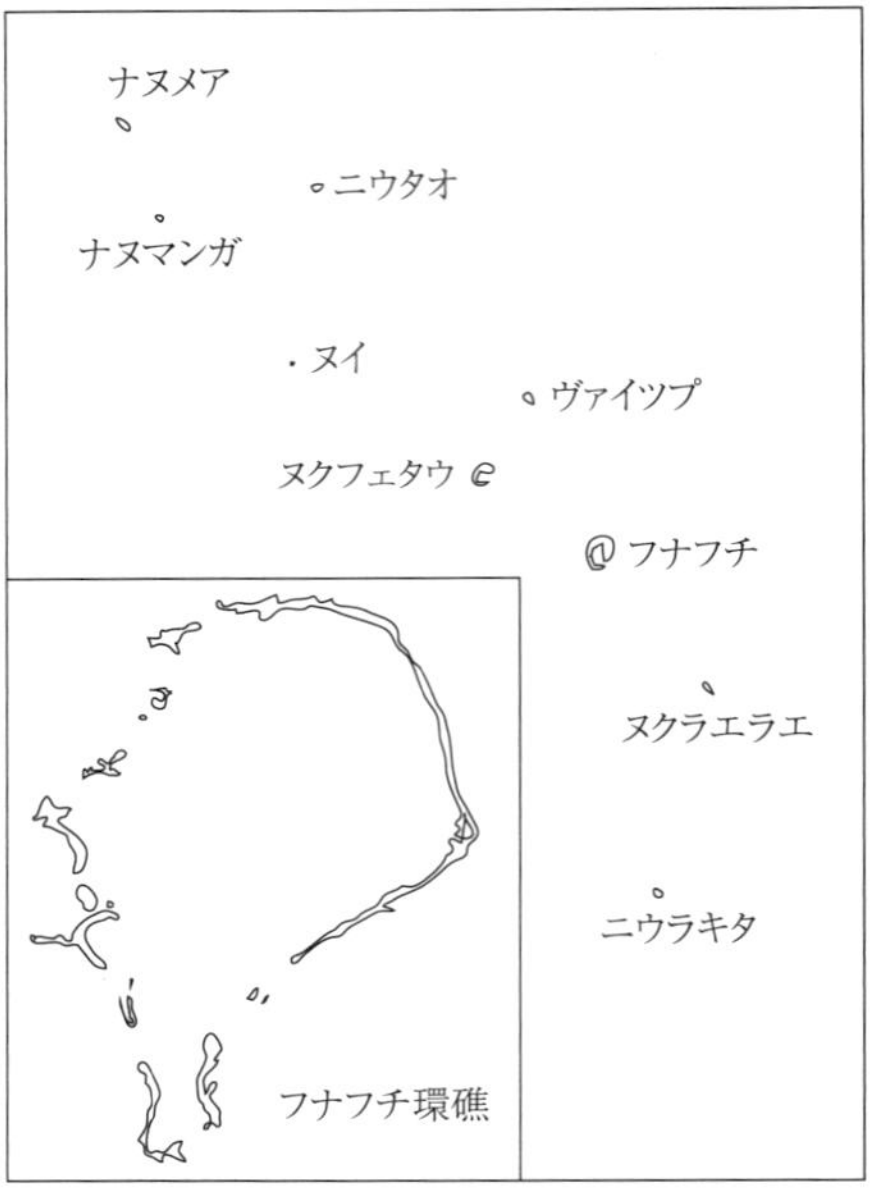

船員の中には島々に住み着く者も現れ、一八六〇年代には少なくとも五人のヨーロッパ人が島々に定住していたと言われている。このころからヤシ油交易、続いてコプラ交易が開始され、一八八〇年までには全ての島に少なくとも一人の西洋人交易者が常駐するようになったという[Kofe 1983: 102-105]。一八九二年、エリス諸島はその北のギルバート諸島とともにイギリスの保護領、一九一六年にはイギリスの直轄植民地ギルバート・アンド・エリスとなった。ギルバート諸島はミクロネシア系の人々が主として居住し、エリス諸島には主としてポリネシア系の人々が居住していたが、人口的には前者の人々が多く、エリス諸島のポリネシア系の人々は、いわゆる少数派を構成していたと言える。

植民地の首都は当初ギルバート諸島北部のブタリタリ島に置かれたが、一八九六年には中部のタラワ環礁に、一九〇八年にはギルバート諸島沖のバナバ島に移った。そしてその翌年の一九〇九年には、エリス諸島の地区行政本部がフナフチ環礁に置かれたが、それ以降植民地期のほとんどの間、エリス諸島はフナフチを本部とする単一の統治区域を構成していた[Teo 1983: 131、Douglas and Douglas 1989: 584]。第二

次世界大戦によってギルバート諸島は日本軍が占拠することになったが、それに対峙するためエリス諸島にはアメリカ軍が駐留することになった。アメリカ軍はフナフチ環礁のフォンガファレ島に滑走路を建設したが、それが現在ツヴァルの唯一の国際窓口となっている。大戦後、ギルバート諸島の首都はタラワ環礁に移されることでタラワは政治・経済の中心となったが、エリス諸島の人々は、タラワでの様々な職種における高い地位を獲得していった。ギルバート諸島民とエリス諸島民の間には、民族的な違いが意識されていたが、それに加えて、首都における地位の違いも生じたため、次第に亀裂が生じるようになった。一九六五年には独立を考える政党が初めて誕生したが、その政党はギルバート諸島民中心の排他的な性質を持っていたため、エリス諸島民はそれを批判する反対政党に与することになった。こうして独立運動の中でも、ギルバートとエリスの対立の構図が出現してしまったのである［Teiwaki 1983: 6］。結局、多数を占めるギルバート諸島民の経済的・政治的支配を恐れたエリス諸島側が、ついに分離独立を表明し、一九七四年の植民地全体投票でそれが承認され、エリス諸島はツヴァルとして一九七八年に正式に独立国家となった。

2　独立国ツヴァル

ツヴァルというのは、ツ（*tu*＝立つ）とヴァル（*valu*＝八）という言葉から出来ている。つまり、八つの島がまとまって独立したという意味である。八つの島とは、北から、ナヌメア（Nanumea）、ニウタオ（Niutao）、ナヌマンガ（Nanumanga）、ヌイ（Nui）、ヴァイツプ（Vaitupu）、ヌクフェタウ（Nukufetau）、フナフチ（Funafuti）、ヌクラエラエ（Nukuraerae）である。地図5を見ると、それ以外にニウラキタ（Niuralita）があっ

表5　島別人口

島・環礁	人数
1 ナヌメア	855
2 ナヌマンガ	710
3 ニウタオ	817
4 ヌイ	610
5 ヴァイツプ	1,310
6 ヌクフェタウ	701
7 フナフチ	3,962
8 ヌクラエラエ	392
9 ニウラキタ	2
計	9,359

Secretariat of the Pacific Community 2004 の Table P2 より

て全部で九つの島ということになる。ニウラキタは、しかし、本来無人島であり、二〇〇二年のセンサスでも、ニウタオから移住した二人しか居住していない。全人口は、九三五九名。そのうち、三九六二名が、首都のおかれているフナフチ環礁に集中している（表5）。

ツヴァルは主としてポリネシア系の人々が居住しているので、言語的にもツヴァル語はポリネシア語であり、サモア語と親縁関係が深いと言われている。しかし、唯一、ヌイの人びとは、ミクロネシア系の言語であるギルバート（キリバス）語の方言とされる言語を話している。ツヴァル語として一括されるが、それぞれの島では単語も違いが見られ、方言差も見られる。そして、外からは単一の言語文化の中にいる様に見られるツヴァルの人々は、島ごとの言語、慣習の違いを極めて強く意識しているという点は、指摘しておかねばならないだろう。

宗教について言えば、大多数の人々はキリスト教徒であり、中でもツヴァル・キリスト教会（EKT＝*Ekalesia Kerisiano Tuvalu*）の信者が多数を占めている（表6）。人々は敬虔なクリスチャンであり、安息日である日曜日は休息と教会に参列する日であるとされている。人々は静かに日曜日を過ごす。もちろん、他国からツヴァルを訪れた人々は、日曜日に海水浴に出かけたり観光に出かけたりすることは禁止されてはいない。しかし、ツヴァルの人々の日曜日の習わしを妨害しないように配慮することが部外者にとっても必要なことであるとされるほど、ツヴァルの人々にとっては日曜日の安息は重要なのである。人々が通うツヴァル教会の建物は、あまり大きな建造物のないツヴァルにおいて目立つ建物である。特に、ニウタオやナヌメアの教会は観光パンフレットにも紹介されるほどその威容を誇っており、ナヌメアの教会は、高い尖塔、すばらしいステンドグラスを持つゴシック様式の建物として知られている。もちろん、首都が置かれているフナフチでも、都市部の中央に教会が建てられており、日曜日には礼拝を行う大勢の人々が訪れる。

ツヴァル・キリスト教会は、ロンドン伝道協会の流れを汲んでおり、教派的には組合派である。ロンドン伝道協会がツヴァルで果たした役割は大きい。一八六一年に数名のクック諸島人がヌクラエラエに漂流したが、その中の一人が執事であり、人々にキリストの教えを伝え始めた。やがて、一八六五年には、各島にサモア人牧師が配置されることでその布教が拡大していった[Kofe 1983: 109-110]。二〇〇二年の全人口が九三五九人なので、全人口の九一％がツヴァル・キリスト教会の信者ということになる。ツヴァル・キリスト教会以外では、同じキリスト教の教派の一つであるＳＤＡ（セヴンスデー・アドヴェンティスト）や、イスラーム教シーア派の影響を受けているバハイ教がある。バハイ教は、近年とみに太平洋で活発に布教活動を展開しており、イスラーム世界からは異端視されているとは言え、太平洋で一般的なキリスト教以外の宗教としてその勢力を広げてきている。しかしツヴァルにおけるバハイ教徒の数は極めて少なく、ツヴァルはやはり依然と

表6　ツヴァルにおける宗教

宗教	信者数
ツヴァル・キリスト教会	8,521
SDA	183
バハイ信教	177
ブレザレン・アセンブリー	166
エホバの証人	78
カトリック	47
ニューテスタメントチャーチ	30
アポストリック教会	24

Secretariat of the Pacific Community 2004 の Table P17 より

地図6　フォンガファレ島のマネアパ

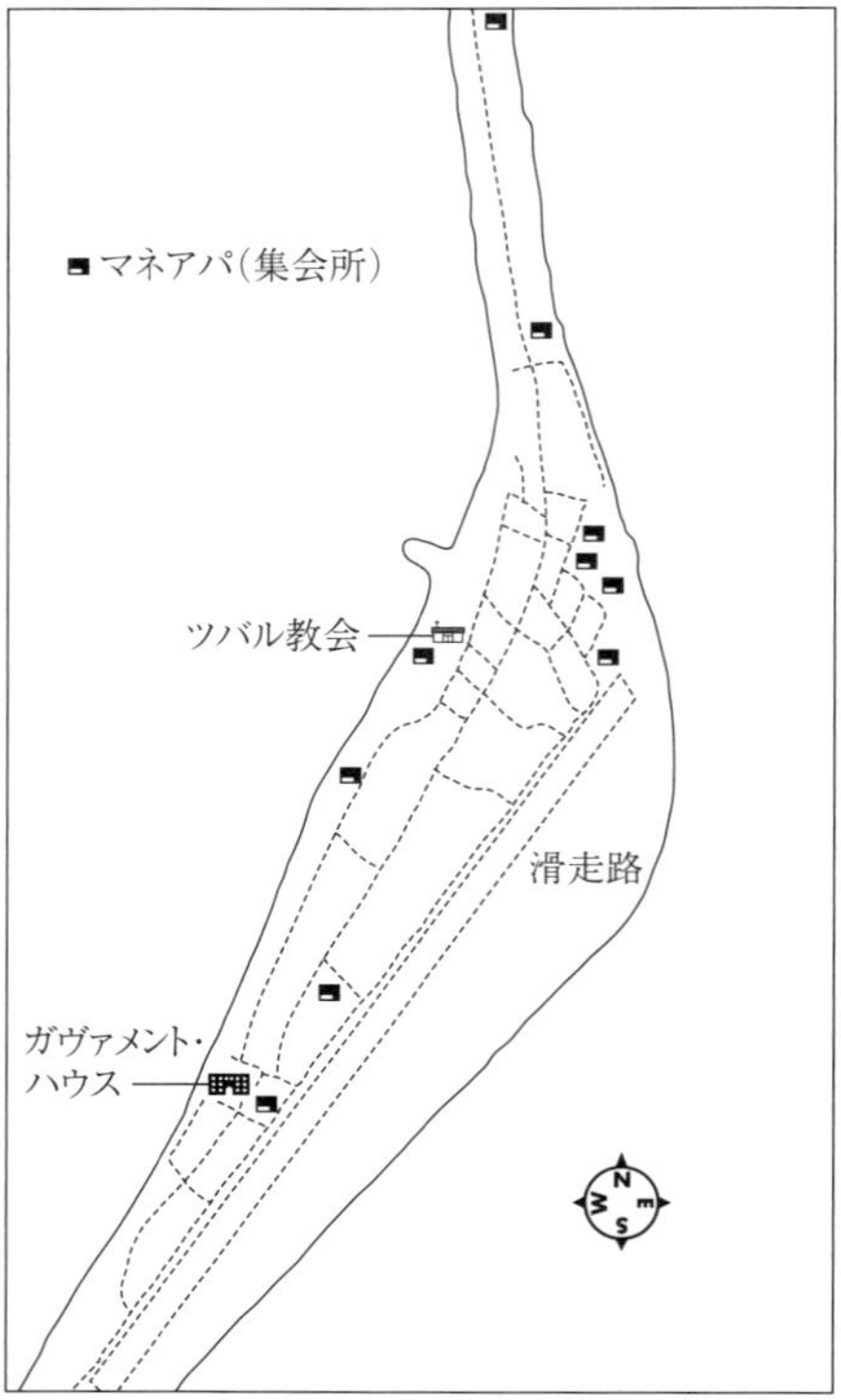

してキリスト教の国家であると言うことが出来るだろう。

さて、ツヴァルは独立国であるが、イギリス連邦に加盟しており、エリザベス女王を国家元首としている。そのため、エリザベス女王の代理人としての総督が置かれるが、現在のツヴァルではその力は形式的なもので、政府の提案を拒否する権限は与えられていない。また、ニウラキタを除く島のうち七つの島には島議会（island council）が、そしてフナフチには町議会（town council）が置かれて、地方行政が実施されている。このことから分かるように、フナフチ環礁はツヴァルで唯一の都市部として機能している。フナフチ環礁は、いくつもの大小のサンゴ礁島からなっており、そのうち最も大きい島がフォンガファレ島である。フォンガファレ島のすぐ北にあるアマツク島には船員養成学校があり、フォンガファレとは船で結ばれている。首都としての都市機能は、このフォンガファレ島の中央部に集中している。島の中央部は陸地部分が大きくなっており、空港もそこに作られている。陸地部分が大きいとはいえ、プロ

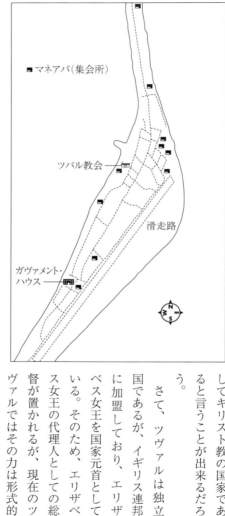

ペラ機が離発着する滑走路がその中心を占め、それの周りに様々な公共施設や住居が並ぶという形態をとっている（地図6参照）。

二　首都フナフチ

1　フィジーの辺境

フォンガファレ島にある国際空港は、フィジーのナウソリ空港とつながれている。現在は、エア・パシフィクというフィジーの国際線が、フィジーとツヴァルの間を往復している。その前は、フィジーの国内線を担うエア・フィジーが同じ路線を運航していた。ナウソリ空港は、フィジーの首都スヴァの空港であり、ツヴァルの首都はフィジーの首都と直結していると言える。しかし、スヴァ近郊のナウソリ空港は、一応国際空港ではあるが、ほとんど国内便しか跳ばない小さな空港であり、国際線は首都から二〇〇キロメートル西にあるナンディの国際空港から離発着する。つまり、フィジーが国際世界に開口しているのはナンディ国際空港であり、スヴァのナウソリ空港ではないのである。以前は、マーシャル諸島、キリバス、ツヴァル、フィジーを結ぶエア・マーシャルという国際線の飛行機便があった。この便は、マーシャルからフィジーまで、太平洋を南北に飛ぶ稀有な国際線であったが、それも廃止になり、ツヴァルは、それ以降、フィジーとの間の往復を繰り返してきている。

一九九八年、筆者はスヴァのナウソリ空港でフナフチ行きの便を待っている間に、同じくフナフチに向かうフィジー人のビジネスマンと話をしたことがある。いろいろ話したが、彼の「ツヴァルは初めて

写真14　フナフチのメインストリート（2007年）

なんです。電気があるのだろうか?」と語った言葉が、フィジーとツヴァルの関係を象徴的に示していたと言える。一国の首都であるフナフチに、電気が通っていないなどありえないことだが、フィジーの人々にとっては、ツヴァルは「近代化の進んでいない辺境」以外の何者でもなかったのである。一九九八年は、まだ、エア・マーシャルが可動していた。ツヴァルからは、北のキリバスと南のフィジーに直接行くことができた。その意味で、ツヴァルはまだ南北に解放されていた。しかし、重い病気になるとフィジーの病院に行かねばならなかった。何をするにも、キリバスではなくフィジーに向かうという状況だった。そして、エア・マーシャルが廃止になり、エア・フィジー、そしてエア・パシフィックがツヴァルの海外との連絡便となった。これらの便はフナフチとスヴァとの間だけを往復する。ツヴァルは、フィジーの首都・スヴァに唯一の開口部を向けることになったのである。

第二章で論じたように、スヴァは、人口、規模、機能のどの点をとっても、太平洋諸国の中では、パプアニューギニアの首都ポートモレスビーに次ぐ「大都会」であると同時に、ポートモレスビーよりもはるかに「都市らしさ」を持ったゲゼルシャフト都市とでも呼べるところである。ビルが立ち並ぶ中心街では、車道は車で渋滞し、歩道は行き交う人々で溢れかえっている。市場の横のバスターミナルでは、数え切れないほどのバスが並んでおり、喧騒の中人々をフィジー各地に送り出し、そして各地から運び込んでいる。ツヴァルの人々も、そしてフィジーの人々も、このスヴァとフナフチを対比するのである。

フナフチは、たしかに、スヴァから見れば、「都市らしさ」の景観を伴わない。島を貫くメインストリートの両側はココヤシなどの樹木に覆われ、樹木の間に住居が点在しているような状況である。台湾の援助金を得て建てられた三階建ての政府庁舎や、日本の援助で立てられた立派な病院などはあるが、それらを除くとビルと呼べるような建物はなく、景観的にはまさしく村落である。もちろんここはツヴァルの首都であるので、首都としての都市機能はすべて整っている。そして、スーパーもあるし、ちょっとした食料品店はあちこちにある。インターネットカフェやビデオ屋は若者で溢れ、各家にはテレビもあるし衛星放送も受信できる設備が備わっている。しかし、それにもかかわらず、フォンガファレ島の「住宅集住地」は都市、あるいは町と呼ぶことがはばかられるたたずまいを見せているのである。

二〇〇五年に、筆者が滞在していたフナフチのロッジでのことである。そこにやってきたフィジーのビジネスマンが、「あとどのくらい滞在する予定ですか?」と聞くので、「二週間です」と答えると、「ケッ」という感じで反応した。その反応の意味を聞きたくて「短すぎるという意味ですか、それとも、長すぎるという意味ですか?」と聞くと、「こんなところに、そんなになぜ長くいるのです?」という趣旨の答えが返ってきた。事実このビジネスマンは、三日ほどの滞在で、さっさと帰ってしまった。彼と一緒にやってきた、いかにも都会人ですという格好をしたフィジー人の婦人は、到着するなり、「美しいところですね」と宿の人間に話していた。その意味が、ここで明確になった。「私たち都会人が失ってしまった自然の美しさがここ田舎にはあるのですね」という意味だ。まるで、「文明社会が失ってしまった自然の美しさが、フィジーにはまだある」と言う日本人と同じ論理の上に成り立った発言と言えよう。

2 フナフチのマネアパ

ところで、フナフチの空港ターミナルのすぐ横に、オレンジ色の屋根を持った比較的大きな平屋建ての建物がある。この建物は、腰高の壁があるだけで、中が丸見えになる独特の作りをしている。この建物がマネアパ（*maneapa*）で、建物の中はがらんどうになっており、種々の会合をするための集会所として機能している。空港の横にあるマネアパは、政府関連の諸会合が行われたりする集会所で、時々、裁判も行われる。裁判をするときには、テーブルと椅子が運び込まれるが、外から中が丸見えであるため、何をしているのかは誰でも覗くことができる。

この集会所は、ファレカウプレ（*falekaupule*）とも呼ばれる。マネアパという言葉は、ツヴァルの北隣のキリバス共和国にある同種の集会所の名称マネアバ（*maneaba*）に由来する言葉で、ツヴァルでは島によってこの種の集会所の呼び方が異なっていたので、総称としてマネアパが用いられているようである。しかし、キリバス語よりもツヴァル語をという流れなのか、近年、「議論をする家」という意味を持つファレカウプレが意識して用いられるようになっている。一九九八年には観光局の出しているパンフレットにはマネアパという言葉が用いられていたのだが、二〇〇五年では、ファレカウプレという名前に代わっている。しかし、この呼称がフナフチの人びとの間で定着しているとは言い難い。フナフチの町議会（town council）もカウプレと呼ばれているが、カウプレという言葉は町議会だけに使うべきだという人もおり、集会所に対しては、マネアパという言葉がまだ広く用いられているのが現状である。

写真15　フナフチ・コミュニティのマネアパ。手前のコンクリートの部分は貯水場　(2005年)

表7　フナフチ在住者の郷里別人口構成

郷里の島・環礁	人数
1 ナヌメア	661
2 ナヌマンガ	356
3 ニウタオ	627
4 ヌイ	222
5 ヴァイツプ	463
6 ヌクフェタウ	459
7 フナフチ	972
8 ヌクラエラエ	98
9 ニウラキタ	0
10 どれでもない	104
計	3,962

Secretariat of the Pacific Community 2004 の Table P12 より

マネアパは、ツヴァルの伝統的な政治的会議場であった。人々はそれぞれの島のマネアパで様々な議題について議論し、島としての方針などを決定してきた。ツヴァルの伝統的政治体系はチーフ制であり、リーダーであるチーフがピラミッドの頂点を構成する中央集権体制を作り上げていた。それぞれの島にはそれぞれの島のチーフが統治者として君臨し、マネアパは、こうしたチーフ制に基づいた政治的な集会所だったわけである。独立国家となった現在は、それぞれの島のチーフは以前のような統治者としての存在ではなくなったが、それでも、人々の日常生活と密着した事柄についての議論を取りまとめる存在として重要な役割を今でも演じている。

　さて、フナフチには、空港横にある政府関係のマネアパ以外にも、マネアパが九つも存在している。実は、これら九つのマネアパは、首都で生活する人々の郷里となっている島ごとにつくられているのである。フナフチはツヴァルの首都として、各地から人々が集まってきているところである。表7は、二〇〇二年のセンサスによるフナフチ在住者を郷里別に示したものである。フナフチ居住者の四分の三以上は他島出身者であり、しかも、それぞれの郷里の島の人口と対比してみれば分かるが、かなりの割合の人々が首都に移住してきていることが分かるであろう。フナフチ出身者は、当然自分達のマネアパを持っているが、他の島からフナフチにやってきた人々も、郷里ごとにコミュニティを構成し、コミュニティ・ホールとしてのマネアパを持っているのである。

フナフチの人々は、メインのマネアパと、南部の人々のための補助的なマネアパと二つのマネアパを持っているため、残りの七つのマネアパが、他島出身者コミュニティのマネアパということになる。ところで、すでに述べたように、人口の極端に少ないニウラキタは、もともと無人島だったがニウタオの人々が移住したため有人島となった歴史を持っている。そして、人々の意識では、この島はニウタオと同じ範疇にくくられる。その意味で、ツヴァルは、フナフチを除くと七つの「島地域」から構成されていると言えるが、それら七地域を郷里とする人々が、フナフチで七つの地域コミュニティを成立させているのである。これら七つのコミュニティは、必ずしも、棲み分けを行っている、つまり、地理的にまとまった地区を形成しているわけではない。同じ島の出身者でもフナフチの各地に散らばって居住していることが多いが、自分達のマネアパを中核にコミュニティとしてのまとまりを維持しているのである。

各コミュニティは、それぞれ独自のやり方で運営されている。例えば、ニウタオ出身者のコミュニティでは、役員として、リーダー、サブリーダー、会計、秘書、そして連絡人を置いている。ニウタオの人々は、例外的に、マネアパ周辺にまとまって居住していると言われているが、それでも、連絡人を二人置いて、フナフチ各地に散らばっている人々との連携を保っているのである。これら役員で議案を作成し、毎月一回、日曜日の夜にマネアパで行われる会合にはかる。話の中心は、コミュニティや郷里のニウタオの発展についてである。各世帯から寄付金を募って郷里の島に寄付することもあるという。これら役員は、選挙によって毎年選出される。リーダーは、コミュニティを代表し、コミュニティを統括する。しかし、彼はチーフとは呼ばれない。チーフは、それぞれの郷里の島にいるからだ。フナフチに移住してきた人々のコミュニティは、あくまでも、郷里の島の「飛び地」なのであり、そのコミュニティのリーダーは島のチーフの「配下」になるのだ。

それぞれのコミュニティには特別の日がある。ニウタオ・コミュニティにとっては九月一七日がその特別の日である。昔この日に、ニウタオ島では四人の祖先がコンクリート製の教会を初めて建立したという。それを記念して、フナフチ在住のニウタオ出身者も様々な行事を行う。二〇〇五年には、一七日に球技大会、一八日には、ヌクフェタウ出身者と合同で会食と合唱の夕べが催された。合唱は、日が落ちてから、歌合戦の形式で行われた。二手に分かれた人々が、儀礼的なやり方で、交互に歌を競う。まるで、村落がそのまま出現したかのような雰囲気であった。しかし、そのすぐ横には、ニウタオ・コミュニティの人々が、自らのコミュニティのために作った夜間照明付のコートがあり、歌合戦に関心のない子供達が、夜の八時をまわっても照明に照らされたコートで、球技に興じていた。フナフチは、村落ではなく都市なのである。

一方、この夜の時間帯にもかかわらず子供達が表で遊んでいる。そして女の子達が二〜三人で歩いている。アイスキャンディーを買いに開いている店にやってきたのだ。女の子が一人で歩いていても、子供が、夜九時前に道をうろついていても、何も問題はない。ヴァヌアツの地方都市ルガンヴィルの夜八時台のメインストリートや、フィジーのナンディの夜七時台のメインストリートとは全く感じが違う。

表 8　フナフチの家の数と飲料水の入手手段

タンク	貯水槽	タンクと貯水槽	コミュニティ貯水槽	その他	計
404	134	62	22	17	639

Secretariat of the Pacific Community 2004 の Table H13 より

怖さがない。すぐそこに窓を開け放した人家があり、明かりがもれてくる。声も聞こえてくる。だから、孤独感もないのだ。そうしたところは、村落としてのたたずまいを見せているとも言える。

ところで、ツヴァルの水は天水に頼っている。基本的に各家はタンクや貯水槽を持っていて、トタン屋根をつたって落ちる雨水をそこにためて使っている。雨が降らないとき水を使い続けると、必然的に水が枯渇する。そのために、ツヴァルでは、政府庁舎、病院、港、公共事業局の建物などの地下に大きな貯水槽を作って水をためておき、非常事態になれば、有料だが、これらの水を必要なところに給水してまわるのである。

表8は、二〇〇二年のセンサスによるもので、飲み水をどのようにして確保しているのかという調査結果である。フナフチの六三九戸の家では、多くは自宅のタンクや貯水槽を利用して水を確保しているが、中には、コミュニティ貯水槽を利用している人々もいる。このコミュニティ貯水槽というのが、コミュニティのマネアパのところに作られた貯水槽のことなのである。フナフチの七つのコミュニティのマネアパはそれぞれ貯水槽を持っており、そこにたまった水は、コミュニティが管理しコミュニティの人々だけのために使われるのである。これら七つのコミュニティと一線を画しているのが、フナフチ・コミュニティである。フナフチ・コミュニティの二つのマネアパのうち、ツヴァル・キリスト教会の大きな建物の奥にあるマネアパが、メインのマネアパである。そしてそこにある貯水槽は、コミュニティの管轄ではなくローカル・ガヴァメントの管轄になっており、

半公共的なものとして使用されているのである。

3　フナフチ・コミュニティ

フナフチは、各島から人々が集まる首都であると同時に、フナフチ生まれの人々にとってはそこが故郷である。フナフチにやってきた他の島の人々のコミュニティは、いわば、それぞれの出身島の統制化にある「飛び地」としての地位であるのに対して、フナフチ・コミュニティは、そのまま「故郷」であり「本島」なのである。そのため、他のコミュニティとは異なり、フナフチ・コミュニティの長は、チーフ（首長）と呼ばれている。そしてチーフは、マネアパの運営、コミュニティの発展、フナフチ全体の動向に対して目を光らせているのである。

フナフチのチーフは、本来は世襲制をとっていた。基本的に息子が後を継ぐ形で首長位が継承されていったが、そのシステムは、サモアからロンドン伝道協会の牧師がやってきたときに崩れてしまった。つまり、キリスト教の布教活動にやってきたサモアの牧師が大きな影響力をもつに従って、チーフの力が衰えていったのである。サモアから最初の牧師がやってきた当時のチーフであるイアコパは、その座を牧師に明け渡したと言われているのである。そしてそのチーフの息子で、最後の伝統的なチーフとなったエリアが一九〇二年に亡くなることで、フナフチにおける伝統的な世襲制によるチーフ・システムは終わりを告げてしまった［Ielemia 1983: 95-96］。しかし、現在のフナフチでは、こうした世襲制による伝統的なチーフとは異なるが、新たなチーフが存在している。このチーフは、世襲制によって代々継がれていくのではなく、選挙によって選ばれるのである。

フナフチのチーフは毎年選挙で選出される。選挙は、マネアパでの会議に出席する人々によって行われるのであるが、これらの人々は、常に五〇人と定められている。この五〇人は、マタイ（*matai*）と呼ばれるフナフチ出身者の各家系の家長達なのである。この五〇人によって最も多くの票を得た者がその年のチーフとして、次の票を獲得した者がその年のチーフ代理として活動することになる。チーフ代理というのは、フナフチの伝統的なチーフ・システムにも存在したもので、会議ではチーフになり代わって議事を進行し、チーフの代弁者として様々な発言をする役割りを持った者である。そして、チーフは会議ではあまり発言しない。チーフは、自分の意見を押し付けるのではなくみんなが合意できるように多数意見を代表してまとめるという。

マネアパでの会議は月一回行われる。そこでは、漁業、農業、地域開発など、何でも議題として取り上げるという。時々、政府関係者や町議会のメンバーなどもやってきて、政府提案、町議会からの提案をしていくらしいが、このマネアパの会議でそれを拒否することもあるという。マネアパは、いわば住民会議とでも呼べる性格を持っており、住民の意思の決定機関でもあるのだ。フナフチ・コミュニティのマネアパ会議に出席する五〇人の家長達は、フナフチの土地の所有者達でもある。フナフチはツヴァルの首都であるため、公有地も多い。約六〇％が公有地であるとされている。しかし残りの四〇％は私有地であり、これらが、この五〇人によって分有されているというわけである。そしてそれらの土地は、宅地として使われる他、多くの部分は、実は農地として使われているのである。

フナフチ中心部は、様々な都市機能を備えた市街地であり、個人所有のオートバイや車、さらには公共交通としてのバスやタクシーが行きかういわば「繁華街」である。しかしそれと同時に、その「繁華街」は、バナナやココヤシなどが茂り、あちこちに、タロイモの田んぼが作られた田園風景の中に存在している。これらタロイモの田んぼなどの農地は、フナフチ出身者の所有になるものである。他島からやってきた人々は、基本的には土地を所有していないため、公有地を借りるなどして居住しているが、畑や田んぼを作ることはできない。これができるのは、フナフチ出身者だけなのである。フナフチが村落を思わせるのは、景観だけではない。いわゆる「村落共同体」に見出せる相互扶助に基づく人間関係が、フナフチ・コミュニティでも実現されているのである。人々は総出で、メンバーの農地の世話に出かけることもある。コミュニティのマネアパが、メンバー相互を有機的に結び付けており、そこには、「隣人は何をしている人か分からない」というバラバラな人間関係は見出せない。こうした状況はフナフチ・コミュニティだけではなく、他の島出身者たちのコミュニティでも同様である。つまり、フナフチの住民は、自分の帰属するコミュニティの中で「村落共同体」に類似した生活を送っているのである。

4　ヤシとタロイモ

ツヴァルの人々は、ヤシ酒を飲む。フナフチのメインストリート沿いでも、背の高いココヤシの上の方に瓶などの容器がつるしてある光景を目にすることがあるが、これがヤシ酒を作るための第一歩である。つまり、ココヤシの花をつける芽の柄のところを切ることにより、そこから樹液が出てくるが、この樹液をつるしてある容器に溜めるのである。こうして溜めたカレヴェ（*karevwe*）と呼ばれる樹液は、二～三日放置しておくと自然発酵してヤシ酒になる。(2)

ヤシは実に有用な植物である。葉は、編めばゴザになるし、乾燥するとすぐに火のつく燃料にもなる。

写真16　フナフチのメインストリートに面して作られているプラカ・ピット（2005年）

ヤシの実の殻は、炭のような燃料として用いることができるし、若いヤシの実にはいわゆるヤシ・ジュースが多量にあり、貴重な飲料水ともなる。また、果肉は食用となるだけではなく、乾燥させるとコプラとして現金収入の源となる。そしてツヴァルの様にヤシ酒を作る地域では、これらの効用に上乗せする形でヤシ酒が追加されるのである。ヤシ酒は、既に述べたように自然発酵した結果アルコール類へと変化したが、発酵する前は、実は新鮮でたいへん甘い液体であり、料理にも用いるし、それを水でうすめて清涼飲料水代わりとしても用いることが出来る。また、それを煮詰めていくと最後にはカレポレポ（*kalepolepo*）と呼ばれる固形物が残る。これはツヴァル語辞書ではキャンディと訳されている［Noricks 1981: 66］。つまりは、ヤシから「飴」を作ることもできるのである。ツヴァルでは、ヤシを最大限利用しているといえる。

多くのヤシを所有していることは、それだけヤシの恩恵を多く受けるということであり、しかも、コプラという唯一の現金収入の道をも開くので、高く評価される。しかし、これらヤシの所有よりも高い評価を受けるものがある。それが、プラカ（*pulaka*）と呼ばれるタロイモの一種である。ツヴァルはサンゴ礁島から成立しており、その土地面積は極めて小さい。そして四方を海に囲まれているにもかかわらず、人々の土地に対する愛着は強い。人々は伝統的に土地を非常に重視してきたし、そうした土地の中でもこのタロイモを植える耕作地はヤシの育成する土地とは別の扱いを受けてきた。このタロイモの耕作地は、一般にプラカ・ピット（*pulaka pit*）と呼ばれる。ピットと呼ばれるのは、この耕作地が窪地になっているからである。サンゴ礁島は土地が痩せていて農耕には適さない。しかし敢えて農耕地にするために、内陸部の土地を淡水が浸みだしてくる所まで掘って大きな窪地を作り、そこにタロイモを植えるのである。

タロイモがヤシよりも価値が高いのは、それの世話が大変であると言うことだけではなく、饗宴での用いられ方と関連している。饗宴では、どれだけ多くのタロイモが人々に分配されるかが競われ、より多く提供した者が高い評価を得る。しかし誰でもそれが出来るわけではない。一般に、ツヴァルの人々はヴァカルガ（*vakaluga*）と呼ばれる人々とヴァカラロ（*vakalalo*）と呼ばれる人々に大別されるが、前者は、土地とタロイモの田んぼ（プラカ・ピット）をたくさん持っている人、後者はこれらの土地や耕地が少ない人のことである。饗宴でタロイモを多量に提供するのは、前者のヴァカルガと呼ばれる人々であり、彼らはこうした振る舞いをすることで、その地位を維持するのである。そして、彼らは強い発言力をも手にすることが出来ると言われているのである［Samuelu 1983: 36］。

三　ヴィレッジと呼ばれる都市

1　ヴィレッジと呼ばれるフナフチ

一九九八年にツヴァルを訪れた時、筆者は、フォンガファレ島の北端に近いところにあるゲストハウスに宿泊していた。このゲストハウスの隣には学校があり、周辺には住居もあったが、そこから島の中

写真17　フナフチのメインストリート沿いにある民家（2005年）

央の「都市部」に行くまでの間、人家はまばらにしかなかった。しかも、当時フォンガファレ島を南北に走るメインストリートをバスが走っていたが、そのバスは、島の北側にある港で折り返し運転をしていた。ゲストハウスはその港からさらに歩いて三〇分ほどのところにあったのである。ゲストハウスから出て南に歩いていると、すれ違う人びとにしばしば「ヴィレッジに行くのか？」と声をかけられた。ヴィレッジとは、人家や建物が集住しているところを指しており、ツヴァル語の「ファーカイ（*faakai*）」の英語訳である。それは基本的にバスの走っている範囲と一致していた。一方、ゲストハウス周辺は、「ブッシュ」と呼ばれていた。これはツヴァル語の「ヴァオ（*vao*）」を英語に訳したものである。もともと人が住んでいなかったため、人が住むようになってもそう呼ばれているのである。

それから七年たった二〇〇五年にフナフチを訪れた時、台湾の大使館が出来ており、台湾大使の住居がゲストハウスの隣に出来ていた。「都市部」でタクシーを拾って、「台湾大使の家まで」と言うと、タクシーの運転手がわざわざ、「ああ、ブッシュの中ね」と返答したのである。そしてこの区分の状況は二〇〇七年になっても変わっていない。人家はさらに増え、港より先までバスが走るようになったにもかかわらず、ゲストハウス周辺は依然として「ブッシュ」であり、フォンガファレ島の中心部の住宅集住地域は「ヴィレッジ」なのである。

人家の有るところと住居の無い樹木に覆われたところの対比は、世界各地で見出せる。人家があって人間にとって安全な「里」と、人間の力の及ばないモノノケのいる「森」の対比である。ツヴァルのすぐ北にあるキリバスにおいては、サンゴ礁のラグーン側の人家のあるところと、内陸から外洋にかけての木々に覆われているところは、カーワ（*kawa*）とブアコニカイ（*buakonikai*）という対比で考えられており、ブアコニカイは開かれていない未知の部分、悪い霊のいるところと考えられている［*cf.* 吉岡 一九九三：一八九］。カーワは「村落」、ブアコニカイは「森」と訳されるので、ツヴァルでのファーカイとヴァオの対比とほぼ重なることになる。しかし、ツヴァルにおいては、この対比がそのまま首都においても適用されているところがポイントであろう。フォンガファレ島の住宅密集地域はファーカイであり、住宅のまばらなところはヴァオであるのはいいとしても、英語で、タウンカウンシルのある首都の中心部（ファーカイ）をヴィレッジと訳すところが、都市とは何かを考えさせてくれる。ちなみに、タウンもツヴァル語で言えばファーカイなのである。

人々にとって、フナフチと対比されるのは、フィジーのスヴァである。ある人は、「スヴァに行くことをスヴァ・タウンに行くという。タウンには、何階建てものビルがある。それがタウンならば、ここはヴィレッジだ。規模が違うし景観が違う」という。また「海外に行ってタウンを見るともっと大きい。だからここはヴィレッジ」という意見も聞かれる。太平洋の「大都会」であるスヴァがタウンの基準となるならば、必然的にフナフチはヴィレッジになる。しかし人々が日常会話をするときには、こうした意識が明確に出ているとは限らない。人々は、フォンガファレ島の中心に行くときも北の端に行くときも、そこの地名を言う。「人々はなぜフォンガファレの中心部をヴィレッジと呼ぶのか？」という質問に対して、ピンと来ない人々も多い。「ヴィレッジに行く」「ブッシュに行く」という表現は、外国人に対して言うときの表現なのである。しかし、都会あるいは都市から来たであろう外国人に対して表明する英語での自画像の中に、ツヴァルの人々の自らの都市部に対する見方が現れているともいえる。

2　都市としてのフナフチ

フナフチの人口が約四〇〇〇人弱。日本の村落と比べてもはるかに規模が小さい。端から端まで歩くことができる、その大きさしかない。そこに出来上がっているコミュニティは小さく、その内部での付き合い方はまさしく村落のそれである。しかし、第一章で論じたミッチェルの言う構造的関係も確実に存在している。庁舎、銀行、学校などでは様々な島出身者が関係を持ちながら仕事をしているわけであり、こうした公的な仕事場では、西洋的なマナーと論理に則ったやり方が実践されている。ツヴァルの人々はいち早く近代の論理に親しんだため、植民地時代に首都のタラワで比較的好条件の職業に就くことが出来たという事実を思い出せばそのことも了解されるだろう。

しかし、私的な領域における生活では、それぞれの島の論理が働く。例えばヴァイツプでは、害虫がフルーツを食い荒らすという現象はチーフのせいにされ、チーフの交代という事態を招くということだが、それはヴァイツプだけの論理であり、他のコミュニティでは共有されない。それぞれの島の慣習の違いは明確に意識されている。フナフチ在住のヴァイツプ出身者にヴァイツプとフナフチの違いを聞くと、即座に「結婚式が違う。ダンスも違う。方言も差がある」という答えが返ってくる。両者のミーティングの違いについて聞いた時も、「ヴァイツプでのマネアパのミーティングでは、最初にヘッド・チーフが話をし、次に、カウンシルの長が話し、次にパスターが話してその後は誰でも話せる。しかしフナフチでは、最初にパスターが話し、二番目に最も年長の者が話し、三番目にリーダーが話す。フナフチにはチーフはいない」とすぐに答えが返ってきた。

他の島から来ている人々は、フナフチの「飛び地」としてのコミュニティで生活しながら出身島の規律の統制下に入っているのである。そしてそれを反映してか、これほど人数の少ないフナフチで、それぞれのコミュニティの内情にお互いは無関心である。あるコミュニティのリーダーは、他のコミュニティのリーダーが誰であるかさえ知らなかったのである。しかし、各コミュニティが互いに排他的に暮らしているわけではない。それぞれの異質な暮らしは尊重されながら、フナフチという全体を構成しているのである。

写真 18　ツヴァル政府庁舎（2005 年）

ミッチェルの言うカテゴリー的関係についても言及しておこう。群集の中で典型的に見出せるこの関係は、「匿名性」と結びついた「都市らしさ」に満ちた関係でもある。そして人口が四〇〇〇人にも満たないフナフチでもこうした関係は見いだせるのである。それぞれのコミュニティを離れると、構造的関係で知り合った仕事仲間や学校仲間以外は、いわば他人であり、フナフチのメインストリートを歩いている人々が、お互いに挨拶もせずにすれ違う光景は一般的に見られるのである。フナフチの「都市らしさ」は、匿名性の存在だけではない。スヴァから見れば、人口規模や景観はヴィレッジだが、ツヴァル国内の村落から見たフナフチは近代化の進んだ都市なのである。「都市らしさ」の議論でしばしば取り上げられる景観に関していえば、ホテル、病院、官庁舎、郵便局、銀行、教会などの公共の建造物があり、西洋建築の建物が集まっている「中心地区」をもち、舗装された道があるなど、村落の景観とは異なるものを持っている。確かに、ヤシの木が茂り、村落的な景観がたぶんに見出せるが、同時に、都市の特徴としての景観も併せ持っていると言える。さらに機能的には、バスやタクシーが走り、現金雇用による仕事がある、そして何よりもツヴァルの金融の中心地でもある、などの点を数え上げることが出来る[*cf.* 内田　一九九〇：一九八、森岡　一九九六：二一八]。つまり、どんなに規模が小さくても、一国の首都であるフナフチは、首都としての機能を発揮することのできるインフラを持ち、都市部としての役割を果たすように位置づけられているのである。フナフチは、最小限のものではあっても「都市らしさ」を持っているという点で、決して村落という区分ではなく都市という区分で語られるべきであろう。つまり、フナフチは、「農耕する村落」ではなく「農耕する都市」と言うべきなのである。

あるニウタオ出身者は、「フナフチでは若者がビンゴに興じアイランド・ナイト(3)などで踊ったりしているし、様々な人々が、違う文化の人々がいる。ここでは賃労働でお金を稼ぎ、お金を出して物を買う。島では自給自足で生活しており(4)、毎日が決まりきったルーティーンワークだ。……・個人的には、ここよりも島の生活のほうがよい。プラカ・ピットがあってそこでのものを作って収穫してという生活。ここにはプラカ・ピットはない」という。「村落は自分の畑でものをつくり、タダでそれらが手に入るが、都市ではすべてお金で買わなければならない」というステレオタイプ化されたイメージは、第三世界に広く見られる二分法であり、貨幣経済の支配する体制を「都市らしさ」と結びつけて考えているが、フナフチはその意味でも人々のイメージの中では都市なのである。二〇〇五年にフナフチのチーフだった人物は、次のように述べている。つまり、「お金すべてが悪いわけではない。お金をもっと欲しいと思うと、悪くなる。オートバイにみんな乗るけど、あんなもの必要ない。歩けばよい。こんな小さな島なのだから。何のためのタクシーだ。これらはガソリンがいる。輸入してくるのだ。オートバイに乗る、それを欲しがる、お金がいる、盗みなどが生じる。これが良くない」と。

西洋化、近代化、そして現金経済の流通は、フナフチが首都として機能している以上避けられない。それこそが都市機能を充実させていくのだ。都市の「進化」という側面から議論が行われるならば、都市はそのまま発展して、合理的・機械的なゲゼルシャフト的性質を持ち、無機的なバラバラの人間関係の場として拡大していく。ところが、フナフチでは、それを阻止するかの様に、マネアパを中心とした各コミュニティが、血縁、地縁、友情などによって有機的に結びついたゲマインシャフト的な共同体を持続させているのである。

註

（1）本章で現在と言う時は、二〇〇九年現在を意味している。

（2）太平洋で嗜好品として飲まれているものは、大きくは三つに分かれる。一つは、ヤシ酒で、西部ミクロネシアからキリバスを経てツヴァルまで広がっている。他の一つは、第二章で登場したカヴァである。カヴァと呼ばれるコショウ科の灌木の根の樹液を飲む。東部ミクロネシアの一部および東部メラネシアのヴァヌアツからポリネシア全域に広く見られる。三つ目は、一般にベテルチューイングと呼ばれている。ベテルというのはコショウ科のキンマのことで、ビンロウヤシの果実（ビンロウジ）を石灰にまぶしそれをキンマの葉に巻いて噛む。これがベテルチューイングである。結局、ビンロウジとキンマを噛んで潰すことでその液汁を味わうことになる。ベテルチューイングは、ミクロネシアやメラネシアに広く見られる慣行として知られている。しかし、カヴァやベテルは、アルコール類ではなくアルカロイド類なのである。アルカロイドというのは、体内に摂取されると何らかの生理作用を引き起こす有機物で、モルヒネやコカインなどの麻薬類からカフェインなど日常の飲み物に含まれているものまで、広い範囲のものを指す。カヴァ飲用やベテルチューイングによって摂取されるアルカロイドは、麻酔作用を伴うが、麻薬類の程の有毒なものとは言えず、むしろカフェインの類に近いものであると言われている。例えばカヴァ飲用は、麻酔作用と沈静作用を伴い、飲めば飲むほどに心身がリラックスし、静かな落ち着いた心理状態になっていく。これらアルカロイドに対して、ヤシ酒は正真正銘のアルコールであり、白濁した酒は我々にも馴染みのあるどぶろくの様な味わいを持っている。

（3） アイランド・ナイトというのは、伝統的ではないツイストなどのダンスを楽しむパーティの様なもの。ビンゴというのは、ビンゴ・ゲームのことだが、太平洋諸島センターの小川和美氏によると、お金をかけてやるのが太平洋では一般的になっているという。

（4） ツヴァルの村落で、メラネシアの村落でのように自給自足が完全に成立しているかどうかは判断が難しい。しかし、サブシステンス経済という括りで考えると、貨幣経済の流入の中にあっても、それと併存する形でサブシステンス経済を生活レベルで持続するという「二重戦略」をとってきている現実を見ることが出来るのである［*cf.* 宮内　一九九八：一八五］。

第四章　アメリカ軍の建設したキャンプ都市

南太平洋には、西洋世界と接触する以前は都市と呼べるようなところは存在しなかった。都市は、西洋世界とともにやってきたのである。寄港地や商業活動の拠点として自然発生的に形成されたポート・タウンは、いわば白人の溜まり場としての性質をもっており、そこはメラネシアやポリネシアの世界から隔絶された西洋の地であった。多くのポート・タウンは、やがて、コロニアル・タウンとして植民地行政の中核を担う都市部へと変貌していった〔塩田　二〇〇〇：iii〕。これが、植民地の首都として成長していった植民都市である。この様な植民都市の大きな特徴は、植民地体制の要としての位置を持つ故に、植民地化する側の権力が如実に現れる場であったということと、それと連動するが、西洋世界への入り口であったということであろう。ここでは、現地の人々が居住する周辺部と白人の居住する中心部が対照的に出来上がり、後者では建物、都市設計、サーヴィスなどの基準において西洋の都市に匹敵するものが見られたが［Oram 1976: ix］、そこはまさに異界としての西洋世界そのものであった。

ところで、南太平洋でも他の地域と同様に、首都として成立した植民都市とは別のやり方で都市部が形成されたところもあった。それらの中で、特異な位置にあるのが、本章で取り上げるヴァヌアツのルガンヴィルである。ルガンヴィルは、太平洋戦争時に、アメリカ軍が建設した基地をその都市部形成の基点としているのである。いくつものキャンプから成るこの基地は、一九五〇年当時のヴァヌアツの全人口が四万八五〇〇人であったのに対して［Anglo-French Condominium 1951］、なんと一〇万人規模の巨大なものであった。その規模の大きさからキャンプ都市（camp city）と呼ばれるようになったが、それは忽然と現れた植民者以外の西洋世界であり、南太平洋にあった植民都市にはそれに比肩するものがないほどの巨大な都市空間であり、そして、戦争終結とともに消えてしまった幻の都市ともいえる存在であった。ルガンヴィルは、戦後廃墟となったこの地に、キャンプ都市が作った都市のインフラストラクチャーを利用して出来上がったタウンであり、メラネシア人の生活が息づくメラネシアン・タウンとして再生してきたところなのである。

オラムに倣って言えば、「キャンプ・シティからメラネシアン・タウンへ」という変遷を経たルガンヴィルは、今日、人口が一万五〇〇〇人余り（二〇一〇年のサーヴェイ）と小規模であるが、市制を敷き、植民地の首都として発展してきたポートヴィラと並んで、ヴァヌアツの中で重要な都市部として機能し続けている。本章では、特異な歴史を歩んできたルガンヴィルの、居住地としてスタートした一八〇〇年代終わりから、キャンプ都市の成立、戦後の連合軍の引き上げを経て、メラネシアン・タウンとしての姿を確定する一九八〇年代までの歴史的経緯を考察していく。なお、ルガンヴィルというのは正式名称であるが、一般にサントないしはサント・タウンと呼ばれている。つまり、人々の間ではサントという名称で親しまれているが、本章では、サント島（エスピリトゥ・サント島の省略形）との区別を明確にするためにルガンヴィルという名称を採用することにする。

一　キャンプ都市

1　太平洋戦争前のエスピリトゥ・サント島

ニューヘブリデスの北部に位置し、植民地の首都となったポートヴィラから遠く離れていたエスピリトゥ・サント島（以下サント島と表記）ではあったが、完全に僻地、あるいは離島という位置づけではなかったようである。というのは、一八八九年には、島の南東端に、ポートヴィラで商業活動を始めたフランス人のジョン・ヒギンソン創設のニューヘブリデス・カレドニア社が交易商店（trade store）を作っているからである。これはニューヘブリデス北部の島々に設けられた交易商店の一つに過ぎなかったが、そこでは、輸出用にコプラなどを集積し、それと引き換えに様々な商品を提供するということが行われていた［Bennet 1957: 118］。その意味で、地方の商業活動の一つの拠点であったと言えるだろう。

一九〇九年には、現在のサンミッシェル地区に、カトリック・ミッションが設立された。ニューヘブリデス・カレドニア社の広大なプランテーションがあるサント島南東部にカトリック・ミッションが

写真19　サンミッシェルのカトリック教会（2014年）

地図7　サント島

できたことで、この地はフランス色が強くなっていった。その結果、一九二〇年代には、ニューヘブリデス北部全体を統括するフランス系地方行政府も現サンミッシェル地区に置かれることになった[Bennet 1957: 123]。こうして、周辺にはフランス系の施設が集まることになり、カトリック教会や病院なども作られ小さな集落が成立していった。このあたりがフランス人居住者によってルガンヴィルと呼ばれていたのである。

一九二〇年代にはエピ島の綿花とココヤシのプランテーションが急速に拡大していき、一時は、首都のあるエファテ島を凌駕してニューヘブリデス全体の経済活動の中心地となっていった。しかし一九三〇年代になると、ハリケーンによるココヤシのプランテーションの破壊、綿花の継続的な安値などによって、エピ島の活動は弱体化し、それに代わってサント島が台頭してきた。この頃サント島では、ココヤシやコーヒーのプランテーションが拡大され、その重要度を高めていたのである［Bennet 1957: 118］。サント島南東部のサラカタ川河口周辺は、こうした商業活動の活発化とともに、緩やかに発展していった。

ルガンヴィルと呼ばれていたところは、既にフランス系の人々の居住する小さな集落となっていたが、サラカタ川河口の西側付近にも、フランス銀行ニューヘブリデス支店（Comptoirs Française des Nouvelle-Hébrides）の商店[1]、倉庫、ドック、雇用人の住居などができ、こちらにも小さな集落が成立することになった［Geslin 1956: 258-259, Bonnemaison 1981］。こうして、サント島南東部は、サラカタ川の西側にルガンヴィル集落と河口付近の集落という二つの集落を持つことになったが、二つの小さな集落以外は依然として広大なプランテーションのままであった[2]。

一方、島の内陸部では、原因不明の病気が蔓延して多くの人々が亡くなっていくという事態が続いていた。そうしたことを背景として、一九二〇年代には、ロノブロという預言者を中心とする土着主義運動が大きな広がりを見せるようになった。ロノブロは、まもなく大洪水が起こると予言し、その後、祖先が復活してシドニーの港からカーゴを満載した船に乗ってニューヘブリデスに戻ってくると主張した。典型的なカーゴカルト[3]である。しかし、祖先がなかなか復活しないことに人々はいらだちを覚えた。そこで、彼は、白人入植者がそれを妨害していると主張し、結局この白人を一九二三年に殺害してしまう。ロノブロは逮捕されこの運動は終焉を迎えた［吉岡　二〇〇五b：四九―五〇］。

2 アメリカ軍の到来

一九四一年一二月の日本軍による真珠湾攻撃の翌日、アメリカ、イギリス、オランダは日本に宣戦布告し、太平洋戦争が勃発した[Kralovec 1945: 31]。日本軍は、一九四二年五月にソロモン諸島のツラギとガダルカナルに到着したが、日本軍の次の目標はニューヘブリデスであるとみなされるようになった[Wilson 1956: 8]。やがて、日本軍が捕虜を悪く扱ったといううわさが流れるようになり、日本軍がニューヘブリデスにやってくることを恐れたポートヴィラの多くのヨーロッパ人は、ニューカレドニアやオーストラリアに避難して行った。残った人々は、現地の人々（ほとんどがマラクラ島北部の人々）とヨーロッパ人から成る自衛軍をつくり、オーストラリアの軍人に訓練を受けたという。この当時、高瀬貝などを採りにやってきていた日本人がいたが、彼らは逮捕され、財産は没収された[MacClancy 2002: 114, Kralovec 1945: 55]。

南下して来た日本軍に対してアメリカ軍は、一九四二年三月にはニューヘブリデスのエファテ島に前線基地を作る指令を出し、同月五〇〇人のアメリカ兵が到着したが、大船団がエファテ島に到達したのは五月になってからであった[Wallin 1967a: 16-18, Discombe 1979: 7, MacClancy 2002: 114]。アメリカ軍がニューヘブリデスに連合軍の前線基地を作ることを決めたのは、ニューヘブリデスは、南西太平洋で軍の大規模な基地を作るのに最も適したところだと考えられたからである[Geslin 1956: 248]。アメリカ軍は、上陸してからも日本軍の侵攻を恐れ、すぐに、ポートヴィラ周辺のパンゴとデヴィルズポイントに大砲を設置し、レンタバオとフォラリという所に砲台を(4)、町の各交差点には見張りを置いた。ポートヴィラ北方のタガベには飛行場が作られ、そこから、ソロモン諸島のガダルカナルに向かう爆撃機が飛び立ったのである［MacClancy 2002: 116］。

アメリカ軍は、さらに、新しくソロモン諸島のツラギに基地を置いた日本軍に対峙するため、ソロモン諸島により近い位置にあるサント島に、ポートヴィラよりも大規模な空軍・海軍の基地をつくることを考えた。この計画は、驚異的な速さで実行された。一九四二年七月四日の会議で、七月二九日までにB—一七用の滑走路が出来上がらねばならないと告げられたが［Wallin 1967c: 26］、七月七日の二四時には、装備と人員を積んだ船がサント島に向けて出港し、翌八日サントに到着して飛行場建設を開始したという。そして、まさに突貫工事で、七月二九日に一五〇〇メートルの滑走路が完成し、その日のうちに四機の戦闘機とB—一七が到着しているのである［Wallin 1967b: 29］。

3　キャンプ

ルガンヴィルには、三つの爆撃機用飛行場と二つの戦闘機用滑走路が作られ［MacClancy 2002: 116］、六五〇機以上の飛行機がルガンヴィルを基地とするようになった。そして、一つの飛行場からだけで二〇万回の飛行が行なわれたと言われている［Wilson 1956: 8-9］。一方、大きな埠頭も作られ、一九四三年と一九四四年には平均して毎日一〇〇隻から一五〇隻の船が第二海峡を往来した［Geslin 1956: 260-261］。そしてサント島南部で東側の海に面したパリクロ（またはパレクラ）には、当時世界一の巨大なドックが作られた［MacClancy 2002: 116］。

日本軍の攻撃がないことが分かってからは、ルガンヴィルは巨大な供給基地となった。そこには、近代戦争のほとんどの装備がそろっていた。アメリカ海軍のためだけでも、トータルで八万五〇〇〇立方メートルの容量をもつ倉庫が建てられ、これらの倉庫では、五万トンの物資が貯蔵されていたという。供給基地としてのルガンヴィルは、一ヶ月に二〇〇隻以上の船の給油を行うことができた。また供給だけではなく、修理基地としても活躍した〔Wilson 1956: 9〕。

結局ルガンヴィルには、巨大な海軍工廠、五〇キロメートル以上に及ぶ道路、六つの埠頭、電話システムなどが整備された。基地は第二海峡の西の端からタートル湾にいたるまで広大な空間に渡って広がっていたが（地図7参照）、それらのどの場所も、一〇〇ヤードも行かないうちに一つ以上の建物、例えば事務所、宿営地、かまぼこ型宿舎、テニスコート、運動場などがあったと言われている〔MacClancy 2002: 116〕。サラカタ川の河口あたりから東へ行って埠頭も含めた地域が、海軍工廠の中心で、さらに東へ数キロのところに海軍工廠の端のキャンプがあった。この間の工廠にはテントではなく、かまぼこ型住居が作られた。この鉄製のかまぼこ型住居は、現在もルガンヴィルのあちこちにその名残をとどめている。また、工廠の後ろの高台に二つの大きな病院があったが〔Geslin 1956: 263〕、ルガンヴィル全体では四つの巨大な病院とその他小さな病院が多数作られ、戦争で傷ついた兵士達がサント島に送られてきたという〔Wilson 1956: 9〕。

すべてのキャンプ地には電気と水道が配備された上、アオレ島には巨大なリクリエーションキャン

写真20　現在も補修しながら使われているかまぼこ型宿舎（2014年）

プが作られた。それぞれのキャンプには野外映画館があり、商店は、八時から一二時、そして一四時半から一七時まで開いていた［Geslin 1956: 264］。ちなみに映画館は実に五四か所もあったといわれている。ルガンヴィルは、ちょっとした西洋の都市の規模だった［MacClancy 2002: 116-117］。ルガンヴィルは、一九四四年までに一〇万人以上を擁する規模になり、五〇万人以上が出入りしたと言われている。最初は、人々は戦闘服を着て生活していたが、直接の戦闘の危険がなくなってから、基地は変わっていった。戦闘員部隊は多かったが、それらは訓練のため、あるいは休息のために一時的にやってきた人々であった。いたるところで遭遇する軍人の多くは、エンジニアであったり、現場監督であったり、工員であったりしたのである［Geslin 1956: 257-258］。

アメリカ軍が到着してから、それまでニューヘブリデスで流通していたイギリス・ポンドとフランス・フランに代わって、アメリカ・ドルが流通するようになった。洗濯屋、骨董屋、レストランなどが開業していたが、アメリカ軍相手の最も重要な業種は洗濯屋であった(5)。また、貝製品、べっ甲、豚の牙などを売る個人的な商店もあった。そこでは、べっ甲のペーパーナイフや腕時計は三〇ドルだったが、豚の牙はもっと高かった。海軍のアメリカ人たちは、島々に豚の牙を求め歩いたが、その結果、一九四六年にはニューヘブリデス中で豚の牙はほとんど見つからないくらいになってしまったと言われている。ルガンヴィルでは、また、毎火曜日の朝サント島南部の住人がバナナや季節のフルーツを売りにきた。毎朝少なくとも三トンものバナナが売られ、共同統治政府の定めた額で取引されたという。こうして何千ドルもが住民の手に渡ることになった［Geslin 1956: 272-273］。

ルガンヴィルの軍人は、基地の良さを知っていたので、たまにやってきた他基地所属の部隊をうらやむことはなかったが、サンディエゴや本国の基地所属の部隊に対しては、あからさまな羨望を持っていたと言われている。この羨望の気分というのは、基地が建設された当初からあったという。というのは、ルガンヴィルは、前線基地ではあったが、結局は戦闘に巻き込まれたのではなかったのであり、兵士たちは退屈していたのである。一九四二年、日本軍の飛行機がやってきて爆撃をしたことがあったが、一度きりで、それもほとんど被害を出すことがなく、結局、戦争状態にあるという雰囲気を兵士たちに持たせることはなかったのである［Geslin 1956: 279］。そんな状況だったので、ほとんどの隊は退屈しホームシックにかかっていたという。自分が世界のどこにいるのかさえ知らないものもいたし、ガイドなしでブッシュに入っていって迷い、死んだものもいたと言われている［MacClancy 2002: 117］。

4　メラネシア人の雇用

ポートヴィラではニューヘブリデスの現地人、すなわちメラネシア人を雇用することになったが、現地の慣習を重んじて短期の雇用だった。そのため、常に労働者が入れ替わり、多くのメラネシア人がアメリカ人と共に過ごすことになった。彼らは、ポートヴィラの入口でリーサーヴィルと名づけられたキャンプで宿営した。彼らはアメリカ人と同じ物資や装備の支給を受け、同じ食事を提供された［Geslin 1956: 277］。ルガンヴィルでのメラネシア人雇用も、ポートヴィラと同じ基準で賃金が支払われた［Wallin 1967c: 27］。

ニューヘブリデス全体では約一万人のメラネシア人が、三ヶ月契約で、荷おろし、制服の洗濯、召使などとして雇用された。給与は良く、彼らはアメリカ人の人数とその所有する富の多さに驚いたと言われている［MacClancy 2002: 117］。現地人雇用のための労働者徴集は、アメリカ軍の要請を受けて、英仏共同統治政府が行った。統治政府の労働者徴集は当初半ば強制的だったようで、嫌がって逃げようとした者が鞭でたたかれて連れて行かれたという報告もある［Moon and Moon 1998: 65］。あるアンバエ島出身者も、次のように述べている。「アメリカ人達が英仏共同統治政府に彼らのために働く男達の供給を頼んだので、政府は男達を確保するために船をよこした。彼らはきちんと説明することもなく、男達を村の中で追いかけた。警官が銃をもってやってきて、アメリカ人達のために働かせる目的で男達を船に乗せた。……誰も何の説明も受けなかった、つまり、彼らが殺されるのかどうかも告げられなかった」。

しかし、それは次第にまともなものになっていったらしい。このアンバエ島民は、次にやってきたときは、きちんと説明し、行きたい者がいたらそうさせるように村長に告げていたと述べており、さらに続けて、「人々は、アメリカ人の所にいった連中は良い生活をしていることを知った。彼らはイギリスやフランスよりもアメリカが好きだということも知った。というのは、戦争前は気前の良いイギリス人の主人でさえ一日に一シリング、そうでなければ六ペンスの支払いだったが、戦時中は、一日に六シリングの支払いを受け、その後一〇シリングになった。……アンバエも含めた多くの人が、アメリカが支配することを望んだ……」と述べている［Moon and Moon 1998: 86］。

戦争前の相場としては、三五キロ袋の米は一〇シリング、そして一日プランテーションで働いて一シリングの収入であったと言われており［Moon and Moon 1998: 111-112］、この情報と一致する。一日に一シリングということは、二〇日（一ヶ月の平日数）働いて一ポンド（一日六ペンスの場合は一〇シリング）に過ぎなかったわけで、それに比べれば、二〇日働くと一〇ポンドの収入があったことになる戦時中は、実にその一〇倍から二〇倍の給与が支払われていたことになる。また、別の情報では、船の荷物おろしの仕事をして月四〇ドルもらい、住居や食料も供給されたという［Moon and Moon 1998: 97］。当時の米ドルとポンドの関係は一：四程度であったことを考えれば米ドルで四〇ドルは一〇ポンドに相当することになり、これが当時の給与の相場であったと考えることができよう。もちろん、給与の額は時期や仕事の内容によってもまちまちであり、ペンテコスト島出身のある男性は、同島出身者のまとめ役として働いていて月に六ポンド、それ以外の場合は月三ポンドの支払いしか受けなかったという［Moon and Moon 1998: 65］。しかしこの場合でも、イギリスとフランスの統治下にあった時代と比べると、かなり高い給与が支給されていたということになる。

一方、アメリカ軍にはメラネシア人と同じ黒色系の人々がいたが、彼らが、白人と並んで仕事をしている姿に人々は強い印象を受けたと言われている［MacClancy 2002: 117］。人々は「彼らは白人のように何でも知っている……肌の色は私と同じなのに」と述べている［Lindstrom and Gwero 1998: 259］。そして白人と黒人の対立している姿も人々は観察しており、ホテルで白人が食事をしている時に黒人が入ってきたら、白人は「このホテルは白人専用だ」と言ったので喧嘩になった、などの話も記憶されている［Lindstrom and Gwero 1998: 262］。

メラネシア人は好んで黒人と交流を持ったと言われている。「彼らは我々とほとんど同じだし、彼らの歴史のいくつかは我々と同じだ」というのが理由の一つであった。そしてプランテーションで働いていた女達は、アメリカ人と関係を持ったと言われている。戦後アメリカ人の血統を引いた子供をあまり見ることはないが、いるとすれば黒人であり、ヨーロッパ人のそれは非常に少ないという認識を人々は持っている［Moon and Moon 1998: 114］。しかし一方で、メラネシアの黒人はアメリカ軍の黒人を全面的に賞賛していたわけではなく、「黒人は危険そうに見えた」という感想を持つものもいた［Moon and Moon 1998: 107］。

5　軍の引き上げとミリオンダラー岬

太平洋戦争が終結に向かいつつあった一九四四年、ポートヴィラでは装備が解体されることになった。それは、持てるものは持って帰るがそれ以外は廃棄するためであった。結局、トラック、ジープ、事務用品などメレ湾に捨てられたのである。ポートヴィラでは、一九四四年の一一月末に参謀本部は引き上げたが［Geslin 1956: 280］、ルガンヴィルは、一九四五年になっても相変わらず活気や騒音に溢れ、絶えざる車の列が往来を走っていた。ただ、戦闘はフィリピンや日本の方に移っていったことは知られていた。そして、海軍の病院に患者を搬送する病院船はもはや来なくなったし、戦闘船はまれにしか通らなかった［Geslin 1956: 281-282］。

写真21　ミリオンダラー岬（2004年）

莫大な量の装備をどうするか協議され、軍事上の装備、例えば、飛行機のエンジン、飛行探査機、武器などは梱包して持って帰ることになった。戦争によるダメージの賠償を請求していたプランテーション経営者に対しては、その敷地内にあるアメリカ軍関係のものはすべて与えるということの見返りに、その賠償請求をあきらめるよう説得が行われた。「動くもの」は様々なカテゴリーに区分けされ、標準的な質のものは売られた。

一九四五年の八月と九月は、ルガンヴィルはくず鉄の巨大な見本市と化したと言われている。特に、東海岸側のスランダにはいくつもの野外広場があるが、それぞれで、ジープ、トラックなどが販売された。乗り物は大きいものほど、安く売られた。ジープはその状態に応じて一〇〇ドルか二〇〇ドルだが、八トントラックは二五ドルで購入できたという。そして、先物買いの権利は、フランス行政府、イギリス行政府、共同統治政府に与えられた〔Geslin 1956: 281-2〕。

共同統治政府は、海軍工廠の巨大な二つの倉庫にある不確定のものを丸ごと購入した。その中には、多量の道具類、事務用品、冷蔵庫、洗濯機、海軍大将らが用いた銀食器などがあった。ニューカレドニア、オーストラリア、ニュージーランドなどからも買い付けにサント島にやってきたという。魚雷発射装置付きの短艇などの船も売られた。入植者の中には、海軍設営部隊のある基地をまるごと買った者もいた〔Geslin 1956: 283, MacClancy 2002: 119〕。

これら売られたものもあったが、しかし、大多数の品物は廃棄された(6)。すべてのものは海峡の東の入口にある無人の海岸に集められ、山のようになるとブルドーザーがそれらを海に押し落としたという。海面いっぱいになると、その隙間に土やサンゴをつめて乗り物が通行できるようにした。こうして土手が出来上がり、一九四五年の終わりには、この土手は四ヘクタールにもなって海を埋めた。それらは、基本的に、くず鉄、機械や乗り物の残骸、砲弾の薬莢、錆びたケーソンなどからなっていた。この土手の端には、たくさんのクレーンが立てられ、数え切れないトラックの列がやってきて、クレーンの前に積んできた事務用品、冷蔵庫、工作機械などをおろし、クレーンはそれらを海に投棄した。トラックも投棄された。新品の物が投棄されはじめると、現地人労務者を乗せたトラックがやってきてそれらの物を収集していった。また、投棄物を拾うために、ボートに乗って海からやってくる人々もいた［Geslin 1956: 283-284］。

アメリカ軍が大量の物資を投棄したところは、今日ミリオンダラー岬と呼ばれている。ヴァヌアツの人々はそれについて異口同音に回想している。あるマラクラ島民は、次のように回想している。「我々はマラクラからカヌーを漕いでサントにやってきた。……アメリカ人は持っているものを何でも捨てた。すべてのトラックや何でも全部。大きなゴミの山がミリオンダラー岬にあった。トラック、木材、マットレス、ズボン、などがあり、みんな、ここで生活した。足りなくなったら、そこへ行ったら食べることができたし、欲しいものは何でも見つかった。そして欲しいものを持って行くことが出来た。こんなものを見たこともない。……私たちは、それがとても大きかったので、見て驚いた」［Lindstrom and Gwero 1998: 136］。

また、サント島民は、「戦争の終わりに何日も、アメリカのトラックはミリオンダラー岬に残り物の食料や衣類を含めた全てのものを投棄した。人々はマラクラからカヌーでサントまでやってくるし、我々はホグハーバーから歩いてやってきて、シーツやシャツやズボンを拾い集めた」という［Moon and Moon 1998: 112］。そしてアンバエ島民も、「戦争の終わりに、アメリカ人は全ての物をミリオンダラー岬の海に投げ入れたが、海岸に残ったものもあった。多くの人は、それをとりに行った。我々も何回もボートでいき、食料や衣類を手にいれた」と述べている［Moon and Moon 1998: 85］。

二　メラネシアン・タウン

1　戦後

サント島南西部および中西部では、アメリカ軍を中心とした連合軍が去ってからすぐに複数の土着主義運動が起こった。最も大きなものは、ツェックという男が指導者となったネイキッド・カルトと呼ばれる運動であった。一九四〇年代になってもサント島内陸部では、病気のために死者が続出していた。ツェックは浄化が必要だと考えて、人々にアダムとイヴの時代に戻ることを提唱し、裸になることを推奨した。この運動は、独自の言葉を使い自分たちだけの村落を形成するという意味でコミュニタスを目指した運動であった。これに対して、一九二〇年代のロノブロの運動と同じく、カーゴカルトの性質を強く持つものも各地で生じた。しかしそれらの運動では、「祖先がカーゴをもたらす」というモチーフは、「アメリカからカーゴがやってくる」というモチーフに変換されていた［吉岡　二〇〇五b：五二―五三］。太平洋戦争終結後、アメリカ軍の帰還を待ち望むカーゴカルトがメラネシア各地で起こっているが、戦時中のアメリカ軍のメラネシア人に与えたインパクトの強さを物語っていると言えよう。これらサント島内陸部の人々を広く巻き込んだ土着主義運動は、一九五〇年代には終焉を迎えた。

一方、これらの土着主義運動の直接の影響を受けなかった島の南東端のルガンヴィルは、既に述べたように、一九四五年にはまだ活気に溢れていたが、やがて部隊が去り、キャンプの出入り口が閉められると、次第に草が生えて荒れていった。一九四七年から一九四八年には、いくつかのキャンプは、藪に覆われた状態になっていたという［Geslin 1956: 284］。しかし同時にキャンプ都市の中央部を占めていた地区の土地が、一九五〇年から一九六〇年にかけて、それらを所有していたニューヘブリデス・フランス社（Société Française des Nouvelle -Hébrides：前身はニューヘブリデス・カレドニア社）やフランス銀行ニューヘブリデス支店によって分譲が開始され、主にヨーロッパ人が区画地を購入していった［Bonnemaison 1977: 66］。キャンプ都市ルガンヴィルは、全体としては廃墟となっていったが、その中心部は、小さいながらサント島在住のヨーロッパ人たちの居住地域となっていったのである。

こうしてルガンヴィルは新たな歩みをスタートさせたが、内陸部での現地人による土着主義運動とは裏腹に、ヨーロッパ人入植者たちのプランテーションは、経済的に活気を見せていた。既に述べたように、サント島は、太平洋戦争前の一九三〇年代からココヤシとコーヒーのプランテーションによって一定の経済的な地位を持っていたが、戦後は、コプラ産業によって発展期を迎えていた。ポートヴィラまでの長い航海に不満を持っていたサント島の農園主と、船荷スペースの不足に直面していた船主はともに、一九四一年に連合軍がつくった埠頭を使うことを考え始めた。そして結局、英仏共同統治政府は、一九五一年にルガンヴィルの港からの出航許可を認め、一九五三年にはそれを通関手続きのできる港とした。これによって、ルガンヴィルはニューヘブリデスにおける一つの商業センターとして活動することになった［Bennet 1957: 120］。

この当時のルガンヴィルは、サラカタ川を挟んで東西二つの地区から成っていた。一つは、サラカタ川の西側に伸びる広い区域で、ここには、フランス銀行ニューヘブリデス支店の商店とフランス系公立学校、倉庫、ロザリー社の埠頭、バーンズ・フィリップ社の商店があり、映画館、英仏共同統治

表9　1955年のルガンヴィルの人口構成

ヨーロッパ人		アジア人		オセアニア諸島民		計
フランス人	イギリス人	ベトナム人	中国人	現地人	ウォリス島民	
390	58	700	46	170	20	
448（32%）		746（54%）		190（14%）		1,384

Bennet 1957:123 Table I より

政府のオフィス、カトリック・ミッション、フランス地区行政府、病院があった。一九〇九年に設立されたミッションと一九二〇年代に開設されたフランス地区行政府、フランス銀行ニューヘブリデス支店の商店以外の家屋群は戦後作られた。労働者の宿舎や警官宿舎に住むアジア人や現地の人々を除けば、この区域には例外なくヨーロッパ人が居住していた [Bennet 1957: 123]。

サラカタ川の東側の区域は、海岸側のイギリス地区行政府、カトリック学校などの公的な地区と内陸側のベトナム人居住区に分かれており、商店や住居、カフェ、バー、銀行、ホテル、倉庫などが点在していた。連合軍の兵舎であったかまぼこ型の宿舎は、倉庫やベトナム人の居住として使われる以外は、羽目板張りの家屋に取って代わられた。西区域と違い、東区域には多くのアジア人が居住し、ヨーロッパ人やフランス領であるウォリス島からの移住者なども一緒に居住していた [Bennet 1957: 123]。

表9は、一九五五年のルガンヴィルの人口構成を示しているが、英仏共同統治政府の首都であったポートヴィラの人口が一三四〇人であったので、それよりもルガンヴィルの人口の方がわずかではあるが多かったということになる [Bennet 1957: 123]。その大きな原因は、ベトナム人のルガンヴィル居住である。契約労働者としてニューヘブリデスにやってきたベトナム人は、契約が切れた一九四六年には大量に帰還したが、それ以降も、職工、使用人、自営の床屋、仕立て屋などとしてニュー

ヘブリデスに残った人々がいた。彼らは、住宅の不足するポートヴィラではなく、連合軍のベースキャンプが大量の宿泊施設を残していたルガンヴィルに向かったのであった［Bennet 1957: 124, MacClancy 2002: 127］。

ところで、太平洋戦争時、南太平洋の各地の島では連合軍の基地が作られたが、それらの基地とサント島のキャンプ都市の違いを整理すると次のようになる。一つはその規模の大きさである。当時の太平洋で一〇万人規模の基地はサント島にしかなかったし、規模の大きさを維持するための都市機能の完備という点でも、他の基地の追随を許さなかった。二つ目は、ポートヴィラもそうだが、南太平洋では、既に植民都市（コロニアル・タウン）として成立していたところに本部を置いて基地作りが行われた例が多いが、ルガンヴィルの場合は、プランテーションを切り開いて作られたということである。三つ目は、二つ目と関連するが、戦後の軍の引き上げとともに基地は廃墟となり、都市のインフラストラクチャーだけが残ったということである。このインフラストラクチャーを利用して居住を再開していくという作業が行われることによって、メラネシア人たちの居住が行われることになったのである。

以上のように独特の位置にあったサント島のキャンプ都市は、また、一般的な植民都市とは異なった空間を生み出していた。後者は、既に述べたように少数の植民者によって作り出された西洋世界への入り口であったが、前者は、圧倒的な人口によって形成される西洋世界そのものであった。しかも、植民地支配の権力関係が如実に示される植民都市と違って、キャンプ都市は、植民支配をしている人々をも支配する別の存在、つまりアメリカ軍によって作り出され、植民地支配体制が消滅する空間だったのである。そこでは、アメリカ軍がそれまでのイギリスやフランスの賃金とは比べ物にならないくらいの高額な賃金で、そしてそれまでの通貨とは異なる米ドルで、メラネシア人を雇用した。しかも、メラネシア人と同じく肌の色の黒いアメリカ兵が、メラネシア人たちが見たこともないような「富」を白人兵と共有していたのである。

まるでカーゴカルトが目指した理想郷が実現したかのようなこのキャンプ都市は、ミリオンダラー岬でのアメリカ軍による「富の廃棄」という行為によって終焉を迎えることになる。救世主としてのアメリカ軍を待つ運動が、戦後すぐにニューヘブリデスの各地で起こったが、キャンプ都市という存在を自分なりに理解しようとしたことの一つの帰結であったと言えよう。

2　メラネシアン・タウンへ

戦後のルガンヴィルは、ゆっくりと発展していった。港は、コプラの積出港としての役割を堅固なものにしていった。また、一九五七年にはサント島南東端のパリクロに日本の南太平洋漁業会社（South Pacific Fishing Company）が設立され、多くの漁船が出入りするとともに、魚を冷凍して世界へ輸出し始めた。さらに、一九六三年に獣医がニューヘブリデスに来島し、家畜の健康管理が行われ、牛肉の輸出が可能となった。それに応じてポートヴィラだけではなくルガンヴィルにも屠殺場と冷凍所が建設され、牛肉缶詰工場でコーンビーフが作られるようになった［MacClancy 2002: 126-127, Bonnemaison 1977: 66］。これらの企業、工場、あるいはココヤシのプランテーションなどで働く労働力として、メラネシア人も次第にルガンヴィルに集まるようになった。なお、一九四六年以降も残留したベトナム人は、フランス行政府にベトナム帰還を要請していたが、インドシナ戦争のためそれが遅れていた。しかし、一九六三年によう

表 10　出身島別の購入区画地と人口

出身島	購入された区画地の数			1974 年時点の人口
	1950–1968	1968–1974	計	
パーマ	27	76	103	169 （6.4%）
ペンテコスト	15	49	64	249 （9.5%）
アンバエ	11	40	51	302（11.5%）
アンブリュム—ロペヴィ	9	28	37	171 （6.5%）
マレクラ	8	28	36	233 （8.9%）
サント	3	18	21	924（35.2%）
バンクス	2	13	15	258 （9.8%）
エファテ—シェパード	3	5	8	140 （5.3%）
マロ	2	3	5	129 （4.9%）
その他	2	1	3	52 （2.0%）
計	82	261	343	2,627（100%）

Bonnemaison 1977:71 Tableau 40, 72 Tableau 41 より作成 (18)

やく帰還が実現し、ほとんどのベトナム人はニューヘブリデスを後にした［MacClancy 2002: 127-129］。

既に述べた一九五〇年から一九六〇年までの間分譲された三三二の区画地は、ルガンヴィルの中心地であるサラカタ南部、カナル、サエトリヴァー南部であったが（地図8参照）、そのうち二〇三の区画地が個人所有となり、ヨーロッパ人あるいはパート・ヨーロピアンによって所有された部分が六四・五％、商売をしている中国人によって所有された部分が約二〇％であった。一方、一九六〇年から一九六八年にかけて二三〇区画が分譲された。そのうち、戦後すぐにヨーロッパ人に購入された現在のペプシ周辺の土地、およびニューヘブリデス・フランス社のもつ昔は沼地であったシャピ南部の土地が一二〇区画あった(7)。これらの土地は安く、分割払いも効いたので、メラネシア人が購入しやすく、彼らはこれら安い土地の購入者全体の七二・六％を占めた［Bonnemaison 1977: 66-68］。この当時から、彼らを対象とした安い土地の分譲が始まったが、一九六八年から一九七四年にかけて販売された土地のうち、周辺

表11　ルガンヴィルの人口構成

	メラネシア人	ヨーロッパ人	他の太平洋諸島民	その他	アジア人	合計
1967	1,534	310	159	323	176	2,564
1972	2,630	358	275	366	175	3,866

（Bonnemaison 1977:62 Tableau 28 より）

部の土地（現在のサエトリヴァー北部、ソルウェイ、シャピなど）がニューヘブリデス・カレドニア社などによって三七三区画分譲され、そのうち七二・四％をメラネシア人が取得した。結局、一九七四年までに売り出された土地の区画のうち、現地の人々が購入した区画地は三四三区画となった。表10は、これらメラネシア人が購入したルガンヴィルの土地と、一九七四年時点での各島出身者の人数を示してある(8)［Bonnemaison 1977 : 70-71］。

すでに述べたように、一九五〇年代の前半ではヨーロッパ人はサラカタ川の西区域、アジア人は東区域に集中して居住していたが、七〇年代の前半には、ヨーロッパ人もアジア人もサラカタ中央部やカナル地区に多く居住するようになった。そして、これらの地区には、彼らの二・五倍以上のメラネシア人が居住し、現在のソルウェイやマンゴやシャピなどの郊外の地区は、彼らメラネシア人のほぼ独占場となった［Bonnemaison 1977: 83］。

一九六七年と一九七二年のルガンヴィルの人口構成は、表11のとおりである。一九六七年には、人口の約六〇％がメラネシア人で占められるようになり、一九七二年にはそれが六八％にまで増加していった(9)。こうして、アメリカ軍のキャンプ都市として出発したルガンヴィルは、メラネシアン・タウンとしての道を歩むようになっていったのである。

一九七四年当時のルガンヴィルは、現在と同様に、サラカタ川のすぐ東側が「中心街」であった。アメリカ軍の作った四車線分ほどある広いメインストリートの両側に、中国人などの商店があり、銀行、郵便局、バーンズフィリップ社、イギリス地区行政府の建物、木賃宿などがあったが、ビルと呼べるようなものはほとんどなく、「中心街」の規模は小さく、道幅の広さとあいまってがらんとした状態であった。観光客が来ることはまずなく、木賃宿には、パリクロで働く日本人一〇人ほどがいて、そこを定宿としていた。

写真 22　ルガンヴィルの街並み（2004 年）

独立前の一九七〇年代は、ポートヴィラが植民地の首都として、海外からの訪問者を受け入れ、ヨーロッパ人が町を闊歩する様相を呈していたのとは対照的に、ルガンヴィルはメラネシア人の生活する姿が眼前に広がる田舎町であった。そして、前者では英語とフランス語が幅をきかせていたのに対して、後者はビスラマ（ヴァヌアツのピジン語）での会話を街角で耳にすることも多かった。ルガンヴィルは、様々な島からやってきた人々が、自らの島の文化を背景にしながらも、共通の都市生活をピジン語で媒介しながら生活するメラネシアン・タウンとなっていた。しかし、この時点で政治的にはまだタウンの主役はメラネシア人ではなく、ヨーロッパ人であり日本人も含めたアジア人であった。メラネシア人の生活する町ではあるが、彼らは被雇用者であり、ヨーロッパ人や日本人は、彼らのボスでありマスターであった。彼らが主役になるのは、もちろん、独立後のことである。

写真23　ルガンヴィルのメインストリート（2012年）

表12　ルガンヴィルとポートヴィラの人口比較

	ルガンヴィル	ポートヴィラ
1955	1,384	1,340
1967	2,564	5,208
1979	5,183	10,601
1989	6,965	18,905

Bennet 1957:123 と Vanuatu National Statistics Office 2000b:5 より作成。

3　独立後

独立運動は、一九七〇年代からポートヴィラを中心に展開された。早期独立を求めるイギリス色の強いヴァヌアアク党とフランス色の強い穏健派諸政党との間で論争が繰り返されたが、結局一九八〇年にヴァヌアアク党が独立宣言をすることになった。しかし、その直前、ヴァヌアアク党の政策に反対していたナグリアメルという団体が、サント島で分離独立の暴動を起こしたのである。ヴァヌアアク党主導での独立に反対していたフランス人たちもこの暴動に参加し、ルガンヴィルは一時ナグリアメルによって占拠されたが、ヴァヌアアク党が独立宣言を行い、ヴァヌアツ共和国としてパプアニューギニアに軍隊の派遣を要請し、この暴動は鎮圧されることになった〔吉岡　二〇〇五b：第二章〕。独立後は、暴動に加担したことを理由に、フランス人排斥運動が起こり、ルガンヴィルの多くのフランス人は出て行った。

ところで、先ほど、一九五五年のルガンヴィルの人口は、首都のポートヴィラの人口よりも多かったと述べたが、ベトナム人が人口の約半分を占めており、彼らがいなければ、ルガンヴィルはポートヴィラの約半分の人口だったことになる。こうした傾向はそのまま継続し、最初のセンサスが行われた

表13　ルガンヴィルにおける電気、ガス、水道利用

年	総戸数	電気照明使用世帯	料理ガス＋電気使用世帯	水供給の種類別世帯		
				個別水道	共有水道	タンク
1979	1,086	446（41.1%）	?	489*	518**	?
1989	1,400	173（12.4%）	672+2（48.1%）	611	459	297

* 区分は屋内水道。** 区分は屋外水道。
（Vanuatu National Statistic Office 1983:363,368. 1991a:108,109 より作成）

一九六七年、二回目の一九七九年でも、ルガンヴィルの人口はポートヴィラの人口の半分であった。しかし、一九八〇年にニューへブリデスはヴァヌアツ共和国として独立し、ポートヴィラは独立国の首都となった。その結果、一九八九年の国勢調査では、ポートヴィラはルガンヴィルの三近くの人口を持つようになった（表12）。こうして、ポートヴィラとルガンヴィルは、首都と地方都市としての分化を明確にしていったが、第二章で論じたように、ポートヴィラでさえ村落と都市が混在するゲマインシャフト都市であったことから考えれば、地方都市であるルガンヴィルの「村落度」は十分に推察が可能であろう。ルガンヴィルにおける都市生活の詳細は、続く章に譲るとして、ここでは、統計的な数字が示すルガンヴィルを様子を簡単に見てみよう。

表13は、独立直前と独立後九年後のルガンヴィルにおける電気、ガス、水道というライフラインの普及状況を示している。まず水供給について見てみよう。水道利用世帯の割合は、一九八九年のポートヴィラで八六％（表4）、ルガンヴィルでは七六・四％で、それと反比例する形でタンク使用世帯の割合が前者で八・六％、後者で二一・二％となっている。水道利用世帯の中に共同水道を利用する世帯の割合を計算すると、ポートヴィラでは一九八九年で三六・五％であるのに対して、ルガンヴィルは四二・九％となっている。これらの数字は、明らかに、ポートヴィラよりもルガンヴィルの方が、村落での水供給のあり方に近いと言うことができ

る。当時の村落における水供給は、川あるいは井戸の利用が三六・九％、タンクが三三・二％、パイプによる簡易水道が二八・三％であり、簡易水道を利用している世帯の内共同利用の割合が八〇・二％とされているので［Vanuatu Statistics Office 1991a: 40］、当然ルガンヴィルは村落の状態ではない。しかし、都市に村落がより混在していると言えるだろう。

電気やガスの利用状況は首都とはさらに大きな違いを見せている。照明として電気を使用しているルガンヴィルの世帯は、独立直前の一九七九年は、自家発電も含めると全体の四一％にのぼっているが、その一〇年後の一九八九年には、一二・四％に激減している。その理由は明確にはわからないが、電気による照明を利用していたヨーロッパ人や中国人などの「外国人居住者」の人数が激減したことが影響していると考えられる。センサスによれば、独立直前にルガンヴィルに在住していたヨーロッパ人は三九一人、中国人は一四一人であったが、その一〇年後の一九八九年には、ヨーロッパ人は一一三人、中国人などアジア人を含めた「その他」が五四人となり、大雑把に言って、外国人居住者が三分の一以下になったのである。一九八九年のポートヴィラの電気使用世帯率が五三・七％（表4）であったのと対比すると、当時のルガンヴィルが、いかに電気を使っていなかったのかわかるであろう。ちなみに、当時明かりとしてケロシン・ランプを用いていた世帯は八九三世帯であり、全体の六四％近くにも達していたのである。

電気照明の使用割合に比べると、料理にガスや電気を用いる世帯数の割合は高い。しかし一九八九年のポートヴィラではガスや電気を使用している世帯率は七一％であることを考えると、かなり低い数字と言うことが出来る。そして逆に言えば、五〇％以上の人々は、それ以外のもの（薪四五・六％、炭〇・三％、ケロシン五・四％）を使って料理しているのである。なお、料理にガスや電気をもちいる世帯の割合は、ポートヴィラでは一九八九年、一九九九年、二〇〇九年と近年になるに従って七一％、六三％、四八・九％と減少しているが（表4）、ルガンヴィルでは、さらに割合が低くなり、順に、四八・一％、二八％、二四・六％と推移している［Vanuatu National Statistic Office 1991a,2000b, n.d.］。一九九九年以降は、なんと都市在住の世帯の七〇％以上が、料理をするときにガスや電気を使っていないということなのである。使っているのは薪であり、人々は、村落と同様に、居住家屋とは別に独立して建てられた土間のキッチン小屋で料理を行っているのである。ポートヴィラ以上に村落的な生活が持ち込まれた都市、ルガンヴィルにおける「都市生活」とはどのようなものか、続く章で論じよう。

註

（1）ニューヘブリデス・カレドニア社は一時ニューヘブリデスでの通貨を発行していたが、やがて、それがフランス銀行ニューヘブリデス支店に取って代わられることになり、フランス系の通貨はここが発行することになった。

（2）当時の海兵隊メンバーの一人は、エファテ島上陸時のポートヴィラはこぎれいなタウンであると記しているのに対して、サント島上陸時には、諸島の中で最も文明化されていないところいう印象を持っている［Heinl 1944: 229,249］。

（3）主としてメラネシアにみられる千年王国運動的な社会宗教運動。祖先が船にカーゴを満載して戻ってくるという信仰を特徴とする運動であることからカーゴ（船荷）カルト（崇拝）と命名された。以後さまざまな報告では、そうした信仰のみられない宗教運動も大ざっぱにカーゴカルトと呼ばれるようになった。しかし、カーゴカルトというカテゴリーを多配列的なものと捉えると、その中核には、カーゴ信仰を持つ運動が存在すると捉えることもできよう。

（4）デヴィルズ・ポイント（Devil's Point）とパンゴ（Pango）は、それぞれメレ湾を囲む北側の半島と南側の半島の先端部に位置している。一方、レンタバオ（Rentabao）はエファテ島の北方、フォラリ（Forari）は同島の北東部の海岸を望む高台である。

（5）一九四三年にはポートヴィラの空港であるバウアーフィールドのそばの平均的な洗濯屋の月収は平均一〇〇〇ドルで、ルガンヴィルではその四～五倍の収入であったと言われている［Geslin 1956: 271］が、額が大きすぎるという嫌いはあるので、正確なところはわからない。

（6）廃棄された理由として次の様な指摘もある。つまり、アメリカ本土に持ち帰ると輸送費が莫大なものになるだけではなく、戦後のアメリカ経済の振興を鈍らせるという判断から、それらをヴァヌアツ在住のプランター達に売却しようとしたが、話し合いがうまくいかず、結局それら膨大な戦争の装備は、ルガンヴィル東方にある岬から海に投棄されてしまった、というものである［Harcombe and O'Byrne 1991: 231］。

（7）ルガンヴィル中心部と空港の間あたりのバラック地区の五二区画も同時に販売されたが、これらは主としてヨーロッパ人によって購入された。しかし、ほとんどは将来のためのものであり、居住しなかった。

（8）ボンメゾンのTableau 41は、一九七四年時点の島ごとの人口を示しているが、Tableau40と比べると「マロ」についての記述が欠落している。そして、島ごとの人口の合計は二四九八人であるのに、表に記載されている合計は二六二七人となっている。マロの人数が参入されていないことが原因であると思われるので、本章での表10では、不足分の一二九名をマロの人口として計上してある。なお、一九七四年は、筆者が初めてニューヘブリデスを訪れた時であるが、その時に、ルガンヴィルにも滞在しており、本章での一九七四年のルガンヴィルの記述は、その時のデータに基づいている。

（9）ボンメゾンのTableau 28では、「Néo-Hébridais」と表記されているカテゴリーを、表11では分かりやすくするため「メラネシア人」と表記している。なお、各カテゴリーの人数を合わせても、「合計欄」で計上されている人数よりは少ない。ボンメゾンは、各カテゴリーの人口の横にパーセンテージをも記入しているが、このパーセンテージは合計欄の数をもとにして算出されているので、合計欄の数字が間違っているのではなく、何らかのカテゴリーが欠落しているものと思われる。

第五章　都市文化としてのカヴァ・バー

前章では、ルガンヴィルの成立から一九八〇年代までの様子を中心に論じたが、本章では、それから一〇年近く経過した一九九〇年代の終わり頃のルガンヴィルの都市生活を論じる。当時のヴァヌアツではカヴァ・バーが隆盛を極め、ルガンヴィルでも多くのカヴァ・バーが営業を行っていたが、都市を盛り場を起点とした文化生成の場としてみる都市研究の一環として、本章では、都市文化としてのカヴァ・バーを題材にメラネシア的な都市文化のあり方を探る。

ルガンヴィルには、ヴァヌアツの特に中部から北部にかけての島々の人々が集まっているが、筆者が継続して人類学的調査を行ってきた北部ラガ社会（ペンテコスト島北部）の人々も多く居住している。ヴァヌアツで初めてカヴァ・バーを開いたのが北部ラガの人々であるが、北部ラガの人々は、サントにおいてもカヴァに関する産業に大きなかかわりをもっており、カヴァ・バーのあり方に大きな影響を与えている。本章では、北部ラガ出身者の都市生活に関する事例を、多く参照している。

一　カヴァ・バー

1　ヴァヌアツのカヴァ・バー

本章の主題であるカヴァ・バーとは、ヴァヌアツ共和国の都市部において見いだされるカヴァを飲ませる店のことである。カヴァというのはコショウ科の草本性灌木（Piper methysticum）で、ポリネシア全域とメラネシアの一部、さらにはミクロネシアの一部で、その根に含まれる樹液が飲用の対象となっている。カヴァはアルカロイド系の飲み物で、麻酔作用と沈静作用を伴うため、儀礼などのときに行われるカヴァの宴は、アルコール類を飲んで騒ぐという姿とは対照的に、きわめて静かで落ち着いた雰囲気が特徴となる。その点は都市部におけるカヴァ・バーでも例外ではなく、それは、「バー」という言葉のもつイメージとは異なった様相を呈しているといえる。

カヴァ・バーは、別名カヴァ・ナカマル（*kava nakamal*）とも呼ばれる[1]。ナカマルというのは、ヴァヌアツで話されているビスラマ（ピジン語）で集会所を指すが、それは、現在もヴァヌアツの村落行政の中枢を担う集会所のことで、かつては男しか入ることが許されていなかったため、人類学的文献ではメンズ・ハウスと呼ばれてきたものである。村落では、このナカマルの中でカヴァを飲むことが多いため、都市部においてカヴァを飲ませる場所も、ナカマルと呼ばれるようになった。しかし、ナカマルという概念が、「伝統的な」ものと関連していると捉えられているのに対して、カヴァを飲ませる店は「伝統的ではない」という認識をもつ人々も多く、そうした人々は、カヴァ・ナカマルではなくカヴァ・バーという名称の方が適当だと考えている。そこで、この点は後に再び取り上げるが、とりあえず本章では後者の名称、つまり、カヴァ・バーという名称を用いることにする。

さて、首都ポートヴィラのカヴァ・バーは、一般に、目抜き通りからわき道に入って、さらに奥の方の住宅地に点在している。つまり、カヴァ・バーは、目抜き通りに面しているわけではなく、また、飲み屋街ないしは歓楽街的なところに存在するのではなく、住宅地の中に散在しているのである。そしてその建物は、一般の住居、それも、トタン張りのあまり小ぎれいではない住居の作りをしているところが多いため、昼間見るとすぐには店とは分からないことが多い。しかし、夜になると、入り口のところにランプが灯るので、それがカヴァ・バーであることが分かるのである。内部は、薄暗い照明を基本とし、電気があるにもかかわらずそれを用いずに、アルコール・ランプが一つだけカウンターに置かれているというところが多い。人々は、ココヤシの殻を半分に割った容器一杯一〇〇ヴァツ[2]、小さな器では五〇ヴァツのカヴァを、毎夕飲みに集まるのである。

ヴァヌアツで最初に営業を開始したのは、ポートヴィラのマウンナ（*Mauna*）と呼ばれるカヴァ・バーで、一九八四年のことである。このカヴァ・バーは、筆者がしばしば訪れてきたペンテコスト島北部、つまり、北部ラガの人々が始めたもので、筆者は一九八五年にこのバーを訪れたことがある。そこでは、知った顔の北部ラガの人々によって、村落におけるものと全く同様のやり方でカヴァが作られていた。北部ラガ社会では、まず、畑から切り出されてきたカヴァの根の大きな固まりは、村のナカマル（集会所：北部ラガの言葉ではガマリ *gamali*）の中に運ばれる。そしてそれを、何人かが分担して三〜四センチ角位の大きさに裁断し、きれいに水洗いする。カヴァの作り手は、各自小さくなったカヴァの根を適量自分の

写真24　ポートヴィラのカヴァ・バー「ビニヒ」（2015年）

脇に置いたカヴァ用のプレート（*bulin malogu*：*malogu* とはカヴァのこと）にもってきて、根の小片をいくつかを左手にもち、そこに、右手にもったバシシ（*basisi*：正式には *basisin malogu*）と呼ばれる先がギザギザになった石を差し込んで回転させてカヴァの根を少しずつ潰していく。潰し終えると、そこに少量の水を混ぜ、プレートの上で丹念に練る。それをココヤシの繊維に包んで絞り、ココヤシのカップ（*lahan malogu*）に注ぐ。さらに、もう一度繊維で濾して出来上がりである。この店マウンナでも、北部ラガからもってきたカヴァ作りの道具一式を用いてカヴァが作られていたのである。[3]

　村落では、出来上がると名前が呼ばれ、呼ばれた者は静かに指定されたカップの前に行って、飲む。こうして順番に人々が飲んでいく。儀礼のときの宴をはじめとして、共同作業の後など、様々な機会にカヴァの宴が行われるが、それらは基本的に無料でふるまわれるのである。しかし、この店マウンナが村落と異なるとすれば、それを現金で購入するという点である。数人の若者達は絶えず新しいカヴァの根の小片を石で少しずつ潰して注文に応じられるようにしており、「一〇〇ヴァツのカヴァを二杯」といった注文を受けると、潰されたカヴァの根に水を混ぜて練り、ココヤシの繊維で濾してカップに注ぐのである。

　マウンナ（北部ラガの言葉で「活力」「生命力」という意）は、当初、北部ラガ出身者二名で創設されたが、そのうちの一人はビニヒ（*binihi*：「考える」「思考」という意）という名の新たなカヴァ・バーをポートヴィラで開店した。マウンナはやがて閉店することになったが、ビニヒはその後も順調に営業を続け、現在も創業者の経営のもと、カヴァ・バーの老舗として多くの客を集めている。カヴァ・バーの創設は北部ラガの人々の手によるが、その後様々な島の人々がカヴァ・バーの営業を開始し、その数は、ヴァヌアツの二つの都市部、つまり、首都のポートヴィラと地方都市ルガンヴィルで急速に増加していったのである。

ヴァヌアツがイギリスとフランスの共同統治から脱して独立したのが、一九八〇年である。独立当初の混乱をすぎたころに、都市部でカヴァ・バーが出現し始め、独立後の国家の歩みと歩調を合わせるようにしてカヴァ・バーは成長してきたといえる。そのことから、カヴァ・バーを、まさしくナショナル・アイデンティティとの関連で考えるという論考も登場してきた［Lindstrom 1993, Crowly 1995］。確かに現象的にはそうであるが、しかし、カヴァ・バーにカヴァを飲みに来る人々は国民としてのアイデンティティを求めてやってくるのではなく、誰かと話をするため、そして、楽しく飲むためにやってくるのが現実なのである(4)［Young 1996: 63］。そして今や、ヴァヌアツの都市生活を語る上で、カヴァ・バーを抜きにしては語ることが出来ないほど、人々の生活の中では一般化し普及している。こうした点を考えれば、我々は、それをまさしく都市文化としてまずは議論の俎上に載せる必要があろう。

2　ルガンヴィル

ルガンヴィルは、ヴァヌアツにおいては首都ポートヴィラに次ぐ第二の「都市」ということになるが、一九九九年のセンサスではその人口は一万一〇〇〇人程度にすぎず、一般の通念にある都市という

表14　グレーター・ルガンヴィルにおける
ホームアイランド意識調査

島	パーセンテージ
サント・マロ	25.4（%）
ペンテコスト	12.7
アンバエ・マエウォ	11.9
アンブリュム	11.4
パーマ	11.2
バンクス・トレス	10.8
マレクラ	9.9
タフェア	2.5
シェパード	1.6
エファテ	1.4

1989年実施、対象人数9,559人

概念からは遠い位置にある。しかしそれでも、ルガンヴィルはヴァヌアツにおいては、様々な点で村落部とは異なる都市部を形成している。都市らしさの議論でしばしば取り上げられる景観に関していえば、ホテル、病院、官庁舎、郵便局、銀行、教会などの公共の大型建造物があり、西洋建築のビルが集まる目抜き通りをもち、縦横に走る舗装された道があるなど、村落の景観とは異なるものをいくつも数え上げることが出来る。また、機能的には、電気、ガス、水道が利用でき、バスやタクシーが走り、現金雇用による仕事がある、などの点を数え上げることが出来る。しかしなにより、人口が一万一〇〇〇人にもかかわらず、総人口が一九万人というマイクロステート・ヴァヌアツにおいては、それが人々の意識の中で「タウン」として認識されており、それは、村落部に居住する人々にとっては異なった空間、イメージをもったところとして意識されているという点が、ルガンヴィルをヴァヌアツにおける「都市」として成立させているといえよう(5)。

さて、ルガンヴィルは平地と高台からなっており、第二次大戦中のキャンプ都市は高台にあるシャピ（Sapi）地区の西方全体やさらに奥の方まで広がっていたが、現在の市街地はかなり縮小されたものになっている。高台のシャピ地区は住宅地で、カヴァ・バーの最も多い地区でもある。平地と高台の境目には病院やサンマ州の行政府があり、このあたり一帯はサンマプロヴィンス（SAMA Province）と呼ばれている。商業地は、サラカタ（Sarakata）地区の海岸沿い、そしてカナル（Canal de Second）地区である。カナル地区は、いわゆる高級住宅街でもあり、海岸にそって走る目抜き通りから奥に入ると、大きな立派な家が並んでいる。サラカタ地区の場合も、目抜き通り沿いにはスーパー、ホテルなどが並んでいるが、少し奥に入ればもうそこは住宅地である。しかし、カナル地区とは対照的に、こちらは高級住宅街というわけにはいかない。西洋建築の一般的な住宅からバラック作りのものまで多様な住居が並んでいるが、この住宅街では多くの人々が電灯を用いずに夜はアルコールランプで明かりをとっている。(6) 電気と水道は料金が高いということでは、新聞の風刺漫画にも登場するくらいで、(7) 人々は、たとえ電線がひいてあっても、あまり使おうとはしないし、現実に、サラカタの奥では電線がひかれていないところも多い。なお、サンミッシェルまでは電線がひかれているが、そこの人々はサラカタやカナルなどをタウンと呼び、サンミッシェルとタウンは違うという認識をもっている。

表15　ルガンヴィルにおける
ホームアイランド意識調査

ペンテコスト	523	14.5
サント・マロ	471	13
アンブリュム	461	12.7
パーマ	443	12.2
アンバエ	427	11.8
マラクラ	381	10.5
バンクス・トレス	236	6.5
シェパード	86	2.4
エファテ	79	2.2
タンナ	71	2
マエウォ	65	1.8
エピ	40	1.1
その他	335	9.3
ルガンヴィル	0	0
ポートヴィラ	0	0

ルガンヴィルに居住する人々の出身構成は、表14と表15が参考になる。ともにホームアイランドに関する意識調査の結果であるが、表14は、グレーター・ルガンヴィルと呼ばれる区域を対象にとられた統計で、それはルガンヴィルの市街地だけではなく内陸部に一五キロメートルほど入った地域までもその範囲となっている［Vanuatu National Statistic Office

1991a:32,35]。ルガンヴィルに出入りする人々には、こうした郊外の人々も当然含まれるため、タウンで活動する人々の出身島の分布状況を知る上では参考になる。これに対して表15は、ルガンヴィル市のニ・ヴァヌアツ（ヴァヌアツ人）で一六歳以上を対象としたものである(8)［Bill 1995: 298］。これらの意識調査から明らかなように、郊外も含めると地元のエスピリトゥ・サント島、マロ島が一番多いが、市街地ではペンテコスト島をホームアイランドと考えている人々が最も高い割合を占めていることが分かる。なお、これらの調査が「ホームアイランド意識」調査であることに注目する必要がある。表15では、ポートヴィラやルガンヴィルという都市をホームランドと考えている者がゼロとなっているが、それはこれらの都市生まれの者がいないということを意味しているのではない。都市で生まれ育っても、ホームランドはどこかの島にあると言うことなのであり、それはマン・プレス（*man ples*）概念との関係で考えるべきなのである。

3　ルガンヴィルのカヴァ・バー

ルガンヴィルにおけるカヴァ・バーの開店は、首都のポートヴィラに三年遅れの一九八七年である。ルガンヴィル市役所は、ポートヴィラでの無秩序なカヴァ・バーの氾濫を見据えて、カヴァ・バー開設にあたっては厳しい建築規制を設けることにしたという。その結果、カヴァ・バーの建物上の統一が実現された。ルガンヴィルでは、カヴァ・バーの立地する土地における建物配置から、建物の形、その内部仕様まで指導することになっている。カヴァを飲ませる建物は切り妻屋根をもつ大きな建物で、その建物の入り口よりのところに、ちょっとした食べ物を提供する簡易店舗を設置し、裏の方には、水洗式

図1　カヴァ・バー用地における建物配置図

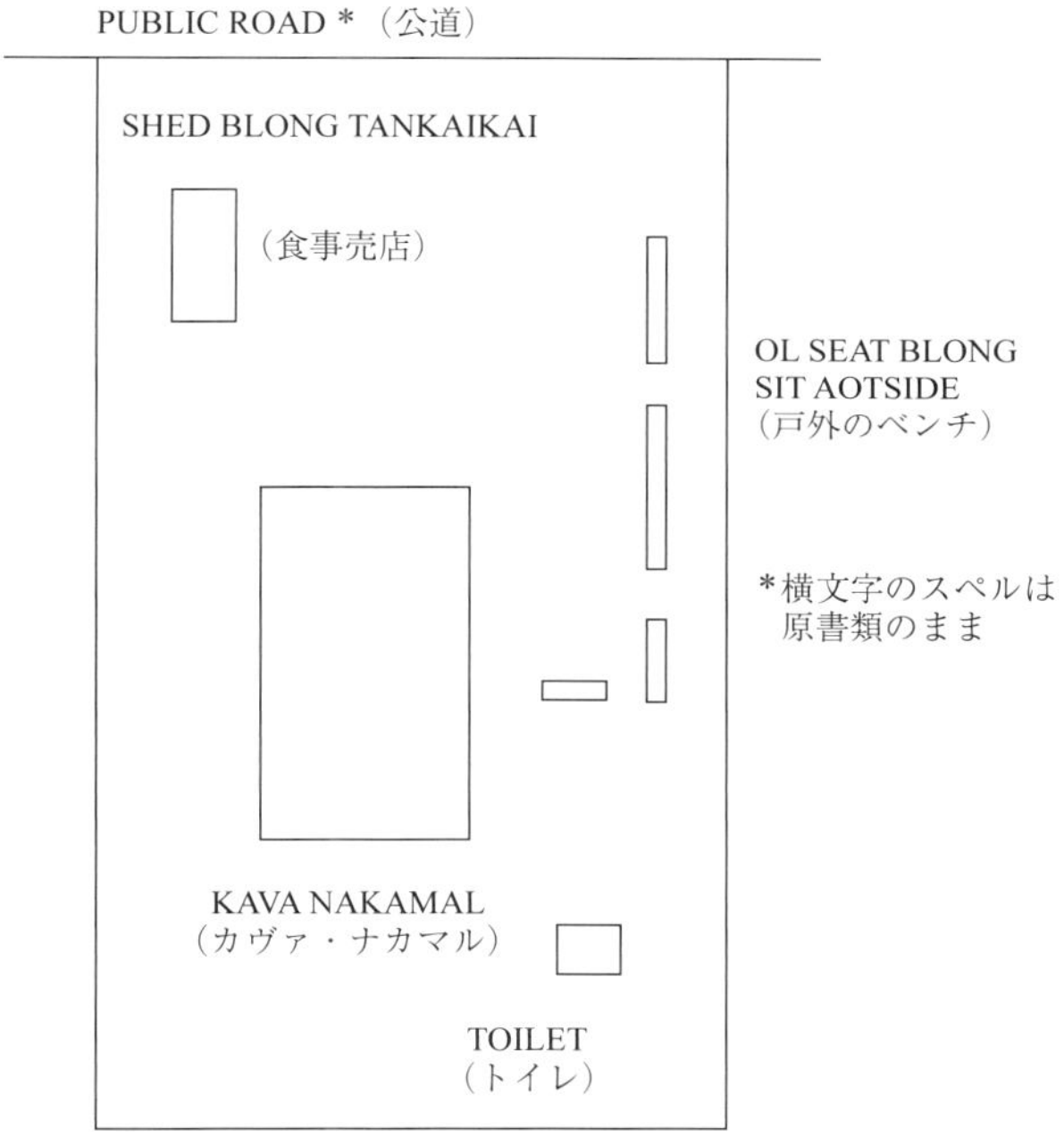

のトイレ室を別棟で設置することが義務付けられている（図1）。カヴァを飲ませる建物は、ナカマルと呼ばれ、その所有者あるいは管理者の名前をつけて、誰々のナカマルと呼ばれる。それ故、ルガンヴィルではカヴァを飲ませる店を表現するのにナカマルという言葉は、ポートヴィラと比べると比較的一般的に用いられ、市役所の書類でも、カヴァ・バーという名称と並んでカヴァ・ナカマルという名称も用いられている。

　カヴァ・バーは、その所有者が認可料七〇〇〇ヴァツを支払って登記を行う。それが市役所に記録され、所有者は毎年ライセンス・フィーを一万ヴァツ、プロパティ・フィーを一万五〇〇〇ヴァツ支払う義務をもつが、そのカヴァ・バーを誰に管理させようとも、誰に貸そうともかまわないことになっている。事実、ルガンヴィルの

20. タンナ	91.11.8	マンゴ	賃貸	エロマンゴ	所有者がバンクス出身の女性と結婚。経営者もバンクスの女性と結婚している
21. ペンテコストN	92.5.5	サラカタ	賃貸	ペンテコストN	
22. ペンテコストC	92.9.10	ソルウェイ	賃貸	ペンテコストC	
23. マレクラ	92.11.4	サラカタ	自営	マレクラ	
24. アンバエ	93.1.2	シャピ	休業		
25. ペンテコストN	93.1.29	シャピ	賃貸	アンバエ	
26. バンクス	93.1.29	マンゴ	消滅		
27. ペンテコストN	93.6.18	シャピ	自営	ペンテコストN	
28. バンクス	93.6.18	シャピ	賃貸	マレクラ	
29. マロ	94.3.2	シャピ	賃貸	アンバエ	
30. ペンテコストN	94.9.7	ナチュレル	自営	ペンテコストN	
31. トンゴア	94.10.28	サラカタ	賃貸	ペンテコストN	
32. エスピリトゥ・サント	94.12.1	シャピ	自営	エスピリトゥ・サント	
33. ペンテコストN	95.7.13	シャピ	賃貸	ペンテコストN	
34. ペンテコストN	95.9.25	サラカタ	管理	ペンテコストN	所有者の息子(アンバエ出身の妻との間の子)
35. タンナ	96.2.6	サラカタ	賃貸	アンバエ	
36. ペンテコストC	96.5.7	シャピ	賃貸	ペンテコストN	
37. バンクス	96.6.3	マンゴ	自営	バンクス	
38. ペンテコストN	96.9.6	サンルイ	賃貸	ペンテコストN	
39. マエウォ	96.9.17	カナル	自営	マエウォ	
40. トンガリキ	96.10.20	サラカタ	自営	トンガリキ	
41. エスピリトゥ・サント	96.12	シャピ	賃貸	アンバエ	所有者がアンバエの女性と結婚
42. ペンテコストN	97.4.8	シャピ	自営	ペンテコストN	
43. アンブリュム	?	ナチュレル	賃貸	マレクラ	No.23の所有者の2軒目の店
44. ペンテコストC	97.6.4	シャピ	自営	ペンテコストC	

注：ペンテコストN、C、Sは、それぞれ北部、中部、南部をさす。

表 16　ルガンヴィルのカヴァ・バー

登記上の所有者の出身島	認可日時	場所	現況	経営者の出身島	備考
1. エファテ	87.5.4	サラカタ	賃貸	パーマ	
2. アンバエ	87.5.4	シャピ	賃貸	アンバエ	
3. アンバエ	87.5.4	シャピ	賃貸	アンバエ	
4. ペンテコストC	87.5.4	パムステーション	消滅		所有者が変わり、No.11 として再出発
5. アンバエ	87.5.4	シャピ	自営	アンバエ	
6. ペンテコストC	87.7.2	サラカタ	賃貸	ペンテコストC	
7. ペンテコストN	88.9.6	ナチュレル	自営	ペンテコストN	現所有者は同じ言語圏の別人。現所有者の自営
8. ペンテコストN	89.9.29	シャピ	賃貸？	ペンテコストN	
9. ハーフカス（混血の意味）	90.3.14	レイディオステーション	管理	ペンテコストS	所有者の父母はフランス人とアンバエ出身者。経営者は所有者の娘の夫
10. ペンテコストC	90.3.29	シャピ	自営	ペンテコストC	
11. ペンテコストC	90.4.28	ソルウェイ	自営	ペンテコストC	
12. ペンテコストN	90.10.17	サンミッシェル	賃貸	ペンテコストN	
13. 中国	90.11.16	ビーピーボン	賃貸？	ペンテコストN	
14. ペンテコストC	90.11.16	シャピ	消滅		
15. ペンテコストN	90.2.1	シャピ	賃貸	ペンテコストN	
16. ペンテコストN	91.2.11	サラカタ	管理	ペンテコストN	
17. アンバエ	91.4.4	サラカタ	賃貸	アンバエ	実際にはパーマの男が所有者で、その妻はアンバエ出身
18. バンクス、アンバエなど	91.4.30	ソルウェイ	自営	各島出身の若者共同経営	バンクス、マラクラ、パーマ、などの出身者
19. ペンテコストC	91.7.31	シャピ	休業		

写真25　ルガンヴィルのカヴァ・バー（2012年）

ほとんどのカヴァ・バーは、その経営者が賃貸で場所を借りているのである。一九九七年当時のカヴァ・バーの詳細は、表16に記してある。一九八七年に六軒だったカヴァ・バーは、一〇年後の一九九七年には四四軒登記されている。ただし、№4は所有者が変わって№11として再登記したため同じカヴァ・バーであり、№14と№26のバーは、現在は消滅し、№19と№24は休業中なので、開店しているカヴァ・バーの実数は、三九軒ということになる。しかし、人口一万人余りのところで、この数は極めて多いということになるだろう。また、それぞれの位置が、地図8上に番号をつけて表示してある。場所としてはシャピ地区に一九軒（うち二軒が休業、一軒が消滅）、サラカタ地区に九件と集中しており、後者の場合は、地図8を見れば分かるように、そのうち四軒は通りをはさんでほぼ向かい合って並んでおり、（ポートヴィラとは異なって）いわば飲み屋街を形成している。他のサラカタ地区のカヴァ・バーもその飲み屋街の裏手の道に面してあるといった具合に、決して遠くに立地するわけではなく、人々は何軒もカヴァ・バーを「はしご」して夜を過ごすのである。

表16が示しているように、登記されたカヴァ・バーの所有者の出身の島を見ると、圧倒的にペンテコスト島が多く、二二軒ある。二二軒というのは、登記された全店舗の半数である。こうしたペンテコスト出身者の優勢は、営業の主体である経営者、つまり管理者あるいは賃貸者、に関しても変わらない。ここでいう管理者というのは、所有者に店の管理を任されている場合を指し、賃貸者というのは、所有

地図8　1997年当時のルガンヴィルのカヴァ・バー

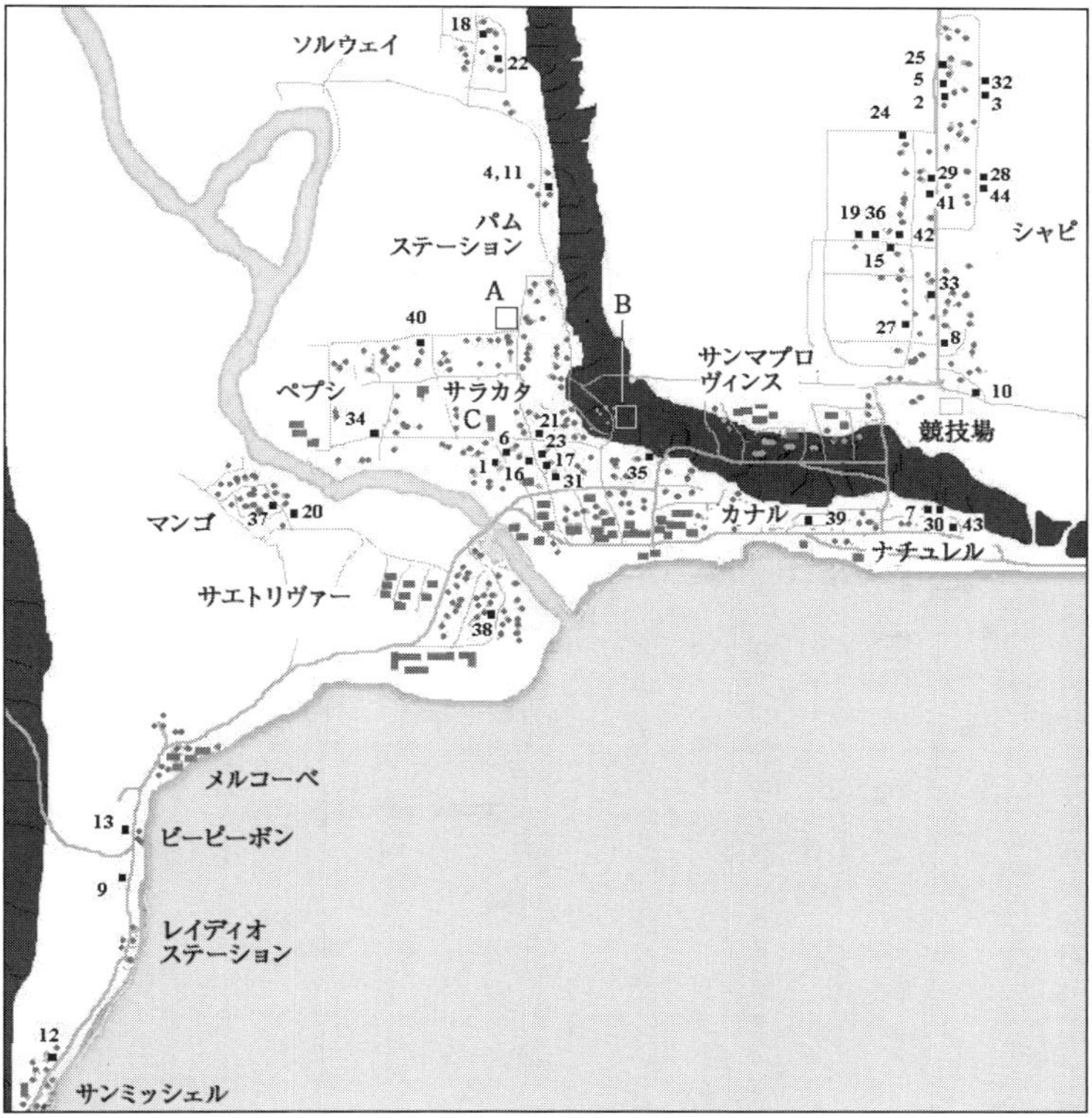

A はロルタンガーラ、B はラフシヴァツ、C はアングリカンの教会。

者に賃貸料を支払って自ら営業するカヴァ・バーの経営者のことである。人によっては、「周辺部も含めると、ルガンヴィルの人口の四〇%はペンテコスト出身者だ」という認識をもっているが、現実には、表15、表16を見れば分かるように、せいぜい一五%を占めるにすぎない。それにもかかわらずカヴァ・バーの所有・営業に関しては、大きな偏りを見せるのである。

ペンテコスト島は、大きくは北部、中部、南部と三つの言語圏に分かれるが、表16では、参考までに、それぞれの言語圏を示している。ペンテコスト北部の人々、つまり、北部ラガの人々が、中でも優位に立っていることが分かるであろう。

二　インフォーマルセクターとしてのカヴァ・バー

1　カヴァ・バーの営業

カヴァ・バー経営におけるペンテコスト出身者の偏りは、実は、カヴァの木の栽培と密接な関連をもっている。カヴァの木が生育するためには多量の雨が必要となるが、ペンテコスト島は、ヴァヌアツ全土でも最も雨量の多いところの一つであり、その土壌はカヴァの木の栽培に適しているといわれている。ヴァヌアツ全体では、他にエピ島とタンナ島でカヴァの栽培が盛んだといわれているが、その地理的な条件もあって、ルガンヴィルで消費されるカヴァの多くは、ペンテコスト島からもたらされているのである。近年、エスピリトゥ・サント島でもカヴァの木のプランテーションが大々的に営まれており、やがてはこの島のカヴァが多数を占めるだろうといわれているが[9]、実は、こうしたプランテーションでのカヴァの木栽培の指導者として、やはりペンテコスト島出身者が活躍しているという現実が存在するのである。

北部ラガは、まさしくカヴァの産地としてルガンヴィルやさらにはポートヴィラにもカヴァの根を出荷している地域である。人々の畑では、自ら消費するためのものとして必ずカヴァの木が栽培されているが、近年は、都市部に出荷するためにカヴァの木が多量に栽培されているという。畑から切り出されたカヴァの根は、袋に詰められて出荷される。この袋はコプラを詰める袋と同じものであり、精一杯詰め込めば一袋六〇キロほどになる。カヴァの木の生産者は、カヴァの根一キロ当たり一〇〇ないしは一一〇ヴァッで売却するが、これには、畑から切り出してきて船に積み込むまでの労賃も含まれている。これらのカヴァの根を詰めた袋とともに、それを販売する者が船に同乗する場合もあるし、販売する者が町の側にいて、港で引き渡されることもある。カヴァの根の袋は、一袋当たり八〇〇～一〇〇〇ヴァツという料金でルガンヴィルに運ばれる。この運搬料は、港でカヴァを受け取る者が支払う仕組みになっている。北部ラガのカヴァの根は、販売者がサラカタ地区にあるアングリカン教会（地図8のC）のところで小売りすることがあるが[10]、その場合、販売者は、船賃と港から教会までの運搬料を自らが支払うことになる。小売り価格は、一キロ当たり三〇〇ヴァツである。しかし一般に、注文したカヴァの根のルガンヴィルでの価格は、袋単位で購入するなら一キロ当たり二〇〇～二二〇ヴァツ、キロ売りを希望する場合は二五〇～三〇〇ヴァツである。

カヴァ・バーの経営者は、こうした小売商から高値でカヴァを購入することもあるし、直接港でカヴァの根を受け取ることもある。前者の場合は単価は高いが運搬料が安いという。ルガンヴィルではトラックによるタクシー運行が市内一五〇ヴァツほどで走るので、数袋のカヴァの根は少額の運搬料で自分のカヴァ・バーまで運んでこれるという。一方、港で受け取る場合はカヴァの単価は安いが、船の運搬料と市内の運搬料をともに支払うことになる。また、エスピリトゥ・サント産のカヴァの根を購入する場合も、一キロ当たり二〇〇ヴァツだが、自分のカヴァ・バーまでの輸送料は、いくら積み込んでも一律

表17　1995年のインフォーマルセクター調査による職業別給与

仕事	給与
カヴァ・バー従業員	月 13,000 ヴァツ
交易関係	月 25,700 ヴァツ
レストラン勤務	月 15,400 ヴァツ
運送業	月 40,000 ヴァツ

二〇〇〇ヴァツでのトラック輸送になるという。中には、サント島でカヴァの木のプランテーションを経営しつつそのカヴァの木を使ってカヴァ・バーを経営している者もいる。

さて、カヴァ・バーの経営者はその多くがナカマルを賃貸で借りている。賃貸料は、月四〇〇〇〜六〇〇〇ヴァツである。彼らは、この賃貸料を所有者に支払いさえすれば、経営者の届け出も、営業許可料などの支払いも管轄の市役所に対して行う必要はない。従って、知らない間に経営者が交代しているということはあることだし、所有者に賃貸料を支払わないなどの理由で、突然、カヴァ・バーに板きれを打ち付けられて閉鎖されることもある。

ほとんどのカヴァ・バーでは、従業員を雇っている。一九九五年に実施されたインフォーマルセクターに関する調査では、ルガンヴィルの一六カ所のカヴァ・バーで調査が実施され、そこで働いている者六三名、うち、賃労者三四名、彼らの平均年収一五万九三八八ヴァツ（月平均一万三〇〇〇ヴァツ：表17参照）と報告されている［Vanuatu National Statistic Office 1995:Table 1,2,3,5］。一九九七年現在では月約一万五〇〇〇ヴァツが相場なので、状況は多少好転しているといえよう。表18は、比較のために筆者の得た情報に基づいて他の労働賃金をあげてあるが、ヤシのプランテーションでの労働は、ココヤシの外皮を剥いで中の実を袋に詰め、一トン詰めると四〇〇〇ヴァツという労働である。人によっては二週間に四トン詰めた者もいるというが、それでも月に直せば三万二〇〇〇ヴァツである。月五万ヴァツのサラリーをもらっていると、「あいつはもらっているぞ」

表18　1997年現在の職業別給与（月額、ヴァツ）

仕事	給与	備考
カヴァ・バー従業員	15,000	男：食事付き
中国人の店で売り子	16,000	女
大手の会社員：肉体労働（木の伐採）	12,000	男
大手の会社員：機械の管理	27,000	男
ヤシ・プランテーション（コプラの切り出し）	32,000	男：住居付き
スーパー店員	75,000	男：破格の給与と自他共に認める

表19　No.34のカヴァ・バーの1日の収支概算

収入			支出		
細目	金額（ヴァツ）	備考	細目	金額（ヴァツ）	備考
売り上げ	6,000	1/4袋のカヴァの根からカヴァを作る。売れ残ることが多い	カヴァの根の代金	3,000	1袋60kgとし、1日1/4袋のカヴァの根を使用するとして（200ヴァツ/kg）
			運搬料	238	船賃（800÷4）、トラック（150÷4）
			税金	83	25,000÷300（月25日営業として）
収入計	6,000		支出計	3,321	

といわれる額となることを考えると、表18の最後のスーパーの店員の給与は破格である。

さて、カヴァ・バーの収支例をあげてみよう。出納帳をつけているわけではなく、比較的大ざっぱな計算に基づいて経営されているので、正確な数字が出るわけではないが、推測も含めて、だいたいの傾向ならば把握できる。例えば、地の利からかあまり繁盛していない店№34の場合、一日でだいたい四分の一袋のカヴァの根を消費し、売り上げが六〇〇〇～七〇〇〇ヴァツだという。一杯一〇〇ヴァツなので、延べ六〇杯から七〇杯という計算になる。通常は売れ残るということなので、完売すれば七〇〇〇～八〇〇〇ヴァツくらいにはなるのだろう。この店は所有者が自分の息子に経営を任せたもので、この息子が一人で営

表20　No.23とNo.43のカヴァ・バーの1日の収支概算

収入			支出		
収入	金額（ヴァツ）	備考	収入	金額（ヴァツ）	備考
売り上げ	56,000	1/4袋完売して7,000ヴァツとする。2袋消費する（7,000ヴァツ×8）	カヴァの根代金	24,000	1袋60kgとし、1日2袋のカヴァの根を使用するとして（200ヴァツ/kg×120kg）
			運搬料	1,000	カヴァの根をサントから購入。一度に4袋運ぶとして（2,000÷2）
			ナカマル賃貸料	240	二軒の内一軒は賃貸、他の一軒は所有。（賃貸料月6,000ヴァツ÷25日）
			税金	83	25,000ヴァツ÷300日
			賃金	6,000	使用人一人の賃金月15,000ヴァツ、10人使用（15,000ヴァツ×10人÷25）
収入計	56,000		支出計	31,323	

業している。従業員への賃金やナカマルの賃貸料などを支払う必要はなく、年間二万五〇〇〇ヴァツの税金（ライセンス・フィー一万ヴァツとプロパティ・フィー一万五〇〇〇ヴァツ）を納めるだけでよい。彼はペンテコスト南部からカヴァの根を仕入れているという。表19は、このカヴァ・バーの大ざっぱな収支を示している。[11]

これに対して、大規模な経営としては、No.17とNo.47のカヴァ・バーをあげることが出来る。この二つの店の経営者は同一人物で、両店を合わせると一日に二袋のカヴァの根を消費するという。収支は、表20のようになる。ここでは、この経営者が従業員に提供する食事代が算出されていない。また、大規模に経営を展開しているため、賃金以外の必要経費も額が大きいことが予想される。しかし、これらの諸経費を差し引いたとしても、このカヴァ・バーの経営者が破格の高額所得者であることは理解されよう。

2　都市的なカヴァの味

ヴァヌアツで最初のカヴァ・バーであるマウンナでは、村落部でのものと同じ道具を用いて、カヴァを作っていたと述べたが、やがて、そのやり方は変更されることになる。創始者の一人は、「最初はバシシ（先がギザギザの石）で手にもった根を細かくしていたが、人が多くなってきたので、鉄パイプを使って一度に粉砕するようになった。一杯や二杯飲むだけならバシシで少しずつ潰すのもよいのだが」という。ルガンヴィルでも、基本的に、鉄の容器に入れた多量のカヴァの根を、パイプなどの硬い棒状のものを何度も何度も突き刺して潰すか、ミンチ製造機を用いてカヴァの根を潰すという方法が一般的に行われている。村落部でのやり方としては、ギザギザの石を用いるというやり方がある一方で、マラクラ島のビッグナンバスやタンナ島、あるいはシェパード諸島ではカヴァの根を噛んで潰すという習慣がある。しかしビッグナンバス出身のあるカヴァ・バー経営者は、「石で少しずつ潰していて大勢の者がやってきたらどうする。疲れてしまうじゃないか。多くの人々にカヴァを供給できない。噛んでカヴァを潰すというやり方でも、多くの人に供給できないだろう」という。さらに彼は「マラクラでは噛んでカヴァの根を潰すが、それはタウンではタブーだ。噛んで潰したり、石を使って少しずつ潰すのはそれぞれの島のものだ」と説明するのである。

写真26　ミンチ機を使ってカヴァをつぶす（1997年）

カヴァの根を噛んで潰すという方法は、都市部のカヴァ・バーでは採用されたことがない。その慣習のあるトンガリキ島出身の経営者は、「サントでは多くの連中がチューイングを嫌がっている。だからチューイングでカヴァを作らない」という。そこで、ワータ（*wata*）について質問してみた。ワータというのは、チューイング用に考案された商品で、カヴァの根を洗った後日陰乾燥させ、小片にして適度に束ねたものである。シェパード諸島の人々は、このワータを購入し、それを直接噛んで潰し、自分の好みの量の水を加えて飲む〔白川　一九九八：一〇〇〕。このワータならば、他人がチューイングしたものを飲むということがないため、商業用としては用いることが出来るだろう。ところがこの経営者は、「ワータからカヴァを作るまで手間がかかるので、買ってもすぐに飲めない。しかし機械（ミンチ製造機など）で作ったカヴァはお金を払うとすぐに飲める」と機械によるカヴァ製造を主張するのである。この様に、それぞれの島のやり方を持ち込まずに、鉄パイプやミンチ製造機などでカヴァの根を細かくするという点で、都市部のカヴァ・バーは一致しているといえるが、どこ産のどういう状態のカヴァの根を用いるのかという点になると、それはカヴァの味とも関連して、様々な相違を見せることになる。

まず産地としては、ペンテコスト島、サント島、マエウォ島、マラクラ島といったところがあげられるが、ほとんどの店ではペンテコスト産のものを用いている。その理由は、産出量が多いということと同時に適度な「強さ」をもっているからだという。「強い（*strong*）」という表現はカヴァの味に関してしばしば用いられるが、それは「喉越し」と「効き方」を基準に判断される。飲んだとき適度に喉に引っかかりがありその効き方が強いものを「強いカヴァ」と表現するのである。しかし強すぎるのは良くない。カヴァの木も七年から一〇年成長したものは「強すぎる」といわれる。ルガンヴィルで消費されるカヴァの木の種類は、全て、ビスラマでボロンゴロ（*borongoro*）と呼ばれる種類のものである。七年から一〇年成長したカヴァの木はイエロー・ボロンゴロと呼ばれており、村落部では時々この「強すぎる」カヴァが出てくるが、飲む段階で咽せてしまうほど飲みにくい。そしてこの強すぎるカヴァは、良いカヴァだとは考えられていないし、都市部でそうしたカヴァがバーで出てくることはない。都市部に流入してくるものは、グリーン・ボロンゴロと呼ばれる五年ほど成長したカヴァの木の根であり、こちらは、適度に「強い」のである。

最も流通しているペンテコスト産に比べると、マエウォ産はもっと強くて良いという。これは、許容範囲内でよく効くということである。しかし、ルガンヴィルではマエウォ出身者の経営するバーでだけそれが飲める。一方、大規模なプランテーションでカヴァの木を栽培しているサントではあるが、サント産のカヴァの木は、あまり評判が良くない。人々がいうには、水分が多すぎて「強くない」というのである。サントのプランテーションでのカヴァの木の栽培を見た北部ラガ出身者は、「ラガではカヴァの木の茎状部の部分を、節が二つ〜三つのところで切ってそれを植える。茎状部がしっかりして大きなものが出来る。しかし、プランテーションでは節を一つの間隔で切った（小さい）ものを植えている。黒いプラスティックの容器に土を入れてそこに植える。根が出ていっぱいになると、袋から出して植え替える。きっと、細い根しか出来ない」という。[12]

次に、新鮮な状態か乾燥させた状態かという問題がある。一般には、新鮮なカヴァの根から作るのが良いとされている。乾燥させたカヴァの根は、「くず」という意識で見られることが多い。例えば、最も売り上げを誇っているカヴァ・バーで、他の店にはない二〇ヴァツ・カップのカヴァが販売されているが、「あんなに安いのは、乾燥カヴァを使っているからだ」と悪口の材料に用いられたりするのである。ほとんどのカヴァ・バーでは、新鮮なカヴァの根を購入してくると、それが乾燥しないうちに消費しようとする。カヴァを作る工程はどの店も一緒である。毎日カヴァの根を一～二センチ角の大きさに切って、それを洗った後、ミンチ機などで潰し、それに水を加えて練った後、絞り出してカヴァを準備する。ただ、カヴァの根を適度な大きさに切るときに、茎状部に近い部分や細い毛根などは除く。これらはいわゆる「くず」なのである。しかしこれらは捨てられるのではない。これらの「くず」カヴァは、天日で乾燥させられてカラカラの乾燥カヴァとなり、工場に売られるのである。ルガンヴィルでは粉状態になったカヴァを作る工場がサエトリヴァー地区にある。「くず」カヴァはここで粉砕され、粉の状態にして、「パウダーカヴァ」として土産物屋などに並ぶことになるのである。また、乾燥カヴァはニューカレドニアのヌーメアにも出荷されているという。ヌーメアにはヴァヌアツからの移住者がいるが、彼らの間でカヴァが飲まれており、サンミッシェルの仲介者がキロあたり七〇〇ヴァツで買い上げてヌーメアに輸出するというのである。

乾燥カヴァに対するこうした一般的な見方に対して、それをカヴァ・バーで用いることを良しとする経営者がいる。それが、トンガリキ出身の経営者である。彼は、カヴァの根を入れた袋を日陰で数日置いておくと、根の表面の皮に皺が出来てくるという。この状態になった根を用いて、彼の店ではカヴァにして客に出す。なぜそうするのかと言うと、そうした状態の根から作ったカヴァは甘いからだというのである。トンガリキなどシェパード諸島で飲まれているカヴァは、甘いという特徴をもっている。そしてこの経営者は、自分の出身の島での「味」を都市部のカヴァ・バーで再現しようとしているのである。カヴァの甘さに関して、シェパード諸島のトンゴア島では、口の中でチューイングするから唾液と混ざって甘くなるという理由があげられている〔白川　一九九八：九九〕。しかし、ビッグナンバスの出身者にいわせると、同じチューイングを行うビッグナンバスのカヴァは甘くはないという。また、単に乾燥させるだけで甘くなるという意見をしばしば耳にするが、何人もの人々が言うように、乾燥させてそれを粉にしたパウダーカヴァは、確かに甘くはないのである。結局甘さの秘訣は、トンガリキの経営者がいうように、日陰干しにあるわけであり、甘いカヴァを作ろうと思っていない他のカヴァ・バー経営者の場合でも、在庫がたまって日陰で自然に乾燥した場合には、予期せぬ形で甘みをもったカヴァが出来上がることもあるのだ。それ故、甘いカヴァは、「残り物、古いもの」、あるいは既に述べたように「くず」カヴァによって生み出されると考えるタウンの人々の認識は、あながち間違っているわけでもない。このトンガリキのナカマルにカヴァを飲みに来る人々は、甘いのはこの様な乾燥カヴァを用いているからだということをよく知っている。そして、「この店はタウンで一番甘い」という認識ももっている。そして、店の立地している場所も問題だろうが、客は少ないのである。

甘い味のカヴァは、ほとんどのタウン住民にとっておいしいとは思われていない、という評価が多くのカヴァ・バー経営者の間に共通してみられる。タウンで最も繁盛している店の経営者は、「ほとんどの連中は、甘いカヴァを欲しない。甘いカヴァは胃をかき回すから。もし私の店で甘いものを作ったら、人々が来ないだろう」という。ではどういう味が良いのかといえば、彼は「まるで水のようにすっと喉に入り、しかししばらくすると効いてくる、強いカヴァ」がおいしいのだという。同じことは別の経営者からも聞いた。つまり、「甘くなく苦くなく、水のようでしかも強いカヴァが良い」というのだ。この経営者は、根の皮の部分が苦みを出すという。例えば村落部でバシシ製法でカヴァを作る場合、根の小片を作るとき、その根の皮をナイフで剥ぐようにして作る。どの程度皮を剥ぐかということで、カヴァの味わいが変わるが、村落ではそんなに丹念に皮を取り除かない。しかしタウンでは、どのカヴァ・バーでも皮をきれいに取り除くという。そうすることによって、水のような喉越しのカヴァが出来上がるのだというのだ。この水のような喉越しのカヴァは、当然、村落部で作られているカヴァとは異なる都市独自のカヴァの味なのである。

こうした一般的な考え方に対して、トンガリキの経営者はあくまでも反対する。「水のようなカヴァが良いだって？　だから、彼らは青白い顔をしているんだ」と吐き捨てるようにいったのが印象的だった。しかし、自らの出身島の味を堅持しようとする彼の意見は、きわめて少数派の意見なのである。それぞれの島にはそれぞれの島独自の味があるだろうが、それらを越えて、村落部ほど満足とはいかないが、どの島の人々もそこそこ満足する味として生み出されたのが、「水のような喉越しのカヴァ」なのである。経営者自らがいうように、「強くなく弱くなく」という水加減が重要なのである。もちろん、客の側からいわせると、口をそろえて、カヴァ・バーのカヴァは村落のそれに比べると「弱い」「水がたくさん入りすぎている」という。これはその通りで、経営者の側も、「カヴァ・バーのカヴァは島のカヴァとは違う。お金がからむ。だから水をたくさん入れる」ことを認めているのである。経営を成り立たせるために、ぎりぎりまで水増ししたカヴァを作るわけで、村落部のような個性のある強烈に強いカヴァを作ることは出来ない。こうした制約のもと、出来るだけ大勢の人々を満足させるために「多い水」を逆手にとって到達したのが、「水のような喉越し」ということなのである。

三　タウン生活

1　村落とタウン

ルガンヴィルとポートヴィラはよく比較され、多くの場合前者に軍配があがる。「ヴィラ（ポートヴィラの略）は車、騒音、人が多すぎる」という意見や、「ヴィラは全てが早い。時間が重要。サント（ルガンヴィルの通称）は時間に価値を置いていないかのようだ。時間にルーズ。ゆっくり流れる」という意見も聞かれるが、ルガンヴィルがヴィラより良いとされる大きな理由は、「大きなタウンは何でも金、金で良くない。しかし、サントは違う。別に働かなくてもよい」という意見に示されている様に、金がなくても何とか生活できる、ということにある。村落と都市の対比の中で、しばしば耳にする「都市よりも村の方が良い。都市は何でも買わねばならない」という考えがその背景にあることは確かで、大きなタウンより小さなタウン、小さなタウンより村落という序列が、「金は悪である」という視点を軸に形成されているといえる。それと同時に、ルガンヴィルは「働かなくても生活できる」という点で評価されているのだが、この「働かなくてもよい」というのは実際に働かないということではなく、大きくは二つの意味が込められている。

一つはルガンヴィルの方が物価が安いということである。「ヴィラは高い。稼ぎが少ないと生活できない」ということの裏返しが、ルガンヴィルに適用される。稼ぎが少なくても生活できるのだ。「ヴィラは何でも高い。例えばマーケットでバスケット一杯のヤムがヴィラでは八〇〇ヴァツもするのに、サ

写真27　農耕する都市：サンルイの畑（2014年）

ントでは四〇〇ヴァツだ」。だから、あくせく働かなくても大丈夫ということである。「働かなくてもよい」ということのもう一つの意味は、躍起になって定職を見つけなくても、臨時雇い状態でも何とか自活できるということである。定職をもたないけれど出来る自活。それを可能にしているのが農業なのである。

　ルガンヴィルではポートヴィラと比べると、「農耕する都市住民」が目立つといえる［*cf.* 松田　一九九六：五〇］。人々はポートヴィラと比較して、ルガンヴィルには土地が豊富にあるという。そして、農地での産物を売ったりせずに自分で食べるだけなら、所有者から土地を無料で借りることが出来るというのである。ただしそうした土地は市街地から離れているため、タウン内の住居から、かなり距離のあることも多く、交通費がかかってしまうという難点は存在する。内陸部に一五キロメートル以上も入ったところに畑を無償で借りている男は、自分の妻の父方オバがもっている土地を借りて農耕をしているという。タクシーだと片道二五〇〇ヴァツもかかるところだが、ミッションのトラックに載せてもらって五〇〇ヴァツ位のお礼をするという。一方、市街地から離れて生活している者は、居住地のそばで農耕することが可能となる。空港の近くで家を構えているある男は、その家の土地の所有者の土地を無償で畑として借りているのである。

　これらに対して、産物を売るために農耕する場合は、借地料は有料となる。しかし、年間五〇〇〇ヴァツも出せば畑地を借りることが出来るという。こうしてタウンのマーケットで産物を売る人々も多くいる。さらに、パムステーション地区に居住しているある男は、そばの空き地を勝手に許可なく畑にして作物を作っているという。空き地はパムステーションからソルウェイ地区にかけて多数広がっているが、公有地であり、役所がそれらの土地に何かを建てるとか何かに用いようとするときには立ち退き命令を出すのでそれに従うが、それまでは自分の畑として使うという。もちろん非合法ではあるが、それが咎められることもなく、こうした空き地が何かの目的に使用されるため立ち退き命令が出されることも頻繁ではなく、農耕を続けることが出来るのである。

ところで、都市部ではＳＰＲ（エスピーアール）と呼ばれる人々が多く生活を送っている。ＳＰＲというのはビスラマでいう *Stap long Pablik Rod*（文字通りには、公道でたたずむ、という意味）の頭文字を合わせたもので、「職がなく、ぶらぶらしていて、居候の生活をしている者」という意味である。彼らは仕事がないので、現実に、日中から公道をぶらぶらとうろついている。ヴァヌアツの場合こうしたＳＰＲが、そのまま「浮浪者」「物乞い」などの範疇に当てはまるわけではない。ＳＰＲのほとんどは、村落から都市に物見遊山に出かけてきてそのまま都市に居着いた人々、あるいは、職を求めて都市にやってきたが職がなくぶらぶらしている人々であり、彼らは現在のところ、都市で職をもち生活している「身寄り」に寄生して生活を続けることが出来ている。そして、それが不可能になったり、都市に飽きたら村落に帰ることも出来る。村落に帰れば、自らの親族集団の土地で農耕が可能であり、自活した生活を続けることができるのである。

ポートヴィラで町をぶらついている人々に、「何の仕事をしているのか?」と質問すると「仕事はし

写真28　サラカタのヤード。右側手前の小屋の前に共同水道がある（2014年）

ていない」とか「仕事はない」という回答ではなく、「ＳＰＲだ」という答えが返ってくることがある。ＳＰＲは、あたかも「無職の居候」という「職業」であるかのような扱いを受けているわけだが、彼らは、現実に「自活できなくて居候をしている」人々なのである。ところが、ルガンヴィルにおけるＳＰＲはそれとは少し異なっている。というのは、サントでは、畑を無償で借りて農耕をし自活している人々も、自らをＳＰＲと位置づけるのである。つまり「借りた農地での農耕による自給自足」は「職業」とは考えられていないのである。職業とは考えられていないため、居候をしていなくても、寄生していなくても、ＳＰＲという範疇で捉えられることになるのである。ルガンヴィルはポートヴィラに比べるとより「農耕をする都市」であり、定職をもたない人の中で、寄生せずに生計を立てることが出来る人々の割合が比較的多いが、現金を稼ぐことのないこうした自給自足の生活戦術は、都市の仕事とは考えられていないということなのである。

　ポートヴィラとの対比においては、村落に近いと位置づけられているようなルガンヴィルではあるが、ルガンヴィル自身村落と対比されると、やはり、ポートヴィラに対するものと同様の違いが強調されることになる。例えば、ルガンヴィルとの対比でポートヴィラは「何でも金が必要。ルガンヴィルでは金がなくても暮らせる」といわれるが、もちろんルガンヴィルでも現金は必要で、自給自足の農耕生活をするとは言っても、臨時雇いなどで現金収入を得なければ生活していくのは難しい。自給自足が可能で何の努力もしなくても農地が割り当てられる村落から見れば、ルガンヴィルは何でも金で買わねばならないところであり、自由に農耕のできる土地のないところ、ということになるのである。

もちろんこうした評価は、村落〔ピジン語の言い方 *aelan*〈島〉の方が一般的〕に基盤を置きながらルガンヴィルに一時的にやってきた人、移住第一世代、ルガンヴィルで生まれた人などの間で完全に一致するわけではない。そして、都市生活を批判し村落生活を賞賛するという二項対立的図式は、村落に基盤を置く生活が長ければ長いほど強固なものになるといえる。しかし、たとえ個人的に都市生活を享受していても、それを楽しんでいても、評価をするとなると、都市生活に低い評価を与え村落に高い評価を与えるというパターンは共通して見いだせるといえる。村落生活を賞賛する移住第一世代のある男に、「そんなに村落がいいならなぜルガンヴィルで生活している?」と質問すると、村落そのものではなく、そこで力をもっている特定の親族個人との関係が好ましくないからという答えが返ってきた。村落への批判点は生活全般ではなく個人に帰せられるのである。また、ルガンヴィル生まれで、既にピジン語を母語とし、村落〔島〕での生活を体験したことのない者でさえ、自らのアイデンティティは都市ではなく村落に設定するという点で、上記の二項対立的な図式を踏襲しているといえるのである。この点は本節の第3項で詳しく論じる。

2　北部ラガ出身者の居住区とカヴァの宴

ルガンヴィルでは、ポートヴィラと比べると同じ島出身の者が集まって居住する傾向がより強い。

人々もそれを認識していて、ペプシ地区にはパーマ島の人々やタンナ島の人々が居住地を作っていて、マンゴ地区はバンクス諸島出身者の居住地だというような見方をしている。また、サラカタ地区のアングリカン教会の周辺にはペンテコスト島出身者が集まるということも人々はよく知っている。こうした棲み分けは、全ての島の人々に適用できるわけではないが、ルガンヴィルにおけるチーフ評議会がポートヴィラのそれよりも機能しているということと関連しているといえる。

ヴァヌアツには、首都に全国チーフ評議会（National Council of Chiefs）というものが置かれていて、各地から選出された代表者達が首都に集まり、ヴァヌアツ全体の伝統や生活に関する議題を取り上げ議論している。この評議会のメンバーは、それぞれの地域の伝統的手続きに従ってリーダー（ビスラマでチーフと呼ばれる）となった人々の代表達である。下部組織としては、島チーフ評議会やさらに下位の地方チーフ評議会、村チーフ評議会などをもっているが、都市部においても同様に、チーフ評議会を配置しているのである。ルガンヴィルにおける組織は、ルガンヴィル・マン・アイランド・チーフ評議会（Luganville man island council of chiefs）と呼ばれており、各島の出身者は、それぞれの代表をこの評議会に送り込んでいる。ペンテコスト出身者からは二名の代表、すなわち、二名のチーフがこの評議会に送り込まれる。

都市部におけるチーフは、村落部で見られる伝統的な手続きを経てリーダーになった者が選出されることもあるが、必ずしも伝統的な手続きを経る必要はないようである。例えば、一九九七年現在ペンテコストの代表の一人となっている北部ラガ出身の人物を例にとろう。北部ラガには位階階梯制があり、支払いなどをすることによって階梯を上り、最上階梯に到達した者だけがチーフと呼ばれることになる。[13] しかし、彼は、まだチーフの階梯の一つ前の段階にいるため、北部ラガ社会ではチーフとは呼ばれない。それにもかかわらず、ルガンヴィルにおけるペンテコストのチーフとして選出されている。選出といっても、ペンテコストの場合は島チーフ評議会の方から指名してくるというが、このチーフの場合は、かつてポリスとして活躍していた経験があり、他の島の人々ともめ事が生じたときにうまくやってくれるという期待がもたれているという。

さて、同じ島の出身者が集まるという状況を反映して、北部ラガの人々も居住地を作っている。彼らはペンテコストという単位で行動することも多いが、北部ラガという同一言語圏での結束力はことさら強く、住居のまとまりも、この言語圏単位でのものを構成している。ルガンヴィルには北部ラガの人々の居住地が三つあるという。それらは、ロルタンガーラ（Loltagāra）、ラフシヴァツ（Lavusivatu）、そしてロルシャピ（Lolsapi）と呼ばれている。最後のロルシャピとはシャピ地区のことで、確かに北部ラガ出身者が多数居住しているが、シャピ全体が北部ラガの人々の占有居住地と言うわけではない。これに対して、ロルタンガーラ（地図8のA）とラフシヴァツ（地図8のB）は、ともに、北部ラガの言葉でウテ・ガイツヴォア（*ute gaituvwa*）と呼ばれている。ウテ・ガイツヴォアというのは「一つの場所」という意味で、北部ラガの人々がまとまって一つのところに居住しているということを表している。ラフシヴァツというのは「岩のある丘陵で」という意味のラガ語であるし、ロルタンガーラは、「新しい土地で」という意味のラガ語なのである。村落部（島）からルガンヴィルにやってくる人々は、それぞれ自分の近しい親族のいるところに寄宿するが、ラフシヴァツとロルタンガーラは、北部ラガの人々の占める割合が多いため、いつも、誰かが北部ラガからの短期の訪問者を抱え込むことになる。従って、日々の生活では、これらの地区に定住している人々の割合以上に多くの北部ラガ出身者が生活することになる。そうなると、これらの地区は、まさしく都市における北部ラガ社会の飛地という姿を呈することになるのである。[14] ルガンヴィルでは、メインストリートから少し奥に入ると、鶏は放し飼い状態で飼われており、空地ではバナナや芋などの畑が作られているのが一般的な光景である。そして地区によっては豚を飼っているところもあるが、北部ラガの居住地も同様で、その有様は村落そのものである。

北部ラガでは、それぞれの村落は基本的に集会所としての建物（ナカマル）をもっており、その中には石蒸し料理をするための地炉が掘られ、カヴァを作るための道具一式や、場合によっては、ダンスなどに用いられるスリット・ゴング（割れ目太鼓）なども置かれている。ルガンヴィルにおける居住地でも、同じ様に、ナカマルが設けられている。ラフシヴァッツにおいては、太平洋戦争時のアメリカ軍のかまぼこ型宿舎を利用しており、ロルタンガーラにおいては、恒久的な建物を建てないという条件で、公有地に柱を立て雨よけ用の屋根を設けただけの場所を設定し、地面には石蒸し料理用の地炉が二つ掘って、ナカマルとして利用している。居住地の人々は、客があるとき、結婚式、など様々な機会に会食とカヴァの宴を催すが、このナカマルを利用してそれを行うのである。

こうした居住地におけるカヴァの宴は、忠実に村落におけるカヴァの宴を模倣しようとしているがうまくいかないという点で、興味深いものである。ラフシヴァッツで行われたカヴァの宴では、ナカマルの前の広場がカヴァの宴の場となったが、これは村落部でもままあることで、ナカマルの中、あるいは、その前部の広場がカヴァの宴の舞台となる。

カヴァの根は、畑から切り出されてくるのではなく、主としてカヴァ・バーから購入されてくる。しかし面白いのは、出来上がったカヴァを購入してくるのではなく、カヴァの根の固まりを購入してくるということである。普段の生活においては、人々はカヴァを飲みたいと思ったときに、カヴァ・バーで出来上がったカヴァをボトルで購入してきて、居住地でみんなで飲む。しかし、来客などの折りに行われるカヴァの宴は、出来るだけ村落のそれに近い形を再現しようとするのである。購入されてきたカヴァの根の固まりは、村落でと同様、小さく裁断され、それらはバシシを用いて潰されていく。そしてカヴァ用のプレートで練られて、ココヤシのカップに注がれる。その工程は、村落におけるそれと寸分違わない。

村落部では通常、数人の男達が円形になってカヴァを作る。出来上がると、その宴の主賓の名が一番最初に呼ばれて、指定されたカヴァの作り手のところへ行く。そばに寄ると、カップにカヴァが注がれる。主賓はそれを一気に飲み、もとの場所に戻る。それが終わると次々と男達が指名され、順番に飲んでいく。こうしたやり方がラフシヴァッでも再現されたのだが、このカヴァの宴では、二名の人物の名前が指名され、カップに注がれたカヴァを同時に一気に飲むように促された。北部ラガ社会は、母系の半族組織をもった社会で、それぞれの半族のためにカップを二つ用意し、それぞれの半族の者がそれぞれを飲むという形態が出来ている。最も儀礼的なカヴァの宴では、最初のカヴァを別々の半族の者が同時に飲むという演出が行われる。しかし、各半族の者が同時にカヴァを飲むということは、村落部のカヴァの宴でもなかなか実施されていない。に

写真29　ラフシヴァトゥのカヴァの宴（1997年）

もかかわらず、都市部でのカヴァの宴でそれが再現されようとするのである。

最初に飲む人物に対する扱いは、カヴァの宴の中でも最も儀礼的なやり方をとる。これは村落部でも都市部でも変わらない。名前が呼ばれると述べたが、その名前というのは、人々のもつ豚名である。豚名というのは、位階階梯制の中で獲得されるもので、階梯を上るために豚を殺さねばならないが、こうして豚を殺す度に、階梯にちなんだ名前をつけてもらうのである。これが豚名で、カヴァを飲むときに呼ばれる名前は、キリスト教徒である彼らのクリスチャン名ではないのである。村落部では、こうしたことはスムーズに進む。しかし都市部では、現にカヴァを作っている人々の多くは、位階階梯制の儀礼を行ってはいないのである。そして、北部ラガから出てきた主賓の一人である古老を呼ぶときに、人々は困ってしまった。彼の豚名を誰も知らないのだ。結局、「年長者、長老」という意味をもつビスラマの「オルファラ（*olfala*）」という呼称でその場を切り抜けることになったのである。

通常カヴァの宴では、その村落のチーフが全てを取り仕切る。そして場合によっては、短い挨拶も行う。ラフシヴァツでのカヴァの宴も、この手順を踏もうとしていたが、うまく行かなかった。それぞれの居住地では、村落と同様にチーフとされる人物がいる。ラフシヴァツにもそのチーフはいる。彼は、サンミッシェル地区にあるカヴァ・バーで働いている。そして、このカヴァの宴のときに仕事のためにラフシヴァツを離れねばならなかったのだ。それ故、チーフの挨拶はなかった。

村落部でのカヴァの宴は、ただ楽しみで飲むこともあるが、儀礼の後であろうと共同労働の後であろうと、基本的にはナカマルで石蒸し料理が作られるのと平行して行われる。村落内部でのものであれば、村落の者がイモ類を持ち寄り、共同で準備をし、主催者が豚か鶏などの肉類を提供して、石蒸し料理とする。料理が出来上がるとその料理が取り出され、イモ類を持ち寄った家ごとに料理を分け、女達はそれをもって各自の小屋に帰る。男達は、引き続きカヴァを飲み続ける。儀礼などの後で行われる場合は、あちらこちらの村から儀礼に参加している者がいる。石蒸し料理が出来ると、それらの料理は儀礼に参加した者達ごとに手提げの籠に入れて、つるしておかれる。男達がカヴァに満足し、あるいは、時間のこともあって帰ると言うと、このつるしてある籠が手渡されることになる。こうしたやり方は、そのまま都市部でも再現される。石蒸し料理が出来上がると、女達を中心に分配が始まり、他の場所からラフシヴァッにやってきた人々には、籠に入れた料理が配られたのである。

カヴァの味についていえば、それはカヴァ・バーのものとは異なっているといえる。カヴァの根の皮をきれいに取り除かずに、適度に処理し、バシシ（石）で潰す。そのやり方が村落と同様であるように、その味も村落でのものと同様である。カヴァ・バーのそれが、水の様な喉越しであるとすると、ラフシヴァッのカヴァは、村落と同様に、どろどろとした濃いカヴァで、苦みがきつい。そしてなにより「強い」ことは確かである。このラヴシヴァッでのカヴァと村落のそれとの違いは、カヴァの根の量であろうか。村落部では各自の畑から切り出してくるので豊富にあるが、都市部ではカヴァ・バーから現金で購入せねばならないため、在庫や現金の関係で、基本的に量が限られる。そのため、すぐにカヴァが切れてしまう。ロルタンガーラで行われたカヴァの宴も、ラフシヴァッと同様の手続きで行われたが、やはりカヴァがすぐになくなり、こちらの場合は、カヴァ・バーから出来上がったカヴァを購入してくることでその不足を補っていた。

3　都市におけるカストムとマン・プレス

ラフシヴァツの人々のカヴァの宴が象徴するように、彼らは出来るだけ村落の線に沿ったやり方で暮らそうとする。北部ラガでは昔から続いているとされる慣習はシロン・ファヌア（*silon vanua*）やアレガン・ファヌア（*aleñan vanua*）と呼ばれている。前者は「土地（島）の法」、後者は「土地（島）のやり方」という訳語が適用できるが、それらは昔から変わらずに続いているものとして把握されている。そしてそれを継続して実践していくことが、北部ラガ社会の人々の良しとする暮らしなのである。村落で生活している人々は、昔の生活からどのくらいかけ離れてしまったのかを気にする。筆者は一九七四年から北部ラガ社会に通ってきたが、人々はしばしば「昔と変わったか？」という質問をする。同じ様に、都市生活者は、自らの生活が村落生活からどれくらいかけ離れているのかを非常に気にする。筆者は、しばしば、「ここの暮らしはラガ（島）の暮らしと違うか？」という質問を受けた。どちらの場合も、人々は、「同じだ」という答えを期待しているのである。

都市で生活している人々は、明らかに村落とは異なる生活を送っている。しかし彼らにとっては、それら異なっている様々な生活の要素、例えば、賃金労働、電気・ガス・水道の利用、タクシーやバスの利用、スーパーでの買い物、などを重要な要素であるとは考えないで、そうした村落とは異なった要素、あるいは材料を用いながらも、とりあえず手に入る都市的な材料で、出来るだけ村落に近い「あり方＝アレガンナ（*aleñana*）」を実現しようとしているかのようである。ラフシヴァツで生活する北部ラガ出身者は、多くが移住第一世代にあたる人々であり、そこでは北部ラガの言語、つまりラガ語での会話が生きている。それ故、出来るだけ村落に近いあり方を実現しようとしているのかも知れない。ある時、人々を前にして気づいたことを話してくれというので、「ここの生活はラガの生活とは違う」と言うと、彼らの顔色がさっと変わったのが分かった。その直後「しかし、アレガンナは同じだ」と付け加えると、みんなほっとした表情を浮かべたのが印象的だった。人々は、ラフシヴァッツでの生活を「都市生活」一般とは区別して考えているようで、まるで「悪しき都市」で生活しながら「良き村落」を堅持しているということを認めてもらおうとしているかのようであった。

では都市生活一般は、どういうイメージで語られるのだろうか。ヴァヌアツには、ビスラマでカストム（*kastom*）という概念が存在する。それは、昔から変わっていないとされる伝統的な慣習を指し、教会や学校に代表される西洋世界から持ち込まれたもの（スクール＝*skul* と呼ばれる）とは対立する。[15] 北部ラガの言語でいえばシロン・ファヌアやアレガン・ファヌアと類似の意味をもつことになる概念だが、[16] 人々はタウンにはカストムはない、と言明するのである。そしてこのピジン語概念を用いた言明は、村落から一時的に都市にやってきた人からピジン語を母語とする人々に至るまで、共通して聞くことが出来る。しかし例えば、都市で定職をもっている者は、誰かが頼ってくればそれを養い、誰かがせびればそれを与えるという生活を送っているが、これはヴァヌアツ人のカストムだという。とすれば都市にもカストムがあるように思えるが、ここで問題になっているのは、ヴァヌアツ人の生活パターン、あるいは扶助の精神であり、

写真30　サラカタにて。北部ラガと同じやり方で行われた法事の食事分配（2014年）

それが他の国の人々と比べてカストムとして認定されると言うことなのであり、都市そのものがもっている独自の特徴というわけではないのである。こうした扶助の精神は、まさしく村落生活の基盤をなしているものであり、大勢の家族を抱える都市生活者というイメージは、まさしく、典型的な村落生活の延長に生まれるのである。人々が都市にはカストムはない、というとき、それは「マラクラ(島)のカストム」や「ペンテコスト(島)のカストム」はあっても「ルガンヴィル(市)のカストム」や「ポートヴィラ(市)のカストム」がないということなのである。つまり、カストムはそれぞれの島にあるものであり、タウンにはないというのだ。北部ラガの言葉で考えても同じことがいえる。シロン・ファヌアやアレガン・ファヌアは、全てファヌアのもの、すなわち、故郷の土地、島のものなのである。

こうした論点と重なるのが、マン・プレス(*man ples*)という概念である。マン・プレスという概念はパプアニューギニアにおけるワントックという概念と同じく、「同胞」を表すが、ワントックが「同一の言語」を起点としているのに対して、マン・プレスは「同一の場所」をその概念の起点としている。そして「プレス」のところに様々な場所名が入れられることにより「~人」という言い方になり、他者アイデンティティとして用いられるだけではなく、自己アイデンティティとしても用いられる。「プレス」の場所には通常島の名前が入り、「マン・マラクラ」は「マラクラ人(島民)」、「マン・ペンテコスト」は「ペンテコスト人(島民)」を意味することになる。ヴァヌアツ生まれでない者もこの方式で分類される。その場合多くは「プレス」の位置に国名が入り、例えば日本人の場合は「マン・ジャパン」ということになる。しかし、ヴァヌアツという国の外の人々は、全て国単位で分類されるかというとそうとは限らない。面白い例がある。ある男は、中国人とタヒチアンの間に生まれたが、本人はタヒチに自己アイデンティティを強くもっており、自分は（フレンチポリネシアではなく）タヒチの人間だと常々いっているが、彼の場合は「マン・タヒチ」として分類されるのである。

こうしたマン・プレスという概念は、ヴァヌアツ内部で用いられるときには、興味深い様相を呈する。つまり、カストムという概念と同様、マン・プレスという概念は島に関する概念であって都市には適用されないというのである。あるルガンヴィル生まれの男は、「タウンにはそれぞれの島の人間が集まってきており、誰でもそれぞれの島を背景にもっている。従って、タウンで生まれた人間もその帰属する島は決まっており、マン・ルガンヴィルやマン・ヴィラというものはない。タウンの人々もそれぞれの島のカストムに従うのだ。ルガンヴィルで生まれた人間は、マン・ルガンヴィルではなくマン・サントになるが、それが嫌なら自分の系譜から自分の島を自分で決める」という。つまり、都市生活者も必ずどれかの島へ帰属するのであり、マン・タウンというものはないということなのである。ルガンヴィルのチーフ評議会の名称も「ルガンヴィルのマン・タウン」ではなく「ルガンヴィルのマン・アイランド」チーフ評議会であったことを思い出せば、この論点も頷けるであろう。

このタウン観を披露した男性は、父親がペンテコスト島で母親がアンバエ島出身である。ルガンヴィルで生まれたため、彼の母語はビスラマであり、両親の言葉に関していえば、アンバエの言葉は分かるがペンテコストの言葉は分からないという。しかし、彼の実の姉妹の方がうまくアンバエの言葉を話すが、彼は彼女とはビスラマで会話をするので、「分かる」といっても、それは「ちゃんとしゃべることが出来る」という意味ではないようだ。要するに彼は、バイリンガルとはいえず、彼の言語は基本的に都市的なビスラマだけということになる。彼はルガンヴィル生まれであるため、もしマン・プレスでいえばマン・サント（サント島民）になるという。しかし、彼はサント島民は嫌いだという。そして自己を父の出身地を受けて、「マン・ペンテコスト」と位置づけるのである。

　彼の父は、ペンテコストの中でも北部ラガ出身である。北部ラガでは「アタ・ラガ（*ata Raga*）」という表現で同胞を意味する。会話の中では、「ギダ・アタ・ラガ（*gida*：話相手も含めた我々の意味）」と表現され、それは文字通りには「我々ラガの人間」という意味である。北部ラガの言語では、ペンテコスト全体がラガと呼ばれているが、村落部で「アタ・ラガ」といえば、北部の同一言語圏の人々だけを指す。しかし都市部ではこれが変化する。ルガンヴィルで「アタ・ラガ」といえば、これは「ペンテコストの人間」という意味になり、マン・プレス概念の影響を受けて島が単位となる。もちろん区別する言い方は存在する。「アタ・ラガ・ラ・ノース」「アタ・ラガ・ラ・セントラル」という様に、ノースやセントラルを付加して同一言語圏を特定するのである。「マン・ペンテコスト」を名乗るこのタウン生まれの男性は、しかし、北部ラガの言語を話さないため、北部ラガ出身者と話をするときも「アタ・ラガ」という表現で自己も他者もアイデンティファイしない。ましてや、彼が言語を基盤とした区分「アタ・ラガ・ラ・ノース」として分類されるかどうかは難しいということになる。

　この男性は、実は地図8の№34のカヴァ・バーの経営者である。彼は自らをマン・ペンテコストと位置づけているということは、タウン生まれではない北部ラガ出身者にも認識されている。そして彼らは彼に挨拶するときは、北部ラガの言葉で声をかけるのである。しかし、彼のカヴァ・バーに北部ラガの人々がくることはめったにない。ルガンヴィルでもヴィラでもそうだが、北部ラガ出身者の経営するカヴァ・バーが多いからか、北部ラガ出身者が同郷の者が経営しないカヴァ・バーに行くことはあまりない。そしてそこに行けば、ビスラマで会話している人々をしり目に、北部ラガの言語で会話が進むことになる。もちろん、多くのカヴァ・バーではビスラマでの会話が主流になる。出身地を異にする人々がビスラマで会話しながらゆっくりした時間を過ごすのである。そしてNo.34のバーもこうしたバーの一つとなっている。ところで、サラカタ地区で「ガマリン・アタ・ラガ（*gamalin ata Raga*：ラガの人間のナカマル）」として明確に算定されるのはNo.16とNo.21である。この二つの店は、所有者も経営者も北部ラガ出身の移住第一世代の者である。しかし、No.16の所有者は、さらにNo.6とNo.31を追加する。ただし一つは（No.6）はセントラルだが、と付け加える。こうした捉え方は、島単位の捉え方で「アタ・ラガ」が「マン・ペンテコスト」をそのまま反映していることになる。ただ、No.31の場合は、所有者は北部ラガ出身者ではなく経営している者だけがそうである。その意味で、「ガマリン・アタ・ラガ」の周縁部に位置することになる。しかしこうして拡大された「ガマリン・アタ・ラガ」にさえ、No.34のカヴァ・バーは入らないのである。

都市で生まれた者は、各島へのアイデンティティを表明することでマン・プレス概念を形成する。しかし、それぞれの島で生まれた人々は、これらの者を自分の島の人間という枠の最も周縁部にしか位置させないといえる。つまり、マン・プレスという概念があくまでも自らの「良き村落」を典型として出来上がっており、都市生活者は、特定の島への帰属という自己認識を通してしか、しかも、お情け程度でしか村落の末端に座らせてもらえないということを示している。都市生活者はそれぞれの島に帰属しており都市に帰属する住民はいないという視点は、カストムはそれぞれの島のものであり都市のカストムはないという視点と重なることで、「良き村落」、「悪しき都市」という二分法を強化し続けるのである。

四　ピジン文化としてのカヴァ・バー

1　カヴァ・バーとカストム

既に述べたように、ルガンヴィルではカヴァ・バーという言葉と並んでカヴァ・ナカマルという言葉も一般的に用いられている。しかし、ナカマルは、村落部における伝統的な政治体制の象徴である集会所を意味しているため、カストム概念と強く結びついており、その分なおさら、ルガンヴィルのカヴァ・ナカマルは村落部でのカヴァ飲用や村落のナカマルと対比されることになる。ある北部ラガ出身者は、「カヴァ・ナカマルはシロン・ファヌア（島の法）に反する。バシシ（カヴァを潰す石）を使ってない。水をたくさん入れる。島では二杯で十分なので、町では（弱いから）何倍も飲むことになる。村のナカマルと全く違う。お金が介入する。ゴナータ儀礼（では鶏をたくさん殺すが、それ）をしても鶏をどこで料理するのか。カヴァ・ナカマルはバーにすぎない。シロン・ファヌアではない。カヴァ・ナカマルではゴンゴナイ（静寂、うやうやしさ）がない」という。彼は、村落と比較して、それとの差異を数え上げようとしているのだ。別の北部ラガ出身者も「カヴァ・ナカマルはアレガンナではない。あればバーだ」と主張する。島との違いを見つけようと思えばいくらでも見つかる。そして彼らの意見に代表されるように、島から都市に一時的に出てきた人々も、都市に移ってきた移住第一世代の人々も、都市に生まれた人々も、カヴァ・バーに関しては、村落との同一性を見つけようとするよりも差異を見つけようと努力するのである。

ところが、先ほど記述したラフシヴァッでのカヴァの宴は、シロン・ファヌアあるいはアレガン・ファヌアとして認識されている。この場合は、出来るだけ村落と類似の形で宴を行おうとしていたのであり、ラフシヴァッの人々も、明らかに島との「類似」ないしは「同一」を起点にカヴァの宴のカストム度を判定しているのである。どこか似ているところはないだろうか、どこか同一のものはないだろうか、という見方から物事を捉えるならば、類似したものは見つけられる。そして、「現金でカヴァの根を購入してくる」という島との決定的な差異も、無視ないしは容認できる要素となる。一方、カヴァ・バーでは島とは異なるカヴァの製法、味を目指しており、その意味で、島との違いはどこかという様な、違いを探そうとする見方、つまり、「差異」を起点とした見方でカヴァ・バーが捉えられることになる。その結果、ラフシヴァッでのカヴァの宴では無視された「現金の介入」という要素が、逆に、重要な差異のメルクマールとして用いられることになる。そして「カヴァ・バーではお金がからむので、カストムではない」、「お金を出して一杯づつ飲むのだから、カヴァ・ナカマルよりもカヴァ・バーという名称の方がふさわしい」、「カヴァ・ナカマルはカヴァ・バーであって、単なるビジネスにすぎない」ということになるのである。

カストムと判定されるラフシヴァッでのカヴァの宴と、「カストムではない。西洋流にしたかっただけ。それは西洋文明だ」とされるカヴァ・バーは、ともに「現金の介入」という側面をもっているが、実は、それに関して決定的な違いをもっている。それは、前者では現金を支払うのはホストの側であり、ゲストの側が現金を支払わずにカヴァを飲むことが出来るのに対して、カヴァ・バーではゲストが現金を支払わないとカヴァが飲めないということである。例えば北部ラガでは、通常は、カヴァの根を自分の畑から切り出してくるか、自分が主催する大規模な儀礼のときには、豚などを支払って多量のカヴァの根を手に入れ、それを多くのゲスト達に無料でふるまうのである。ラフシヴァッでのカヴァの宴は、このやり方に従っているのに対して、カヴァ・バーでのやり方は、村落的ではないということになるのだ。もっとも、村落部でもゲストの側が現金を支払うことがある。北部ラガでは、独立記念日や政府主催のスポーツ大会などのおりには、催し物の会場にカヴァを飲ませる店が出現するが、そんな場合には人々は自分の畑にカヴァの木があるにもかかわらず、そのカヴァの店で現金を支払ってカヴァを飲むのである。これは、しかし、明確にカストムではないと考えられている。独立記念日やスポーツ大会などはスクールの領域に属する事柄だが、そうした場合、カヴァに関してもカストム範疇からはずれたやり方をとることにより、それが明確にスクール領域にあることを示しているのである。(17)

カヴァ・バーでカヴァを飲むことがいかにカストムではないかということを示すために、島（村落）のカストムとしてのカヴァ飲用が対比として説明されることはよくある。例えば北部ラガ出身者は、「カヴァのアレガン・ファヌアとは、若い者が作り、チーフが誰々が飲むというとその人物が飲んでそしてチーフが飲む。お金を払う必要はない」という。またマラクラ出身者は、「カヴァを噛んで潰して、それをこねる。その後水を加えて絞り、チーフが名前を呼ぶとカヴァのある場所へ行き、ひざをついてそのカヴァを飲む。カヴァはチーフ以外の者も植えたが、チーフのもの。チーフだけが飲み、時々それ以外にもまわった。例えば特別の儀礼のおりなど」と説明する。しかし、北部ラガでのこうしたカヴァ飲用は、きわめて儀礼だったカヴァの宴の場合でなければ一般的には見られることがないし、マラクラでのそれも、かつての姿として描き出されるもので、いずれの場合も、都市部におけるカヴァ・バーでの

図2　「やり方」の対立関係

ヴァヌアツ ｛島（自分の言語圏 vs 同一の島の他の言語圏）vs 都市｝vs 西洋

α｛X（A vs B）　vs　Y｝　vs　β

カヴァ飲用をカストムから分離させるために、典型的なカストムを取り出してきてその差異を明らかにしようとしているのである。

ところで、先述したシェパード諸島のワータは、カストムではないが島のスタイル（アエラン・スタエル：*aelan stael*）と呼ばれ、都市のスタイル（スタエル・ブロング・タウン：*stael blong taon*）と呼ばれるカヴァ・バーからは区別されているという〔白川　一九九八：九九―一〇〇〕。ルガンヴィルでも、シェパード諸島に属するトンガリキ出身のカヴァ・バー経営者は、ワータはカヴァ・バーには適さないことを述べている。つまり、「カヴァはカストムだが、それはそれぞれの島のものであり、カヴァ・バーは島のカヴァとは違う」のであり、カヴァ・バーは「島のスタイル」でも「カストム」でもないのである。そして、「カヴァ・ナカマルは都市のやり方（ファッシン・ブロング・タウン：*fasin blong taon*）あるいは都市のスタイル（スタエル・ブロング・タウン）とはいえるだろうが、都市のカストム（カストム・ブロング・タウン：*kastom blong taon*）とはいえない。というのは、都市にカストムはないから」というあるカヴァ・バーの経営者の見解が、カヴァ・バーの位置を正確に捉えている説明ということになろう。

こうした見解とは別に、「カヴァ・ナカマルはカストムだ」という意見がないわけではない。しかしそれは、「ホワイトマンのものと比べるとブラックマンのカストム」という意味でであり、その理由は、「アルコールを飲んだときとは異なり、うやうやしさ（*respek*）がある。喧嘩をしない。しゃべらない。人の前を通るときは静かに通る。これらはブラックマンのカストムだ」というものである。この場合は、カヴァ・バーは類似や同一を起点とした見方によって判断されている。つまり、島（村落）のやり方と対比するときには島との差異に起点を置いた否定的な見方が支配するのだが、白人のやり方と対比するときには、島との類似を起点においた肯定的な評価となるのである。このことは、図2で示してある。

図2を見れば分かるように、自分の言語圏での生活は、そこで生活している限り、隣の言語圏での生活と対立する。そして、都市部においても「島のやり方」と言うとき、それは自分の出身の言語圏での村落生活をイメージして作り上げられるということになる。北部ラガ出身者が、シロン・ファヌアだとかアレガン・ファヌアを出して都市との対比を行っているのがその例である。しかし、都市では、単位は島になる。従って、「都市のやり方」に対する「島のやり方」も、その中核には自分の言語圏での村落生活が据えられるが、そのイメージを典型として周縁へと広がり、最終的には島全体の生活が漠然としたまとまりをもっているかのようにイメージされる。そして確かに、都市生活と比べると島の生活は全体としてはまとまっているのである。同じ様に、対比する対象が変われば、「まとまり」も変わる。「白人のやり方（*fasin blong waetman*）」と対比した場合は、やはり、「都市のやり方」であったとしてもそれは「島のやり方」とまとまって一つのイメージ、すなわち、ブラックマンのやり方という一つのイメージを構成することになるのである。

2　ピジン文化

都市文化に対する人々の位置づけは、今や明白である。移住第一世代の人々も都市生まれでピジンを母語とする人々も、自らのアイデンティティを島の文化、そしてその中核を構成する村落文化に置き、そこに、マン・プレスやカストムの所在地としての地位を与えるが、都市に対しては何ら肯定的なものを与えない。都市では、島アイデンティティが併存したままで混ざり合わないため、都市を単位としたアイデンティティが生成されないのである。そして、都市では個々の島文化のカストムが併存しているために、都市固有のカストムはなく、カヴァ・バーのような都市固有の文化が生まれたとしても、それはカストムとは位置づけられないのである。都市におけるカストムは、例えばラフシヴァッでの生活の中に見いだせるとその住人は考えているかも知れないが、それは併存している島文化の一つであり、都市文化としては考えられていない。こうしたところに、都市文化の空虚さが見いだせるのであるが、実は、こうした都市文化に対する位置づけは、ピジン語に対する位置づけと合致するのである。

ここでいうピジン語とはメラネシア・ピジンのことで、パプアニューギニア、ソロモン諸島、ヴァヌアツで共通語として話されており、英語を上層語（superstrate language）として成立した言葉であるため、かつてはピジン・イングリッシュと呼ばれてきたものである。ピジンと呼ばれる言葉は、言語学的には、クレオールと区別される（cf. ビッカートン一九八五）。つまり、ともにリングァ・フランカであるが、コミュニケーションの手段としてまずピジンが成立し、それがやがてそれを母語とする人々が誕生することによってクレオールになるというのである。メラネシア社会ではピジンを母語とする人々が多数存在するので、今や、言語学的にいえばクレオールということになる。それを敢えてここでピジン語と呼んでいるのは、一つには、ソロモン諸島でもパプアニューギニアでも人々が自らの言語をピジンと呼んでいるという理由によるが[18]、最も大きな理由は、次のことである。つまり、メラネシアで用いられているピジンは、それを母語とする人々の存在を考えれば、実質的に独自の言語として存在しているといえるにもかかわらず、依然として、それを使う人々からは、「これが自分達の言語だ」といった肯定的な認識がもたれず、未だに独立した「言語」の位置づけを与えられていないということなのである。ピジン語で「言語」を意味する「ランウィス（*lanwis*）」「ラングイス（*langguis*）」などは現地語のみを意味し、ピジン語はそこから除外されてしまうのである。

こうした意識は、当然のことながら村落・現地語を基盤として生活している人々が一番強く、その意識は、都市に移住してきた人々、そして都市・ピジン語を基盤とした都市生まれの人々へと移るにつれて、少しずつ薄れていくといえる。しかし、ここで問題としたいのは、ピジン語が自らのアイデンティティのよりどころとはならないということが、都市生活の程度を超えて、共通して見いだせるということなのである。ピジン語を母語とする都市生活者も、自らがアイデンティティをもつ島（そしてその言語圏）の者と挨拶するときは、出来るだけ現地語を用いようとするのであり、ピジン語は控えようとする。そして後者は現地語で話を通し、そこに共通語としてのピジンが機能しているとは言い難い状況が出現するのである。ピジンを母語とする者は、実際に現地語を習得しようと一生懸命努力するわけではないが、日常用いている自らの言語であるピジン語よりも現地語に高い評価を与えるという姿勢を、確かにもっているのであり、それは、村落に基盤を置く生活をしている人々と共通の姿勢なのである。

ピジンに対するこうした意識は、都市文化に対するそれと同じく図2の構造に当てはめて把握することが出来る。まず、自己の言語圏では独自の言語（A）を話し、それは同一の島内での他の言語圏の言語（B）と対立関係になる。しかしこの対立は、島全体が単位となるとより大きな対立の中に解消されることになる。それは島内で話される言葉（X）と都市で話される言葉（Y）の対立である。島内では、複数の言語が話されているが、そこで生活する人々の中にはそれらの言語を複数話すことが出来る人々もおり、たとえピジンを用いる場合でも、島内でのピジンは単に意志疎通の手段に用いられるだけで、それほど深い会話をするわけではない。ところが、都市においてはピジンが生活言語となるため、かなり深い内容を話す言葉として用いられることになる。そして都市部でのピジンは、その表現力を高めるために、英語からの借用語・借用表現もかなり入ってくる。ポートヴィラで話されているビスラマ（ピジン）が、ビスラマとイングリッシュをかけて、ヴィラ・ビスリッシュと表現されることがあるが、村落から出てきた人々が島ピジンを操っても、こうした都市ピジンは理解できないことも起こるのである。しかしこの様な都市ピジンであっても、それは、英語とは異なるものとして意識される。ヴァヌアツ全体が単位となると、そこで話されている言葉（α）は、島ピジンであろうと都市ピジンであろうとピジンという大きな単位でまとまり、英語（β）と明確に対立するのである［*cf.* 豊田　二〇〇〇：一六八］。

こうした点を踏まえて、本章ではメラネシアに見られる都市文化を「ピジン文化」と命名しようと思う。もちろんこれと対立するものとして念頭に置いているのは「クレオール文化」である。クレオール文化は近年注目を浴びているが、そこで取り上げられているのはクレオールのもつ異種混淆性である［*cf.* 今福　一九九四］。確かにクレオールは、言語としては見事に異種混淆を成し遂げ、例えばカリブ海の国々では、そうした言語的背景をもって成立している都市文化は、文化要素が混淆したクレオール文化として捉えることが出来るかも知れない。しかしメラネシアの都市文化は、やはり、異種混淆という視点からは捉えることが出来ないのである。確かにメラネシア・ピジンは言語学的にはクレオールであり、ある意味で言語的異種混淆性を達成しているといえるが、それにもかかわらず、それに対するメラネシアの人々の位置づけは、依然としてクレオールではなくピジンなのである。

つまり、カリブ海に見られるクレオール語は終着点であり、それを基盤に開花している都市文化も様々な事柄の結果生じた終着点である。人々はそこへたどり着いたのである。そしてそれは、混血、越境、異種混淆性を基盤として自らのアイデンティティのよりどころとなる「自己の文化」なのである。これをクレオール文化とすれば、メラネシアではそれとは異なるあり方が見られる。メラネシアにおけるクレオール語（すなわちメラネシア・ピジン）は一時的に使用する言語であると考えられており、母語として用いられていても、結局「ランウィス（現地語）」にはならないのである。そして、それを基盤に出来上がっている都市文化も、一時的に身を置くためのものにすぎず、終着点は常に村落における現地語であり文化なのである。ピジンを母語とする都市生活者でさえも、既に述べたように、自ら生まれた都市にアイデンティティをもたず、それを村落に求めようとする。つまり、様々なカストムが混淆せずに併存し、アイデンティティの場とは考えられていないメラネシアの都市文化は、あくまでも「他者の文化」なのである。こうしたトランジットで他者的な性質こそが、言語学的にピジンに与えられた性質であろう。メラネシアの都市文化をピジン文化と命名する理由がそこにある。

ところで、メラネシアに見られる文化のあり方を異種混淆性から論じようという議論が存在する。それは伝統概念を扱ったカストム論と呼ばれる一連の議論の中で生まれてきたものである。カストム論では、主として政治的なアリーナで用いられるカストム概念の検討が行われてきた。ヴァヌアツでも、独立前夜には、「独立すればカストムが強くなる」という言説が広く流布したという事実があり、政治的な動きとカストム概念は密接に結びついていることは確かで、特に西洋的なものと対立する伝統としてのカストム概念の強調に注目が集まってきた。しかし、こうした「伝統と西洋」「彼らと我々」あるいは「カストムとスクール」という二分法は、実は、本質主義的な捉え方から生まれているとして批判されるようになり、両者の混淆した姿を見つめる必要性が説かれるようになってきた。その結果、議論は異種混淆性の追求へと向かい、メラネシアにおけるカストム概念とスクール概念は実は混淆しているのだという議論へと進んできたのである［White and Lindstrom 1993, 1997］。

しかし、これらの議論はメラネシアの現実をうまく反映しているとは言い難い。筆者は既に詳細な批判を提示しているので、ここではその繰り返しをしない［吉岡　二〇〇五b］。ただ、異種混淆論の推進者達が議論の対象としていたのはエリートの言説であり、一般の人々のそれではないということを強調しておこう。そして、後者の人々にとっては、カストムはあくまでもスクールと対立するものなのであるという点も付け加えておこう。この点は、西洋からの様々な影響が深く浸透している地域についてもいえる。例えばソロモン諸島の西部州は、ロギングなどの開発が活発に実施されている地域で、その意味ではきわめて「近代化」された地域である。そこでは、人々は西洋的なものと伝統的なものが混在した日常の中で生活している。しかし、人々はそうした現実の中でも、カストムとスクールの区分を捨てない。人々は、強い西洋的影響を受けている現実の生活をファッシン（やり方）というピジン概念で受け止める。しかしそうした生活は彼らのカストムとは考えられていない。カストムはあくまでも西洋的な要素であるスクールと対立する概念として存在し続けているのである［石森　二〇〇二］。混在した現実にあっても、それをカストムとスクールという二分法の外の概念であるファッシンで捉え、あくまでも、カストムとスクールの区分を堅持する。これこそが、クレオール文化に至らない「メラネシア的」な文化のあり方なのである。[19]

3　カヴァ・バーと「都市らしさ」

カヴァ・バーは、ルガンヴィルの「都市らしさ」を示す一つの現象である。それは、ビルや舗装道路などの景観が、村落とは異なった「都市らしさ」を示しているというのと同様に、村落には存在しない都市特有のものであるとされる。しかし、それは同時に、ペンテコスト島の伝統的なカヴァ飲用をベースとしながら、各島の伝統文化の差異を越えて作り出されてきた「土着的」なものでもある。アルコールを飲ませる居酒屋とは異なった雰囲気とマナーで出来上がっているカヴァ・バーは、非西洋的で伝統的であり、まさにメラネシア的な文化であると言うことも出来る。こうした状況は、一見、近代の論理が貫かれる「都市らしさ」に、メラネシア的な伝統の論理が見いだせるという矛盾が生じているように見える。しかし、注意する必要があるのは、こうしたメラネシア的なカヴァ・バーは、ヴァヌアツの人々からはカストムとは考えられておらず、あくまでスクールの領域に属するものとされている点である。スクール。それは、西洋世界から新しく入ってきたモノ全般を指すわけで、カヴァを飲ませる店が「カヴァ・バー」と命名されるのも、市場経済の論理に従った西洋近代の枠組みに則ったものであると認識されるからに他ならない。

カヴァ・バーは、都市全体を貫く「都市のやり方」でもある。ただし、「都市のやり方」が顕著に出現する（ミッチェルの言う）構造的関係とは多少異なった位置にあると言える。公的な領域での関係は、仕事を中心とした関係である。ルガンヴィルでも、官庁や学校、企業や商店ではこうした都市全体を貫く「都市のやり方」に従った活動が展開される。それは、西洋近代の論理と言い換えてもよい。もちろん、公的な領域における西洋近代の論理は、その中身がローカル化されることもしばしば生じる。政権が変われば、官庁で働く人々の出身地域が変わるということや、伝統的なメカニズムに従った権力関係が存在することなど、枚挙にいとまがない。しかし、内容が「メラネシア的」になったとしても枠組みは西洋近代の仕組みが堅持される。選挙では賄賂が飛び交い、出身地の親族関係や権力関係がフルに稼働されるとしても、投票による選挙という枠組みは守られる。そして、こうした枠組みがまさしく都市全体を貫いて、都市をまとめている部分でもあるのだ。村落で都市から取寄せた商品を扱う商店を経営した場合、多くは、市場交換の仕組みがメラネシア的な贈与交換の原理にすり替わり、結局、つぶれてしまうが、都市では、それはあまりない。あくまで、市場経済の枠組みは堅持されるのである。

さて、カヴァ・バーは、こうした公的な領域での活動を終えた人々が、私的な共同生活に戻る前に立ち寄る中間的な場である。そこにおいて出現する社会関係は、ミッチェルの言うカテゴリー的関係ということになろう。しかしそこでは、「都市らしさ」特有の「匿名性」や「排他性」によって出来上がるカテゴリー分けが行われるわけではない。人々は、アルコールを飲めば騒いだり喧嘩したりするが、カヴァを飲む時は静かにお互いを尊重していられる、と考えている。次章で論じるが、近年、出身の島を単位とした喧嘩なども生じるようになってきたが、それは、アルコールの酔いによって誘発されると人々は考えている。しかしカヴァ・バーではそうしたことは起こらない。カヴァ・バーでは、出身地を同じくする人々が連れだって飲みに行くことが多い。従って、あちこちで、異なった言語でボソボソと話をする小さなグループが出来上がることも多い。しかし、そこに、新たな知り合いがやってきて、ピジン語を媒介とした別の輪が出来ることもしばしばあるし、カヴァ・バー全体がピジン語での会話に溢れている場合もある。ピジン語での会話は、出身が異なる人々が交流している現場である。しかし人々は個人としてだけ交流しているのではない。それぞれが出身の文化を背景として一つのまとまった単位とみなされることを承知している。そしてカヴァ・バーでは、そうした差異を了解した上で相互に対立的にならないカテゴリー化が行われているのである。

註

（1）実際のピジン語による会話では、経営者の名前をつけて「誰々のナカマル」という言い方がなされる。しかしそうした言い方では、伝統的なナカマルとの区別がつきにくいからか、一九九七年の段階ではカヴァ・ナカマルという言い方が用いられた。しかし、二〇一四年の時点ではそうした言い方は用いられず、伝統的なナカマルを「ナカマル・トラディショナル（*nakamal tradisional*）」と呼び、カヴァを飲ませるナカマルを「ナカマル、つまりカヴァ・バー」と呼んだり、後者を「カヴァのナカマル（*nakamal blong kava*）と呼ぶことで差異化したりしていた。

（2）一九九七年当時一ヴァツ＝〇・九円程度

（3）クローリーは、ナショナル・ドリンクとしてのカヴァを論じる中で、最初のカヴァ・バーであるマウンナに触れている。彼は、一杯一〇〇ヴァツのカヴァを飲む場合、ほとんどの人にとっては三杯で十分だった、と述べると同時に、やがてkava-drinkingが革新されていって、一〇〇ヴァツのカヴァが多すぎると感じたひとびとのために五〇ヴァツの半カップのカヴァが登場してきたと論じている［Crowly 1995: 9,11］。この指摘には注釈が必要であろう。その一つは、筆者がマウンナで飲んだときには、既に五〇ヴァツの半カップ（ヤシの殻のコップに半分）のカヴァが売られていたのであり、「半カップのカヴァ」という商品は、カヴァ・バー産業の発展と共に生まれてきたというわけではないということである。もう一つは、彼は一〇〇ヴァツのフルカップのカヴァは人々には多すぎたため、半カップが登場してきたと考えているが、必ずしもそうとは言えないということである。マウンナでのカヴァは、村落でのそれと同様に作られたもので濃度の濃いカヴァであったのに対して、それ以後急速に増えてきたカヴァ・バーでは、それが「都市化」されて水増しされ、薄くなっているのである。確かにマウンナでは、フルカップは多すぎるので半カップが登場したのかもしれないが、五〇ヴァツのカヴァが人々に喜ばれるとすれば、それは、クローリーの主張とは異なり、経済的な理由を考えるべきであろう。つまり、より長く店にいられるし、より多くの店を「はしご」出来るからである。

(4)　人々は、独立前は今ほどカヴァを飲まなかったという。何を飲んでいたのかといえば、アルコールである。ある都市在住の男は「(一九七七年当時は) ウィスキーのボトルが六〇〇ヴァツだったが、今は三〇〇〇ヴァツもする。独立してから白人のアルコールは高くなり、ニ・ヴァヌアツ (ヴァヌアツ人) の手には簡単に入らなくなった。そこで再び人々はカヴァに戻っていった」という。筆者が一九七四年にヴァヌアツを訪れたとき、確かにアルコール類は村落にも広く普及していて、ことあるごとに人々はウィスキーやビールを飲んでいた。村のストアーでウィスキーなどが売られていたため、都市部に出稼ぎに出て現金を手にしていた人々は、村でも簡単にアルコール類が手に入った。そして、儀礼などの後に行われる宴ではカヴァを飲み、それ以外ではアルコールが飲まれていた。そのため、いつも誰かが酔っぱらっているという情景が村落では出現していた。アルコール類は、現金を出せばすぐに飲むことが出来た。しかしカヴァは、畑から切り出してきた根を洗って、切って、バシシ (石) で潰して、という作業に労力と時間がかかり、畑から切り出してくる時間も含めると、飲むまでに数時間を必要とした。カヴァは日常的な飲み物としては、あまりにも労力と時間がかかりすぎたのである。独立後は、アルコール類は村落から消えた。カヴァは、以前と同様に、儀礼や共同作業の後の宴の場合には飲まれたが、アルコールが消えた分だけ人々はあまり「飲まなく」なった。一方、都市部ではカヴァ・バーが出現したのである。もしヴァヌアツが独立してもアルコールの価格が暴騰しなかったならば、これほどまでにカヴァ・バーが普及することはなかったと思われる。その意味では、「独立」よりも「価格」がカヴァ・バーの普及にとっては重要な要素だったのかも知れない。

(5)　ハバコーンは、ヴァヌアツの都市化に関する論文の中で、太平洋における都市部の定義の難しさに触れている。

規模が小さいというのがその難しさの原因だが、彼は、ウォルシュの定義をひいて次のように述べている、つまり、「都市部の最も一般的な定義は、〝どぎれのない居住地で、それは他の居住地よりかなり大きく、そこにいる人々のうちのかなりの割合が農業に従事していないということである〟」と［Haberkorn 1989: 71］。これは、社会学で用いられてきた基準を採用しているが、その基準から、ハバコーンは、ルガンヴィルを都市部として捉えている。

（6）センサスによると一九九九年時点での「照明として電気を利用する世帯」の割合は五五・四%、二〇〇九年の統計では七〇・一%となっている。二〇一四年現在は、サラカタ地区も電気を使用する家庭は大幅に増えているが、電気を使っても、煌々とした照明は避け、薄暗い状態のままである。

（7）電気と水道は民間の会社UNELCOが供給しているが、当時のルガンヴィル在住の日本人に聞いたところ、夫婦二人の生活で普通に暮らしていて電気代は、月一万五〇〇〇ヴァツ位するという。また、水道料金は、風呂をシャワーだけにしていて三ヶ月で五〇〇〇ヴァツ程度だという。なお、JICAが提供している二〇一四年のヴァヌアツの基本情報では、水道料金は日本と変らないが、電気料金は日本の三倍くらいするとされている。一方、ガスは、ポートヴィラもルガンヴィルもプロパンガスであるため、商店から購入する必要があり、配送料も必要とされる。なお、独立した一九八〇年以来、ヴァヌアツの都市部の土地は政府の所有となり、全てが借地権付きの土地となっている。従って、土地付きの家屋を購入した人々も、借地料を支払わねばならない。借地の期間は五〇年～七五年で、土地の広さ、場所によって借地料は異なるが、年間数千ヴァツ。具体例をあげると、サラカタの奥にある三分の一程度が傾斜地となっている一般的な大きさの土地の場合は、二〇一四年の段階で年三二〇〇ヴァツの借地料だという。それよりも小さな土地で一九九七年の段階で年五〇〇〇ヴァツという例もあるので、ケースバイケースで考える必要がある。

（8）一九九九年のセンサスでは、ホームアイランドについての意識調査が公表されていないため、ここでは、一九八九年のセンサスの調査結果を利用している。

（9）二〇一二年の時点で、ルガンヴィルのカヴァ・バーの大半はサント産のカヴァを使用しており、ペンテコスト産のカヴァを使用している所は二～三軒しかなかった。

（10）北部ラガの人々のほとんどはアングリカン（イギリス国教会）の信者であるため、ルガンヴィルのアングリカン教会は北部ラガの人々が日常的に利用する教会となっている。

(11) この計算では、光熱費、補修費、整備費など他の経費は算定されていない。一九九五年のインフォーマルセクター調査によると、ルガンヴィルのカヴァ・バー経営で必要なこうした費用は、年間一一四万九一二〇ヴァツ（一六軒のカヴァ・バー総額）と算定されている。これを参考にすれば、（年三〇〇日営業するとして）一日約二四〇ヴァツということになる。この点は表20についてもいえるが、こちらは規模が大きい分、必要経費も増えるであろうことは容易に想像がつく。ちなみに、このときの調査によると一九九五年のルガンヴィルのカヴァ・バー一軒あたりの利益平均は年間約六四万四千ヴァツ、（年三〇〇日営業したとして）一日に換算すると約二一五〇ヴァツである［Vanuatu National Statistic Office 1995: Table 41］。なお、ヴァヌアツのGDPに占めるカヴァ・バー産業の位置は算定されておらず不明であるが、一九九九年の全輸出額の一三％（第三位）をカヴァが占めているという事実は、ヴァヌアツ経済におけるカヴァの重要性を示しているであろう［Vanuatu National Statistic Office 2000a］。

(12) 註9で説明したように、二〇一二年の段階でサント産のカヴァがカヴァ・バーでは主流となっており、しかも、サントのカヴァは「強い」という評価が定着している。ただし、「お腹にくるから」良くないという評価もあり、それは村落での強すぎるカヴァと同じ評価と言える。

(13) 北部ラガには、タリ（*tari*）、モリ（*moli*）、リヴシ（*livusi*）、フィラ（*vira*）という四つの階梯が存在し、決められた価値の豚を決められた数だけ殺し、豚を支払って様々なエンブレムを購入することで、上位の階梯へ上っていくことができる。最上階梯に到達した者がラタヒギ（*ratahigi*）と呼ばれるが、これがビスラマでチーフということになる［吉岡　一九九八］。

(14) 例えばラフシヴァツには、二〇家族が居住しており、その内訳は、夫婦とも北部ラガ出身の家族が八、妻だけが北部ラガ出身である世帯が二、独身の北部ラガ出身の男性が一、その他、マラクラ、エピ、パーマ、アンブリュム、アンバエ、バンクスなどの出身の人々が集まっている。男性の職業としては、市役所職員三、会社員四、店員一、ドライバー一、警官一、ホテルのバーテン一、トラックをもっている輸送業一、大工二などである。男性で無職の者も数名いるが、彼らは臨時雇いで生計を立てている。ある北部ラガ出身者の家族の場合は、かつて定職についていた夫が仕事をやめてからは、この夫は借金の取り立て業や大工仕事などの臨時雇いで食いつなぎ、最近は、娘が商店で、妻がカヴァのプランテーションでカヴァ栽培の労働者として働くことで何とか自立している。

(15) カストムという概念は、「かつて」の生活がその核にイメージされているといえる。そして、そのイメージの延長線上にあるものはカストムとして把握され、そうではないものがスクールとしてカストムから排除される。様々な文化要素を、これはカストムかそうではないのか、という質問形式で聞いていけば、それぞれの要素は区分けされていく。しかし、カストム概念で重要なのは、こうした個々の要素ではないのである。例えば、北部ラガのボロロリ（*bololoi*）と呼ばれる儀礼は、位階階梯制を具現する儀礼であり、その中で豚を殺しエンブレムを購入することにより階梯を上ることができるという性質をもつ儀礼であるが、人々はビスラマでいえば、これを明確にカストムとして認識している。しかし、現在の儀礼の執行者達は、かつての様な生活をしているわけではない。マッチで火をおこし、鉄の鍋で料理し、鉄の斧で木を切り、トラックに乗って現金収入源のコプラやカヴァの木を運び、村のストアーで買い物をするクリスチャンである。ボロロリ儀礼においても、サンダル履きでダンスをしたり、Tシャツにズボンを履いて儀礼場を行き来したりする。これら個々の要素を、カストムかそうではないのか、と聞けば、明確にカストムではないと答える。しかし、ボロロリ儀礼は全体としてカストムなのである。人々も現在の儀礼を見て「かつてはこうしたことはしなかった」という解説は行う。「かつて」と全く同様の「現在」があるわけではないことは、人々も十分承知している。そうしたことを承知した上で、全体の枠組みや手順、様式などが昔から続いているとされる儀礼のイメージの延長線上にあれば、それはカストムとなるのである。

(16) 正確にいえば、シロン・ファヌアがカストムに該当し、アレガン・ファヌアはビスラマでいうファッシン（*fasin*）に該当する。

(17) カヴァ・バーでのカヴァの飲用がカストムとされる場合もある。筆者はカヴァのプランテーションで働く北部ラガ出身者の夫妻を尋ねたとき、石蒸し料理を作って歓待してくれたが、そこにはカヴァを作る道具がないから、ということで石蒸し料理を分配してもらってから、シャピ地区までトラックで出て、そこでこの男性にカヴァをおごってもらった。これはカストムなのである。つまり、この男性がホストで筆者がゲストであり、我々二人ともカヴァ・バーのゲストであるということはここでは考慮の外に置かれている。そして、ホストが現金を出してカヴァをゲストに提供するというパターンだけが問題となる。あるカヴァ・バーの経営者の自宅にゲストとして食事に招かれたとき、彼のカヴァ・バーでカヴァを飲んでから石蒸し料理を食べたが、彼は「カストムだから」といって、その日はカヴァの代金を受け取るのを拒否したのである。

(18) ヴァヌアツではピジンのことを公式にはビスラマと呼んでいる。しかし会話の中では、ビスラマと同じくピジンという言葉もしばしば用いられる。

(19) 言語学者が想定するように、ピジンはクレオールに至る過渡期の形態と捉えることは可能かも知れない［*cf.* ビッカートン　一九八五］。つまり、やがて時間が経過すれば、そしてメラネシア・ピジンを母語とする都市住民が増加すればするほど、ピジン文化はクレオール文化にならざるを得ないのかも知れない。しかしここで注目したいのは、少なくともメラネシアでは、現在まで、クレオール文化に至らないような仕組みを配備しながらピジン文化を形成してきているということなのである。

第六章　都市におけるエスニシティの誕生

本章では、前章よりも五年以上経過した二〇〇四年のルガンヴィルを論じる。一九九〇年代の終わりと比べると、グローバリゼーションの進行が少し進み、「都市らしさ」の論理の一つと考えられる単配列的な思考に基づいた排他的なカテゴリー化が顔を出し始めてきている。そこで、本章では、ルガンヴィルの都市生活者にとって出身の島がいかなる単位をなし、どのような意味を持っているのか、そしてそれは、エスニシティという概念で考えることができるのかできないのかを考察する。メラネシアは、同一言語の話者人口がきわめて少ないところであり一つの島に複数の言語が存在しているが、こうした状況にあって、従来のオセアニア研究においては、それぞれの言語圏をエスニシティ概念で捉えることはなかった。ましてや、複数の言語圏にまたがる島という単位を、エスニック・グループとして捉えることもなかった。また、センサスなどにおいても、ヨーロッパ人やアジア人などと並んで native や indigenous people を一つのエスニック・グループと捉えることはあっても、島単位はたんなる出身という扱いを受けるだけであった。しかし、グローバリゼーションが進行する現在のメラネシアにあって、島を基盤として出来上がるカテゴリー化は、単なる「出身」だけの意味しかもたないのだろうか？本章では、ヴァヌアツ共和国における島を単位としたピジン語概念であるマン・プレスを、言語圏を単位とするカテゴリー化と対比しながら考察していく。

一　ルガンヴィルの下位区分

1　センサスに見る出身島の分布

ヴァヌアツ共和国は、現在六つの州に区分されているが、[1]エスピリトゥ・サント島はマロ島や周辺の島々と一緒にサンマ州を構成している。サント島の南東端にあるルガンヴィルは、サンマ州の州都でもあるため、市政機関以外に州政府も置かれている。また、この二つの行政組織とは別に、ルガンヴィル・マン・アイランド・チーフ評議会（Luganville man island council of chiefs）があって、前二者と役割分担をしている。例えば、カヴァ・バーの認可は市政機関が、カジノなどの娯楽施設は州政府が、また、ダンス・クラブなどはチーフ評議会が認可するという具合である。このチーフ評議会は、ルガンヴィルにいる同じ島の出身者達が選んだチーフ達で構成する評議会のことで、マン・アイランドというのは、ピジン語で言うマン・プレス（*man ples*）を英語によって言い換えたものと考えて良い。つまり、マン・アイランド・チーフ評議会とは、「同じ島出身の同郷者」のチーフ達が集まった評議会という意味になるのである。

さて、まずルガンヴィルの人口構成を見てみることにしよう。表21は、一九九九年センサスによるルガンヴィルの出身島別人口構成である。[2]センサスの区分では、バンクス諸島（Gaua 島から Ureparapara 島ま

表21　1999年センサス時のルガンヴィルの出身島別人口構成

解答なし	117 (1.1)*	ペンテコスト	1,434 (13.3)	エファテ	214 (2.0)
バンクス・トレス	1,129(10.5)	マラクラ	1,449 (13.5)	Efate	137
Gaua	35	Malakula	1346	Emau	35
Merig	14	Vao	18	Pele	13
Merelava	398	Atchin	61	Nguna	11
Vanualava	159	Wala	2	Moso	9
Motalava	351	Rano	4	Lelepa	1
Mota	34	Uri	1	Ifira	1
Kwake	3	Sakao	4	Erakor	6
Rah	4	Maskelynes	12	Kakula	1
Ureparapara	30	Arseo	1		
Toga	30				
Loh	42			タフェア	297 (2.8)
Tegua	8	アンブリュム	1,268 (11.8)	Erromango	20
Metoma	4	パーマ	920 (8.6)	Tanna**	270
Hiu	17	Paama	910	Tanna	240
		Lopevi	10	Aniwa	8
		エピ	115 (1.1)	Futuna	22
サント・マロ	2258 (21.0)	Epi	102	Aneityum***	7
Mavea	4	Lamen	13	Aneityum	6
Tutuba	17			Reef	1
Aore	10				
Santo	1949				
Araki	10	シェパード	248 (2.3)		
Tangoa	7	Tongoa	179		
Malo	261	Tongariki	26	計	10,738
		Buninga	5		
		Emae	6		
アンバエ	1,125(10.5)	Makura	27		
マエウォ	164 (1.5)	Mataso	5		

*(　)内はパーセンテージ。 **Tanna には Tanna と Aniwa と Futuna が含まれている。
***Aneityum には Aneityum と Reef が含まれている。
Vanuatu National Statistics Office 200b のデータを Vanuatu National Statistic Office 1991b による区分で整理したもの。

で）とトレス諸島（Toga島からHiu島まで）はまとめて大きな区分に、サント島とその周辺の小島（Mavea島からTangoa島まで）、およびサント沖のマロ島も一つの区分とされている。マラクラという区分は、マラクラ本島とその周辺の島々（Vao島からArseo島まで）をまとめており、パーマやエピという区分はともにその区分に含まれる二つの島をまとめたものであり、エファテは、エファテ島およびその周辺の島々をまとめたものである。一方シェパードという区分は、シェパード諸島の島々をまとめたものであり、ヴァヌアツ南部の島々をまとめた概念である。センサスの上ではこれらは一つの区分としてまとめられており、その下位に、タンナやアネイチュムのように周辺の島を含めた単位を設けてある。

このセンサス上の「まとめ方」は、マン・プレス概念と重なるところが多い。周辺の島々をも含めたマラクラやエファテというセンサスの区分は、そのまま、マン・マラクラやマン・エファテ概念と重なる。つまり、マラクラ沖のヴァオ島の人も、マン・マラクラと名乗り、また呼ばれるし、エファテ島沖のグナ島の人はマン・エファテと名乗り、また呼ばれるという具合である。ただし、エファテ島で話す場合は、グナ島の人はマン・エファテではなくマン・グナとなる。これは、出身を語る場合には共通して見られることで、例えば日本で出身を語るときに、あるときは地域を、あるときは県を、そしてあるときは市町村を引き合いに出すのと同じである。

また、バンクス諸島とトレス諸島の人々は、それぞれの諸島内の出身島を単位に語られることはあまりなく、マン・バンクスやマン・トレスという具合に諸島の名前で表現されることが多い。ただルガンヴィルでは、マン・バンクスという言葉でトレス諸島出身者を示すことも多い。一方、シェパード諸島を単位としてマン・シェパードと表現されることはほとんどなく、シェパード諸島の中で最もルガンヴィルへの移住者が多いトンゴア島の名前を用いて、マン・トンゴアと言われることが多い。もちろん、区別をするときにはマン・トンガリキとマン・トンゴアは分けられるが、前者は後者の表現で呼んでも問題なく通じるのである。なお、センサスで用いられるタフェアという州区分名を用いてマン・タフェアと表現されることはあまりなく、タフェアを構成している個々の島（周辺の小島も含める）の名前をつけて、マン・タンナ、マン・アネイチュムなどと表現される。

2　ルガンヴィル・マン・アイランド・チーフ評議会

さて、都市部におけるチーフというのは、必ずしも伝統的な手続きを経ることが条件となっているわけではない。第五章で紹介したように、ポリスをしている者がもめごとに対処することが上手くできるだろうと言うことで、選ばれることもある。しかし、ポートヴィラと比べると、ルガンヴィルのチーフの方がより村落的な色彩が強く、人々の生活の中で占めるチーフの位置は相対的に大きい。そのため、都市のチーフの選出でより伝統的な手続きが重視されることもある。例えば、マラクラ出身者のルガンヴィルにおけるチーフが子供を残さずに亡くなったとき、その次のチーフは選出されるのではなく自動的に決まったという。というのは、マラクラではチーフの家系というものがあって、チーフはチーフの家系からしか出ないからだと言う。そして、亡くなったチーフが子供を残していないのだから、ルガンヴィル在住者で同じ家系のある人物が必然的に次のチーフになったという次第である。[3] ペンテコスト島出身者の間でも、島での位階階梯制の位置づけが意識されることはある。長年、ルガンヴィルのペンテ

表22　ルガンヴィル・マン・アイランド・チーフ評議会

島	人数	島	人数
バンクスとトレス	2	アンブリュム	1
サント	2	パーマ	2
マロ	1	トンゴア	1
アンバエ	1	エファテ	1
マエウォ	1	エロマンゴ	1
ペンテコスト	2	タンナ、アネイチュム、フツナ	2*
マラクラ	2		

*タンナ以南のアネイチュム、フツナなどと合わせて二人のチーフを送り出す。

コスト出身者のチーフを努めていたある人物は、伝統的な仕組みに従って位階階梯制の中の最上階梯に到達した人物であり、村落にいても伝統的チーフと称されていた。彼はルガンヴィルのシャピ地区に、まるで村落でのものと同様に自らの集会所（*nakamal*）をつくり、周りに同島出身者を集めてちょっとした「集落」を作っていた。つまり、彼は、ルガンヴィルに村落を持ち込んで住んでいたと言えるのである。[4]

これらのチーフ達は島単位で選ばれるのであるが、ルガンヴィルに現実に居住している人々の人口的なバランスを考慮して、人数の少ないところは近隣の島とあわせてまとめて一つの単位とされる。さて、表22は、上記センサスの実施された時期に近い一九九七年当時のマン・アイランド・チーフ評議会の構成である。表22は公式文書から取り出したものではなく、人々の「語り」の中から抜き出したものであるため、人々の日常的な「島のまとまり」、つまりマン・プレス概念が反映されていると言える。例えばバンクスとトレスについて言えば、それぞれ別々にマン・バンクス、マン・トレスと言われることもあるし、まとめて扱われるときもある。また、トンゴアという単位は、既に述べたが、マン・トンゴアだけではなくマン・トンガリキなど、シェパード諸島の人々も含めて用いられるのである。

表21と表22を比べてみると分かるが、サントやペンテコスト、マラクラなど出身者の人数の多い島は二人のチーフが選ばれるということになる。バンクスとトレスが二人なのは、マン・バンクスとマン・トレスという二つのグループを考慮してのことだろう。一方、アンバエやアンブリュムのチーフが一人で、パーマが二人というのは奇異なような気もするが、パーマの人口が多いという意識は人々の中で定着しており、あるパーマ出身者は、一九七七年の時点で三〇〇〇人は居住していると言っていた。その数字が大げさなことは言うまでもないが、エピのチーフが設定されていないところを見ると、マン・パーマとマン・エピが一つの単位となり、二人のチーフを選出するようになっていると思われる。それ以外の出身者の少ない島も、一人のチーフを出すように工夫されているが、アネイチュムとフツナがタンナと一緒になって一つの単位になっているのに、出身者の極めて少ないエロマンゴが一人のチーフを出すように設定されている理由は、不明である。

このチーフ評議会は、出身の島単位別にチーフが選ばれるのであり、この中に、ルガンヴィルという単位はない。ルガンヴィル生まれの人々もたくさんいるが、ルガンヴィル出身のチーフというものは想定されていない。前章で説明したように、ルガンヴィルという町にいる人々は、たとえルガンヴィルの居住者であっても、どこかの島の出身であるという位置づけがなされなければならないのである。それは、生まれた島や両親の出身島などを通して決められる。父がペンテコスト出身で母がアンバエ出身でルガンヴィルで生まれた場合、子供は、どちらかの島を自分の出身島として決める。さもなければ、彼の出身島は、サント島ということになる。こうして、自らのマン・アイランドが決められるのである。

二　マン・プレス概念と都市生活

1　「我らラガ人」と「マン・ペンテコスト」

ルガンヴィルはポートヴィラに比べると島別出身者の住み分けがより明確であり、ルガンヴィルでは、ある程度のまとまりを居住者がより意識している。その中の一つのグループであるペンテコスト島出身者を事例に、「まとまり」の実態を考えてみよう。ペンテコスト島は、大きくは北部、中部、南部の三つの言語圏からなっているが、筆者が長年フィールドワークを実施してきたペンテコスト島北部、つまり、北部ラガの人々を中心に考える。北部の人々の話す言語は、言語学者によって「ラガ語」と命名されているので、ここでもそれに倣ってラガ語と言う表現を用いる[5]。

さて、ラガ語で自分達のことを、アタ・ラガ（*ata Raga* = *atatu Raga* =ラガ人）と言う。この表現が用いられるのは、ラガ語での会話の中で、同郷人に向かってギダ・アタ・ラガ（*gida ata Raga* =我々ラガ人）という場合である。ラガ語を理解しない人との間ではこの表現は用いられない。北部ラガで生まれ、ラガ語を母語とし、北部ラガで生活する人々がアタ・ラガの中核部を占める。これらの人々の中には、移住する人々もいる。ペンテコスト島のすぐ北にあるマエウォ島南部に移住していった人々がいるが、彼らもラガ語を話し、北部ラガと同様の村落生活をマエウォ島で送っている。彼らもアタ・ラガである。移住という点では、都市部に移住してきた人々も同じであり、ルガンヴィルで生活しているがラガ語を母語とする人々は、アタ・ラガである。

このアタ・ラガという概念は、曖昧な境界線を持っている。アタ・ラガ概念の中核には、「ラガ語を話し北部ラガで生活する人々」がいるが、そこから周縁に広がっていくのである。例えば、北部ラガの親族体系の中に擬制的なやり方で取り込まれた筆者のようなフィールドワーカーは、ラガ語での会話の中ではギダ・アタ・ラガ（我々ラガ人）の対象となる。「我々」を意味するギダというのは、「あなたと私」という意味での「我々」であり、ラガ語の話者同士では頻繁に用いられる。筆者は「日本人」であることは皆に周知のことであるが、アタ・ラガ概念の周縁に位置づけられることも可能なのである[6]。

筆者の経験をさらに記述することで、この概念の広がりを説明することができる。あるとき首都のポートヴィラを歩いていると、見知らぬ男性からラガ語で話しかけられ、カヴァを飲みにいこうと誘われたことがある。目当てのカヴァ・バーのある場所がオレン・タンガーラ（オレンはポートヴィラの一地区、タンガーラ＝*tangāra* はラガ語で「新しい土地」）で、そこには「ギダ・アタ・ラガ」がたくさんいるというのである。この男性は、後で分かったことだが、母がペンテコスト島の北部（北部ラガ）の出身で、父がペンテコスト島の中部出身。北部も中部も母系であり、その原理に従えば彼は北部ラガの親族体系に組み込まれるが、彼は中部の言葉も話すことができて、どうやら中部の人々との交流の方が多いようであった。彼は、自分と筆者を「ギダ・アタ・ラガ」と位置づけているが、中部の人々にとっては、彼は「中部の人間」ということになろう。ただ、このオレン・タンガーラには、ペンテコスト島中部の人と結婚した北部の人なども おり、そこのカヴァ・バーには、北部の人々と中部の人々が一緒に集まっており、北部と中部を区分するような雰囲気はなかった。

都市生活では、こうした相互交流は極端に進むことが多いが、そのことが、アタ・ラガの適用範囲を広げていく。つまり、都市で生活するペンテコスト島出身者は、北部以外の人でもアタ・ラガと呼ばれるようになっているのである。「あのガマリ（カヴァ・バー）はギダ・アタ・ラガのガマリだ」という言い方で、中部ペンテコスト出身者の経営する店を指すことがあるのである。ただし北部ラガ出身者同士の会話では、そこで用いているアタ・ラガは北部ラガの人を指しているわけではないことはすぐに分かる。しかし、誤解をさけるために、アタ・ラガ・ラ・サウス（*ata Raga la saos* ＝南のラガ人）、あるいはアタ・ラガ・ラ・セントラル（*ata Raga la sentral* ＝中部のラガ人）という具合に、ピジン語から借用したサウスやセントラルを付けて北部ラガと区別することも多い。

言語圏単位の母語による区分は、都市生活においては影を潜める。つまり、アタ・ラガがペンテコスト島出身者に対して適用されるというやり方は、アタ・ラガ概念の広がりを示してはいるが、村落部では見出せない都市生活者独自の用法であると言える。そしてそれは、都市生活を支えているピジン語での島単位の概念、マン・プレスの影響と言える。つまり、都市生活においては、言語圏単位の区分から島単位の区分にシフトせざるを得ないということなのである。ペンテコスト島出身者に適用されるマン・ペンテコスト（*man Pentekos*）やウマン・ペンテコスト（*uman Pentekos*）は、「どこの出身（*man wea?* あるいは *uman wea?*）」という質問に対する答えとして出てくるものであるが、この問での「どこ（*wea*）」は、ヴァヌアツ国内（独立前なら、英仏共同統治領ニューヘブリデス内）のどこかの島でなければならないのである。そして既に述べたように、都市部生まれの者であっても、どこかの島への帰属を表明せねばならないのである。

一つの例を紹介しよう。ある男性とピジン語で話していた時のことである。彼は「私はマン・サントだと」言ってすぐに、「南東だ」と付け加えた。筆者は、「サント島の南東部の出身なのだろう」と思っていたが、よく聞いてみると、ルガンヴィル生まれだった。そこで筆者は「それじゃあマン・ルガンヴィルだ」と冗談めかして言うと大笑いとなった。大笑いとなるほど、マン・ルガンヴィルという概念は「滑稽」で「ありえない」ものなのだ。

もう一つの例を挙げよう。父がペンテコスト北部の出身、母がアンバエ島出身で、ルガンヴィルで生まれ、ピジン語を母語としているある男性は、マン・ペンテコストを名乗っている。彼は、ほっておいたらマン・サントと呼ばれてしまうことを自覚している。そして、マン・サントは喧嘩ばかりするから嫌いなので、マン・サントとは呼ばれたくないというのである。この人物は、前章でも取り上げたNo.34のカヴァ・バーの経営者である。彼がなぜマン・ペンテコストを名乗るのかといえば、父の出身地であるペンテコスト北部、つまり北部ラガでは、息子として土地の相続ができるからだ、という。北部ラガは母系であり、父の土地は自動的に息子へは引き継がれない。しかし、現実には、母が異なった島の出身者の場合、その子供は父親の関係を通して土地を手に入れているのである。北部ラガ社会は規定婚の社会であり、結婚すべきカテゴリーが決められている。従って、母が異なる島の出身者の場合、父が本来なら結婚の対象としたであろう親族カテゴリーの女性が帰属する親族集団の土地が、その子供にあてがわれるという仕組みが存在しているのである。それを知って、このルガンヴィル生まれの男性は、マン・ペンテコストを名乗っているというわけである。しかし彼は北部ラガに行ったこともないし、北部ラガに住む予定も今のところはない。そして、彼がマン・ペンテコストであるという認識は、近隣の他の島の出身者に共有されているわけではない。近隣の人の中には、彼をマン・アンバエと思っている者もいるのである。しかも、何よりも彼の父が彼をマン・ペンテコストとは考えていないのである。

この父親は、マエウォ島の南部に移住した北部ラガの人々に関して次のように述べている。「マエウォにいるラガの人々は、アタ・ラガであってアタ・マエウォではない。ビスラマでも彼らはマン・ペンテコストでありマン・マエウォではない。しかし子供がそこで生まれたらマン・マエウォになる。私の息子のように」。彼は北部ラガを早くに離れ、ルガンヴィルに移住してきたいわゆる「移民一世」であり、都市部での生活は長い。彼はラガ語を話しており、北部ラガの人々からも「アタ・ラガ」と位置づけられている。彼も「アタ・ラガ」を自認している。しかし彼は、ルガンヴィルで生まれ育ちピジン語を母語とする自分の息子については、マン・サントであると考えているのである。

2　マン・プレスにおける血統主義と生地主義

マン・プレスは、移住先であっても両親が同じ島の出身であれば、問題なく確定できる。マエウォに移住した人々の子供がマエウォで生まれたとしても、ペンテコスト北部の人々同士の子供でラガ語を母語としていれば、間違いなくマン・ペンテコストとして扱われる。同様に、ルガンヴィル生まれであっても、ペンテコスト島北部の出身者同士の間に生まれてラガ語を母語としていれば、マン・サントになることはない。その意味で、マン・プレス概念は「血統主義」とでも呼べる原理が前提にある。両親の出身がそのまま子供に引き継がれるのである。しかし、その血統主義は、両親が異なった島の出身でピジン語を母語としている場合には、揺らいでしまう。上記の例では、ルガンヴィル生まれの自称マン・ペンテコストは、他称ではマン・アンバエであったりマン・サントであったりするわけである。しかしここで重要なのは、彼はほっておいたらマン・サントとして扱われるということを自覚していることである。これは、彼の父親の説明で明らかなように、生まれた場所＝島をマン・プレスのプレスにしようという「生地主義」の発想なのである。

マン・プレス概念を支えている血統主義は、基本的に島へのアイデンティティから生まれているというより両親の出身の言語圏へのアイデンティティに基づいている。従って、両親が異なる島の出身の場合にはどちらかの親の出身の島を子供がマン・プレスとして名乗ることになるが、その場合は、その親の出身の島全体ではなく、出身の言語圏への関与がそうした名乗りを生み出すことになる。そしてそれが出来ない場合に、二次的に生地主義が顔を出すのである。

マン・プレス概念は、場を共有することでまとまりを作り出す概念であったため、生地主義を貫けば矛盾が生じないが、その島で生まれたというだけでは、「まとまり」としての結束を生み出すことはできない。そしてアイデンティティの基盤は、もともとは言語圏にあるため、血統主義が矛盾を孕みながらも採用されてきているのである。しかし、都市生活においては、この矛盾はどんどんと大きくなる。既に述べたように、言語圏単位の区分よりも島単位の区分が頻繁に出現するし、現地語概念がピジン語概念によって変形させられる（アタ・ラガが島単位にも適用されるなど）ことさえ生じている。そうした状況の中で、もともと複数の言語圏にまたがる形で設定され、同じ島だけど他の言語圏にはなんらアイデンティティを持たない人々を一つにまとめる概念として成立していたマン・プレス概念に、アイデンティティを求める傾向が近年強くなってきたのである。

その一つの表れが、島という単位を指して「言語が異なるだけで、カストムは一緒だ」という言い方の出現である。言語の違いが、単なる差異として受け取られ、言語とカストムが分離されて考えられる。そうなるとピジン語を母語としていても、ペンテコスト島出身の両親の元で育った子供は、ペンテコスト島民としてのカストムを身に着けることは可能ということになる。これは、なんとか島を一つの単位としてまとめようとするための方便でもある。アタ・ラガ概念がラガ語という言語を基盤としていることから理解されるように、母語を共通にするということがアイデンティティの大きな柱になっていることは皆知っている。しかし、それでも、言語圏を越えた島全体としてのまとまりをなんとか作り出そうとしている、ということなのである。

「言語が異なるだけでカストムは一緒だ」という単純な「いいわけ」ではなく、言語圏でのまとまりの重要性を認識しつつも島としてのまとまりを主張する人々もいる。あるマラクラ出身者は、次のように述べて言語圏と島の関係を説明してくれた。「マラクラには沢山の言語があり、それぞれカストムも違う。言語が一つだったらカストムも一つになるのに。同じ島の人間なのにピジンで会話する。これは良くない。ただ、マン・マラクラは違う人々をまとめているが、内部での違いは他の島との違いと比べると大きくはない。異なった人々（*difren pipol*）が一つの島にいるが、他の島との違いの方が大きい」。

ここでのマン・マラクラ概念の説明の仕方は、独立時における指導者たちの想定した国民国家形成の場合と同じ論理で出来上がっているという点に注目する必要がある。英仏共同統治領ニューヘブリデスが独立に向けて始動していたとき最初に起草されたピジン語による憲法の前文では、ニューヘブリデス共和国（そこではまだヴァヌアツという言葉は使われていない）という国家にいる人々は、マン・ニューヘブリデス（*man Nyuhebredis*）と位置づけられた。憲法の第三章では、それが「ニューヘブリデスのマン・プレス（*man ples blong Nyuhebredis*）」という表現に変わっており、誰が国民として認定されるかという点がきっちりと規定されている［Ripablik blong Vanuatu 1980］。その意味で、曖昧であったマン・プレス概念をより明確なものとして位置づけ直したものであるといえる。しかし、様々な価値観、カストムを持っていた異なった言語圏の人々をまとめる内的な共通の要素は見出せなかったため、それは、「西洋世界」とは異なるという点でまとまっているというやり方をとったのである(7)［吉岡　二〇〇五b：二一四］。上記のマン・マラクラ概念の規定は、まさに、これと同じであり、単なる「出身」を意味していたマン・プレス概念を、アイデンティティの場として設定し直したものであると言える。

こうした島という場に中身を伴ったまとまりを持たせようとする傾向は、両親の出身島が異なり、都市部で生まれ、ピジンを母語とする人々のマン・プレスを「生地主義」で決定しようという発想と連動している。血統主義で帰属の島が決まったとしても、マン・プレス概念自体が「血統」を超えた場の論理で出来上がっているため、異なった「血統」の人々とのまとまりを要求する。そのまとまりに中身が伴えば伴うほど、血統主義とは離反する。しかし、生地主義であれば、矛盾しない。ペンテコストという場で生まれた人々は、マン・ペンテコストであり、ルガンヴィルで生まれた人々は、都市部のまとまりを拒否するマン・プレス概念で言えば、マン・サントなのである。血統主義にこだわることは、アタ・ラガのような現地語によるまとまりにこだわっているということである。マン・プレス概念が、現地語によるまとまりの概念から離脱しようとしている表れを、この生地主義に見ることができるのである。

三　ハーフカスとフィールドワーカー

1　マン・プレスとハーフカス

ところで、ヴァヌアツではマン・プレス概念で捉えることのできないヴァヌアツ人が存在している。それが、ピジン語で言うところのハーフカス（*haf kas*、ハーフカースト）である。この概念は、良い悪いという価値判断を伴わないとされており、まず、肌の色、目の色、容姿から判断すると言われている。「白人との混血はハーフカス。おじいさんが白人の場合でもハーフカスと言う。色が黒いと黒人（*blakman*）だが、例えば、その人物の父が日本人であることがわかるとハーフカスと呼ぶ」、また「日本人やフランス人やタヒチ人の男とここの女との間に子供ができて、男が行ってしまった場合、その子供をどこどことのハーフカスと言う」などと説明されている。

この説明から分かるように、ハーフカス概念は、「肌の色、目の色、容姿」がメラネシア人とは異なる人々に対して適用される。逆に、見た目がメラネシア人と区別がつかなければ、ハーフカス概念から外れることもある。例えば、同じ黒色系の人々（*blakman*）の間で生まれた子供、例えば、マン・ペンテコスト（北部ラガ出身者）とパプアニューギニアの女性の間の子供は、原理的にはハーフカスということになるが、肌の色、目の色、容姿の点ではマン・プレスと違和感がなく、現実にこれらの子供はマン・ペンテコストとして扱われることになる。しかし、見た目がそれほど違和感がなくとも、どこかの時点でメラネシア人とは異なる容姿の人々（特に白人）との混血があったことが分かった場合には、それは明らかにマン・プレス概念とは異なるものとして位置づけられる。

ヴァヌアツの歴史上、最も大きな事件として記憶されているのが、ヴァヌアツ独立直前に勃発したサント島での分離独立の暴動である。伝統的なメラネシアの生活の復権を目指したこの運動を指導したのが、ジミー・スティーヴンスという人物であった。彼の祖父はスコットランドの出身であり、トンガ人の妻とともにサント沖のウレラパ島に住んだ。その息子の一人がバンクス諸島・モタ島の女性と結婚し、ジミーが生まれた［Aaron et al.1981: 47］。彼はルガンヴィルで育ち、メラネシア人と一緒に生活を送ったが、彼は明確にハーフカスであり、マン・サントとは呼ばれない。つまり彼は、帰属すべき島を持たないハーフカスであり、その意味では、日常生活における島単位で出来上がるまとまりの構成員にはなれないということになるのである。

マン・プレスを特定するときの質問「どこの出身（*man wea*）?」における「どこ」は、ヴァヌアツ国内（英仏共同統治領ニューヘブリデス内）のどこかの島を指すのに対して、「どことのハーフカス（*hafkas blong wea*）?」における「どこ」は、ヴァヌアツの島以外の場所・地域を指す。そしてその「どこ」の答えが、フランスであったり、イギリスであったりするのである。ハーフカスは、このような「外」の世界と同じ扱いを受けることになり、「内」のマン・プレスと対立することになる。そしてジミー・スティーヴンスの例から分かるように、一旦ハーフカスであることが明確になれば、どんなに親しい関係になっても、どんなに人々の生活の中に入り込んでいても、あくまでもマン・プレスの「外」の範疇にとどまるのである。

ある人物が、マン・プレス概念でまとめられるのか、ハーフカス概念でまとめられるのかという点が曖昧になることはある。先ほど述べたように、マン・ペンテコストとパプアニューギニアの女性の間に生まれた子供は、必ずしもハーフカスとして扱われるのではなく、マン・ペンテコストとして位置づけられることもある。しかし、ここで確認しておくべきことは、ハーフカスと「認定」されたら、それはマン・プレスとは異なったものとして位置づけられるということが確定していることである。どのケースをハーフカスとし、どのケースをマン・プレスとするのかは不明な部分があっても、マン・プレス概念とハーフカス概念は、互いに排他的であるという位置づけを与えられているということなのである。ハーフカスのさらに「外」には、フランス人（*Franis*）やイギリス人（*Inglis*）などがいる。人々のピジン語によるまとまりの図式は、こうして、マン・プレスを中心とした三重の同心円構造をとることになるのである。

2 マン・プレスとフィールドワーカー

ところでフィールドワーカーとしての人類学者は、マン・プレス概念に取り込まれることがある。トンゴア島のイタクマ村でフィールドワークを行ってきた白川千尋は、マン・トンゴアとも呼ばれるという。しかし、トンゴアの人々が他の島の人に向かって彼のことをマン・トンゴアと説明するときと、他の島の人々が彼に向かってマン・トンゴアと呼びかけるときはニュアンスが異なるという。前者の場合はある意味真剣に言っているが、後者の場合にはちゃかし気味だと言うのである〔白川　二〇〇六〕。同様に、アネイチュム島でフィールドワークを行っている福井栄二郎によれば、他の島の人々が福井を指して「マン・アネイチュムだ」というときには、誇張とリップサービスが見られるという〔福井　二〇〇六〕。筆者の場合は、ルガンヴィル滞在中に、ペンテコスト島以外の人々からマン・ペンテコストと呼ばれた記憶はない。「晴ればかり続くとカヴァの植え付けに支障をきたす」とピジン語で話していたら、「お前はマン・ペンテコストのように話すなあ」と言われたことはある。また、「ペンテコストの言葉を話すやつ」とか「お前と同じ言葉を話すやつがあそこにいる」ということで北部ラガの人々を指したりすることもある。しかし、マン・ペンテコストと呼ばれた記憶はないのである。

これらの事例から、マン・ジャパンである日本人のフィールドワーカーが、彼のフィールド以外の島からマン・プレスとして扱われることがないか、あるとしても、「ちゃかし」「誇張」「リップサービス」の域を出ないことがわかるであろう。つまり、ハーフカスよりも遠い存在だからこそ、リップサービスでマン・プレス概念に取り込むふりをすることができるのであり、ピジン語では、マン・プレス、ハーフカス、その外側の「外国人」という三重構造は守られていると言えるのである。

一方、トンゴアの人々が白川を「マン・トンゴアだ」と紹介する時は真剣であるという点は、どう考えればいいのだろうか。実は筆者もペンテコストの人々からはマン・ペンテコストと言われたことはある。つまり、住み込んだ地域の人々の視点は、他の島の人々の視点と少しズレを持っていると考えればいいだろう。そこで考えられるのが、現地語による「〜人」概念との関連である。既に述べたように筆者はアタ・ラガ（ラガ人）の範疇で捉えられている。ルガンヴィルのカヴァ・バーで北部ラガの出身者とラガ語で会話していたときのことである。隣にいた他の島の男が、「ペンテコストの言葉を話す男がいると聞いたので、そいつはどんなやつだ、膚の色は白いのか、と話していたところだ」と話しかけてきた。そして筆者を指して「こいつの肌は何色だ、白いか？」と隣の北部ラガの男に聞いた。彼は、答えをはぐらかして、「同じ体だ」という。しかしこの他島出身者は、面白がって執拗に質問した結果、結局、北部ラガの男は「我々と同じだ。ヴァヌアツにくれば皆黒くなる」と言い切っていた。「肌の色は違うが、彼は我々と同じだ」式の言い方はしなかったのである。「ギダ・アタ・ラガ」である以上、肌の色での差異もないと無理にこじつけて主張しようとしたわけである。

人類学者が入り込んだフィールドの人々が、マン・プレスとして人類学者を扱おうとするとき、どうやら、こうした現地語でのカテゴライゼイションが基点にあるようである。先述の白川は、イタクマ村でフィールドワークを実施したが、彼は現地語で「〜人」にあたる「イタクマの人（*nati ni Itakuma*）」と範疇化されているのであり、トンゴアの人々が真剣に彼をマン・トンゴアと紹介したのは、この現地語によるカテゴライゼイションからの発想であったと考えられるのである。

面白いことに、父系のトンゴアで、タヒチ人の父とトンゴアの母の間に生まれた子供は、ピジンではハーフカスと呼ばれるが、現地語では彼の居住しているペレ村を用いて「ペレ村の人（*nati ni Pele*）」と呼ばれるという。トンゴアではこうした言い方以外にトンゴア人を指す現地語の概念がないということから考えて［白川 二〇〇六］、ピジン語ではマン・プレスからはじき出されたハーフカスが、現地語概念ではきちんとその言語圏の範疇化の中に納まっていると考えることもできる。(8) 同様の事例は、父系のアネイチュムからも出てくる。母がアネイチュム島民であるハーフカスは「アネイチュム人ではない」といわれるが、父がアネイチュム島民である場合は「アネイチュム人（*ilpojom*）」と呼ばれるという［福井 二〇〇六］。このことは、ピジンの世界ではマン・プレスから排除されてきたハーフカスは、ある場合には、現地語による島民概念に含まれえることを示しているのである。

異邦人を迎えて、それを自分達と同じような「〜人」として扱うかどうかという点については、ヴァヌアツ内部でも言語圏によって異なるといえる。あくまでも「外」の人間として扱うところもあれば、親族関係の網の目の中に取り込むことで擬制的にその一員とするようなところもある。しかし概して、自分達をまとめる現地語概念（*ata Raga, nati ni Itakuma, ilpojom*）は柔軟であり、周縁部を拡大させていくことが可能な概念であるのに対して、マン・プレスというピジン語概念は、現地語概念と比べるとより排他的にカテゴリーが出来上がっていると言える。

四　エスニシティの出現

1　エスニック・グループ

内堀基光は、「ほぼ共通の言語と生活習慣を持ち、こうした共通性を根拠に「他者（彼ら）」から「われわれ」を分かつ主観的意識を持っている（と想定される）人間集団」をエトノスと呼んでいる［内堀 一九九七：一〇］。また、彼は、「同じ言葉をしゃべり、風俗習慣を共有し、しかも（あまり根拠なく）同じような風貌をもつ人間の集団がいる」というイメージに基づいて「言語＝習俗＝精神共同体としてのエトノスが生まれた」とも述べている［内堀 一九九七：一六］。内堀の言う民族イメージとしてのエトノスを、ヴァヌアツに照らし合わせてみると、アタ・ラガ概念が、明らかにそれに該当する。つまり、単一の言語圏によって成立する三〇〇〇人あまりの一つの集団は、民族イメージで捉えることができるということになる。[9] しかし、こうした単位が「民族」として、また、「エスニック・グループ」として把握されることはなかった。統計処理などではこうした単位ではなく、「メラネシア人」であるとか「ニューヘブリディアン、あるいはネイティヴ」というまとまりがエスニック・グループとして扱われてきたのである。ただし、メラネシア人というまとまりは、同じ言葉を話す人々であるという認識はないし、風俗習慣を共有していると確信されているわけでもない。同様に、ニューヘブリディアンには、メラネシア人だけではなくポリネシア人も含まれており、メラネシア人というまとまり以上にまとまりがなく、内堀の言うエトノスからは遠い位置にある。

「民族」と「エスニック・グループ」の差異についての議論の多くは、「民族」概念はその上に包括的社会があることを条件としておらず、国家を形成しようとする単位であるのに対して、「エスニック・グループ」は、他の類似集団とともに上位の包括的社会に含まれ、国家形成との関係よりもむしろ自らのまとまりの強調にかかわっていると論じている［青柳 一九九六：一三、庄司 一九九七：七四、関根 一九九四：一〇］。こうした考え方に基づけば、アタ・ラガ概念は必然的に民族という単位とは見なされないことになる。規模が小さすぎるし、国家を形成しようとする単位でもないからである。一方、エスニック・グループという概念で捉えることのできる範囲の規模ではある。しかし実際にはそうされてこなかったのである。

島嶼社会における一つの言語を基盤としたような単位がエスニック・グループとして位置づけられてこなかった大きな要因は、排他的なまとまりがないということによるのであろう。「エスニック」なまとまりをエスニック・グループと捉えようとエスニック・カテゴリーと捉えようと、どちらの場合でも、自他を区別する明確な境界が設定されており、排他的なまとまりとして位置づけられてきた［バルト 一九九六：三四、イームズ、グード 一九九六：一三二］。アタ・ラガ概念は、確かにその意味では排他性は強くない。周縁部を取り込む形で拡大していくことを既に述べたが、アタ・ラガとしての主観的な成員意識も、曖昧に広がるのである。

しかしここで考えねばならないのは、島嶼社会における言語単位だけが排他性の弱い曖昧な境界を持つまとまりということではない、ということである。すでに多くの研究者が指摘しているように、近代の枠組みが押し付けられる以前の非西洋世界では、民族イメージや民族イメージに基づいたまとまりは、決して排他的なものではなかった［ex. 松田　一九九二］。筆者はそれを受けて、排他的ではなく柔軟な民族イメージをエトニー、排他的で境界線を明確に打ち出そうとする民族イメージをエトノスと呼び、後者を、成員間の共通の属性を求めることで明確な規定を行う単配列分類の原理に基づいたもの、前者を、曖昧で類似によってまとまる多配列分類の原理に基づいたものとして区分したことがある［吉岡　二〇〇五b：九五］。その区分の仕方で言えば、エスニシティに関するこれまでの議論は、すべて単配列分類に基づいたエトノスを対象としてきたということができる［cf. 綾部　一九八五：一二］。さらに言えば、国家の形成を担う民族と国家の内部にあって集団としてのプレゼンスを訴えるエスニック・グループという整理の仕方そのものが、単配列的な分類による集団ないしはカテゴリーだけを対象にした議論なのである。[10]

ところで、単配列的な「エスニック・グループ」という排他的なまとまりが成立するためには、自己と他者の対比が明確に存在する場が必要である。そして、その場は、村落部でよりも都市部で出現する。イームズとグートは、同じ母集団から都市に出てきた人々の村落単位別のアイデンティティについて言及しているが［イームズ、グート　一九九六：一〇二］、都市部において生み出されるアイデンティティの単位や排他的なまとまりは、母集団の文化や言語の継続性に必ずしも縛られるわけではない。他集団からの名付けとそれを受けての名乗りの重要性は内堀も指摘しているところであるが［内堀　一九八九］、都市部での「排他的な民族イメージ」は、まさに自己の側についてのイメージと重ねながら、他者の側からの外枠の押し付けに適応していくプロセスの中から生まれてくる。ヴァヌアツの都市におけるこうしたやり取りのプロセスは、ピジン語でのマン・プレス概念とかかわるのである。

2　単なる「出身」以上のもの

都市生活者がお互いを区分するために用いるまとまりが、マン・プレスである。お互いに島単位での枠を押し付けあうことによって、それが名づけと名乗りに結びつく。つまり、ピジン語による島単位のカテゴリーの他からの押し付けを受けて、それぞれは現地語による「まとまりイメージ」との調整が行われる。言語や慣習などが共通であるという言語圏単位のイメージが島全体に広げられる工夫は、すでに二節で紹介した。他の島と比べると自分達の島の内部の方がまとまりがあるという認識が、押し付けられた外枠に対する自らの名乗りの起点となる。こうして、都市生活者は、ピジン語による範疇化を受け入れていくのである。[11]

この様に見てくると、マン・プレスは多配列的な現地語によるまとまり概念とは異なり、単配列的で排他的な性質を持っているかのように思える。確かに、現地語よりもピジン語による概念の方が排他性が強いことは既に説明してきた。しかし、マン・プレス概念は、日常会話で用いられる場合は基本的に境界の曖昧な多配列的なまとまりである［吉岡　二〇〇五b：一〇五］。ただ重要なのは、そうした多配列的なまとまりが、しばしば単配列的なまとまりへとすり替わることが可能であるということなのである。「マン・サントは喧嘩ばかりするから嫌いだ」と言うとき、このマン・サントは単配列的な色彩を帯びる。「マン・マラクラは他の島と比べれば内部の差異は小さい」と主張するときのマン・マラクラは、独立時のエリートが想定したマン・ニューヘブリデスと同様に、単配列的カテゴリーを目指していると言えよう。ピジン語によるまとまり概念は、そうした単配列的に排他性を出すことのない現地語によるまとまり概念と、この点が異なるといえるのである。

こう考えれば、マン・プレス概念は、都市生活者にとって単なる「出身」以上のものを意味しうる概念であるということが分かるであろう。日常的な「出身」という意味が、単配列的な排他的カテゴリーに変わりうるのである。しかし、現在のところ、そうしたカテゴリーが、排他的な利害と直接結びつくということにはなっていない。マン・アイランド・チーフ評議会での話し合いで、多少の島単位の利害がでるかもしれないが、それは、今のところ、エスニシティ問題で議論されてきたような利害対立とは性格が質的にも量的にも異なっている。その意味で、マン・プレスはエスニシティという概念を適用することができるとは言えない。しかし、県人会のようなまとまりでは考えられないような、現実の対立を生み出す素地をもっているとも言える。

一つ例を示そう。ある日、ポートヴィラの空港からタクシーに乗ったときのことである。タクシーの運転手が、突然「さっき、マン・トンゴアがマン・タンナを殺した」と言い出した。その日の朝のことらしい。ダンスをしていてマン・タンナが喧嘩をふっかけたという。ダンスをしていたというのだから、朝といっても未明ということかも知れないが、原因は分からないというのである。この事件について、次の日、あるマン・タンナと話したら、彼は次のように言った。「今日、タンナの連中がトラックいっぱいに乗ってトンゴアの連中を襲いに行った。つかまって、警察にいる。トンゴアの男から喧嘩を吹っかけたらしい。結局タンナの男は顔や手などを切られたが、死にはしなかった。しかし家族（*famili*）が怒って復讐に出た[12]。マン・タンナは困った連中だ」。この語りをしている本人もマン・タンナで、「サントではマン・サントが喧嘩好きで困るといわれている」と筆者がいうと、「マン・サントとマン・タンナは同じ思考をする」と彼は返答した。彼は、タンナ島内部やサント島内部の言語圏の違いには全く言及しなかったのである。

復讐に燃えた人々の中心は、怪我をさせられた者の血縁者であろう。しかし、トラックいっぱいに乗っていった人々は血縁者を超えた「仲間」である。そしてそれは、内からも外からも、島単位のマン・タンナとして把握されるのである。新しく成立した島単位のまとまりは、このようにして、都市部という場の中でエスニシティ予備軍として成長していく[13]。近代の枠組みを作り出した側では、その枠組みが疑われだし、脱構築の試みが行われているのに対して、グローバリゼーションによって近代を押し付けられた側では、都市部がより「都市らしさ」を生みだすに連れて、そして国家がより近代国家としてその歩みを確定していくに連れて、単配列的な枠組みはますます強調されていく。こうして、ローカルにおける新たなグローバル概念「エスニシティ」が誕生していくと言えよう。

註

（1）　本章の議論は主として二〇〇三年と二〇〇四年のフィールドデータに基づいている。従って、本章で言う現在というのは、二〇〇四現在を指す。

（2）表21は、ヴァヌアツのNational Statistics Officeに依頼して、ルガンヴィルの出身者別のデータを打ち出してもらったものを利用している。したがって、公刊された1999 National Population and Housing Census Main Reportには掲載されていない。データは、From Other Islands in Luganvilleというヘッドがついている。なお、データでは現在一般的に使われているマラクラという言い方ではなく、Malekulaと表記してあるが、本書での表記の統一の上で、マラクラ（Malakula）としてある。

（3）マラクラの全ての地域で世襲的なチーフ制が存在しているわけではない。亡くなったルガンヴィル在住マラクラ出身者のチーフが、そうした制度を持っている地域（言語圏）の出であったということであり、同じ地域の出で、ルガンヴィルに在住している人物が、次のチーフとして認められたということである。

（4）このチーフはペンテコスト島北部の出身者だが、島ではチーフになるとその人物の親族集団の土地のどこかを切り開いて集会所（ガマリ）をつくり、そこに自分達の家族らの家屋を立ててちょっとした集落を新たに作ることがある。このケースと同様であろう。なお、この「集落」の住人は、基本的に彼と同じ言語圏の人々である。なお、位階階梯制については、第五章註13参照。

（5）北部ラガの人々の言葉で、ペンテコスト全体をラガと言う。従って、北部の言語だけを「ラガ語」と呼ぶのは違和感をおぼえる。しかしこの表記は、北部の人々の間でも一般的になっているので、本書では「ラガ語」と呼ぶことにする。なお、「北部ラガ」という表現は、North Ragaを訳したものである。日本語として奇妙な言い方だが、「北ラガ」という言い方はNorthern Mariana Islandsを「北マリアナ諸島」と訳すように「北側」の意味合いが含まれることも有る。North Ragaは、Raga島の北側ではなく、北部、中部、南部という三区分の一つであることから、北部ラガと訳すことにしている。

（6）これは、言うまでもないことだが、長期に日本で生活している外国人に対して「あなたはもう日本人ですね」と言うような場合とは異なっている。それは、その人物に向かって「我々日本人は」というくくり方をすることはないことからも理解されよう。なお、筆者は一九七四年に初めて北部ラガを訪れた時に、居住した村落の実力者の息子として受け入れてもらった。北部ラガは、全員が親族名称で分類される社会であるため、筆者は北部ラガ出身者の誰とも、「擬制的」な親族関係を持つことになった。

（7）こうしたやり方をとったのは、もちろん、独立運動を指導した「エリートたち」だけであり、独立運動についていった多くの「名もなき人々」は、多配列的思考のまま独立国家のまとまりを想定していたのである［吉岡二〇〇五b］。

（8）白川によれば、このハーフカスの場合は、他島の人々からハーフカスと呼ばれるのに対して、ごくたまに、トンゴアの人々が他島の人々に紹介するときに、マン・トンゴアと言っていた場合もあったということである。このことも、現地語概念（このハーフカスは ***nati ni Pele*** と分類されている）からの発想と考えることができる。

（9）もちろん、言語が民族的なイメージを作り出す最も重要な要素であるというわけではない。同一の言語を話していても民族イメージが異なる事例は、容易に見出すことが出来る。ただヴァヌアツでは、表明されるアイデンティティのあり方の一つに、母語を中心としたものがあるということである。

（10）その意味で、「民族イメージ」あるいは「民族的なまとまり」についての議論は再考を迫られていると言える。我々は、単配列的原理を貫こうとする近代の原理を研究する姿勢から開放されることで、人類の思考のあり方を考えることができるのである。

（11）ピジン語の背後には、英語やフランス語があり、その話者であるイギリス人やフランス人がいる。彼らは、言語圏単位のまとまりではなく、島単位のまとまりを主として用いてきた。植民地行政の単位も、センサスの単位もそうである。独立後もそうした単位が引き継がれており、チーフ評議会の単位も、基本的には島単位となっている。こうしたことを背景に、島単位のまとまりが浸透してきたわけだが、その影響がピジン語に及んでいるといえる。

（12）家族（*famili*）というピジン語概念は、言語圏によってその範囲は異なるが、基本的に、血縁者を中軸とした概念であると言うことはできる。しかし、類別的（classificatory）な関係にある親族でも、付き合いの度合いによってはこの家族概念の中核部分を構成することがあることは言うまでもない。

（13）ソロモン諸島で生じていた紛争は、少なくとも都市部では島単位がエスニック・グループとして動き出している、あるいはそのように整理されていることを示しているであろう［*cf.* 関根　二〇〇二、宮内　二〇〇三］。

第七章　南太平洋の都市における公共圏と親密圏の可能性

本章では、社会学の議論でしばしば登場する公共圏と親密圏が、南太平洋において成立することが可能なのかどうかを検証する。公共圏は都市から生み出されたという指摘があることから分かるように、これらの概念を都市のあり方と関連させて論じる必要があるが、ゲマインシャフト都市として成立する南太平洋の都市において、公共圏や親密圏という概念で捉える事の出来る枠組みがあり得るのかというのがテーマとなる。

一　公共圏と親密圏

1　公共圏

ハーバーマスは、その著『公共性の構造転換』の中で、かつてあった公共圏が崩壊してしまったという指摘を行った。そこで説明されている公共圏とは、公権力に対する批判的領域としてのブルジョワ的公共圏であり、合意を形成していくための討論の空間であった〔ハーバーマス　一九九四、齋藤　二〇〇〇：二九、三三〕。彼は、近代的家族における人間関係を基盤とした親密圏から、芸術についての議論の場であるサロンにおける文芸的公共圏を経て、やがて、各サロンでの議論を伝える政治的新聞の助けを得て、国家に対抗しつつ公的なことについて議論する場である政治的公共圏が生まれてきたと考えていたが〔ハーバーマス　一九九四：四八―五〇、阿部　一九九八：七〇、花田一九九九：八〕、この公共圏が、やがて変貌を余儀なくされることになったと言う。ハーバーマスによれば、こうしたブルジョワ的公共圏は、結局、国家権力に取り込まれ、マスメディアによって管理されるようになってしまったというのである〔ハーバーマス　一九九四：二二四―二三一、阿部　一九九八：七二〕。

ハーバーマスがかつてあったと想定した公共圏、つまり歴史の中に想定した理念型としての公共圏〔花田　一九九九：九〕に関して、様々な議論が登場した。本当にそうした公共圏が過去に存在したのかという疑問も提出されたが〔阿部　一九九八：一七六〕、多様な公共圏が存在したにもかかわらず、ハーバーマスは単一のブルジョワ的な公共圏しか設定しなかった、という批判が相次いだ〔フレイザー　一九九九：一二七〕。こうした批判を受けてハーバーマス自身は、やがて、歴史上の一時点におけるかつての公共圏という議論から、歴史的な現実を受けて新たな公共圏概念の再構築という議論へとシフトし、複数の公共圏の存在を自覚的に指摘するようになった〔花田　一九九九：一七―一八〕。彼は、『公共性の構造転換』の新版に長い序文を寄せ、公共圏としてのブルジョワ的社会に対して市民社会という概念を採用した上で、次のように述べている。「いずれにしても〈市民社会〉の制度的な核心をなすのは、自由な意思にもとづく非国家的・非経済的な結合関係である。もっぱら順不同にいくつかの例を挙げれば、教会、文化的なサークル、学術団体をはじめとして、独立したメディア、スポーツ団体、リクリエーション団体、弁論クラブ、市民フォーラム、市民運動があり、さらに同業組合、政党、労働組合、オールタナティヴな施設にまで及ぶ」〔ハーバーマス　一九九四：xxxviii〕。ハーバーマスの想定した理念型としての公共圏、つまりかつて存在したと考えられた公共圏では、国家や有力な組織の活動に対する批判的な監視を行う組織化された集団の成員がポイントであったが、再創造された公共圏概念では、討議を通じた積極的な政治的意思形成の設定を目指す自発的な結社に集う諸個人が問題となるようになった、と社会学者の齋藤純一は指摘している〔齋藤　二〇〇〇：三〇―三一〕。

以上のように、当初、歴史的な過程の中に存在したということで議論された理念型としての公共圏は、歴史的な議論から外れて、公共圏概念そのものが再創造され、いかなる公共圏が成立し得るのか、という議論へと変化してきたわけである。そうした流れの中で、アーレントの思想を加味しながら、新たな公共圏の有り方を提示している齋藤は、公共圏（齋藤の言葉では公共性）の条件を以下のようなものであると述べている〔齋藤　二〇〇〇：五―六〕。

1　オープンであること。誰でもがアクセスしうる空間であること。
2　人々の抱く価値が互いに異質であること。複数の価値や意見の〈間〉に生成する空間であること。
3　その統合のメディアとなるのは、人々の間にある事柄、人々の間に生起する出来事への関心である。差異を条件とする言説の空間であること。
4　アイデンティティの空間ではない公共性は、共同体のように一元的・排他的な帰属を求めない。

この公共圏概念は、ハーバーマスの論じた当初の理念的な公共圏とは異なり、いわば再創造された公共圏ということが出来よう。

2 親密圏

ハーバーマスは、文芸的公共圏へと至る最初の段階として親密圏を設定していたが、それは近代的小家族を意味していた［ハーバーマス 一九九四：七六、阿部 一九九八：七〇］。この小家族は、多くの場合、男女のカップルとその子どもからなる親密な人間関係を保持できる場とされていた［齋藤 二〇〇三b：二一三］。しかしこの近代的な小家族も、家父長的でドメスティック・ヴァイオレンスの温床であったという指摘からも分かるよう［齋藤 二〇〇〇：九五］、ハーバーマスが想定したような親密圏として成立していたとは言い難かった。

ところで、親密圏は、公的な空間と対比される私的空間として位置づけられることがあるが［ex. 土井 二〇〇四］、文芸的公共圏を準備するものとして想定されていたことから分かるように、そこにおいて問題となっていたのは親密な人間関係であり、公にならない隠れた私的な部分という意味ではなかったと考えるべきであろう。そしてそうした親密な人間関係があると考えられた近代的小家族も、親密性を打ち破る権力関係や暴力が潜んでいることが指摘され、かりにそうした親密な関係が設定できたとしても、グローバル化によって危機に陥る状況が出現してきたというわけである［渋谷 二〇〇三：一一三］。齋藤は、こうした点を踏まえて親密圏を再検討し、新たに規定し直している。それは現在存在するであろう親密圏を想定しているという点で、再創造された公共圏と同じく、再創造されたものと考えることが出来る。その特徴は以下の通りである。

1　具体的な他者の生や生命――とくにその不安や困難――に対する関心や配慮を媒体とする、ある程度持続的な関係性が見られる［齋藤　二〇〇〇：九二、二〇〇三a：vi―vii］。

2　社会的な承認とは異なった承認を、社会的な否認に逆らいながら与えることができる［齋藤　二〇〇三b：二一二］。

3　ある種の宗派や運動体など、実際に反社会的、準犯罪的な集団と目され、治安管理の対象となっている事柄に活動の余地を与え、社会のあり方を問い直す「対抗的な公共圏」として機能することもしばしばある［齋藤　二〇〇三b：二一七―八］。

親密圏は、保守的な家族観が崩壊する中で、また、フーコーの言う生政治が力を持つに従って解体の危機に瀕することになったとされている。しかし、保守的な家族観が崩壊することで、同時に、元々あったとされる（小家族に見出された）親密圏概念そのものが疑われることになる。つまり、親密圏はもともとあったというよりも、近代社会による近代性の進行に従って失っていったものが何かを考えた結果、元々あったものが解体の危機に瀕しているという整理で語られえるようになったと言えるのである。そして、今日再創造された親密圏は、「親密さ」を「生や生命への配慮」と捉え、その具体的例として、異常・異端とされてきたある種の宗派、運動体、マイノリティや弱者の形成する運動体などが挙げられていることから分かるように［齋藤　二〇〇三b：二一九］、生や生命が脅かされているマイノリティや弱者にとってのものとして設定されている。これは、近代の小家族における愛に溢れた人間関係を「親密さ」と考えた初期の親密圏概念とは一線を画したものであり、より同質性が強調されるような空間と言える。

3　四つの公共圏概念、親密圏概念

公共圏、親密圏の議論は、図式化すれば四つの事柄について行われて来た。一つは、ハーバーマスが理念型として提出した公共圏、親密圏、二つ目は、その具体的な例であり歴史上の一時点で存在したサークルなどの集まりや小家族、三つ目は、どのような公共圏、親密圏がありえるのかという問いに対する答えとして再創造された公共圏、親密圏、四つ目は、それらの概念に該当すると考えられる現在における具体的な例、市民フォーラムや市民運動などである。議論の起点は、これら四つの公共圏、親密圏は、互いに微妙なズレを持っているのではないか、という認識である。歴史上の具体例としての「カフェにおける芸術家たちの集まり」では、自由な討論が行われただろうが、ハーバーマスの考えるような理念化された公共圏のように、きちっと組織立ったものになっていけばいくほど、当初想定されていた自由な討論による合意形成そのものが崩れることが考えられる。また、再創造された公共圏、たとえば齋藤が挙げたその性質を考えてみれば、「カフェでの集まり」にそれらを適用するのは難しいし、それは、ハーバーマスが理念化していた概念とも異なったものであるといえるのではないか。

こうしたことを、単配列、多配列という二つの概念（第一章註1参照）を用いて説明すれば、次のようになる。つまり、カフェにおける芸術家のサークル、小家族などは、そのあり方を見れば、近代の排他的な枠組みが厳密に適用されない日常生活、あるいは近代以前での出来事であり、それらは多配列クラスとして機能していたと言える。これに対して、ハーバーマスが想定した理念型としての公共圏、親密圏概念は、共通の特性を持ち出すことでそれぞれの概念を規定しているという点で、科学的定義に従った単配列的なものであったと言えよう。そもそも、「Aはこれこれである」という定義をすること自体、単配列の規定を与えることなのである。

同様に、再創造された親密圏や公共圏も必然的に単配列的な性質を持つことになる。齋藤は親密圏を、生や生命に対する配慮を媒介とする関係、社会的な承認とは異なる承認を与える場、弱者やマイノリティのための空間という共通の特性によって規定しているが、これがまさしく単配列的な枠組みであると言える。しかもその空間に属する諸個人は、互いの生命や立場をかばいあい、強者に対する弱者の立場に立つという共通の特性を持っている。その意味で、既に述べたが、親密圏を構成している人々は、同質性に彩られている。

一方齋藤は、公共圏をもいくつかの条件を設けてそれらから定義している。その点では、単配列的な性質が付与されているということになるのだが、公共圏では、異質性の共存が重要な点として謳われており、それは、共通性によってまとめられる単配列的な仕組みとは対立するやり方のように見えている。しかし気をつける必要があるのは、公共圏は、異質で共通の特性のないいくつもの個体を一つにまとめているクラスではないということである。つまり、異質な考えを持った人びとが公共圏という同じ空間にいるかもしれないが、これらの人々が公共圏というクラスによって一つのカテゴリーとして扱われているわけではない。また、当然のことながら、異質な思考を持った人々が互いに類似しているから一つのクラスにまとまっているのでもない。再創造された公共圏を一つのクラスとして成立させているのは、齋藤が規定したいくつかの公共圏の条件である。たとえば、人びとの間に生起する出来事への共通の関心が統合のメディアとなるという条件によって、公共圏は、異質な差異を踏まえた言説が飛び交う空間であるとしても、公共圏クラスとしてのまとまりを持つのである。つまり、再創造された公共圏は、クラスとしては単配列クラスなのである。

再創造された親密圏は同質性を強調している点で、異質性を基盤とする公共圏と正反対の性質を帯びることになる。かつて想定されていた親密圏は、必ずしも同質的な空間ではなかった。そして、多配列的な小家族における様々な議論や合意形成が、やがて異質性を基盤とする自由な討論の場へと変遷していくことは現実にも理論的にもありえることであった。しかし、単配列的に再構成された親密圏という空間は、同質性を共通項目として出来上がる空間であり、たとえ国家や社会に対して対抗的な動きをすることがあっても、それは、異質性を基盤とした空間として国家などに対抗するのではないと言える。ということは、再創造された親密圏が、いかに対抗的に動こうとも、齋藤が考えるような対抗的公共圏にはなりえず、あくまでも対抗的な親密圏でしかないのである。かくして、公共圏と親密圏は完全な分離した空間となってきたのである。

残っているのは、再創造された公共圏、親密圏概念が適用できるとされている現実の具体例についてである。現実の世界で生起する出来事は、ヴィトゲンシュタインの視点から言えば定義できないものであり、ニーダムの言葉で言えば多配列的であると言う事になる。しかし、ここで問題としたいのは、ヴィトゲンシュタインやニーダムが議論の対象としていた現実世界での出来事は、自然発生的なものであり

「既に出来上がっている」概念であったのに対して、再創造された公共圏などの具体例として挙げられているもの、たとえば、市民運動、ある種の反社会的宗派などは、近代的な枠組みによって出来上がる国家や社会に対抗するようなものとして「作り出された」ものであり、基本的に単配列的な性質を持っているということである。市民運動が、自然発生的で自発的な結社としてスタートする段階では、確かに、多配列的な性質が強いだろうが、そのままでは市民運動として持続していかない。対抗的な主張を展開する組織として持続していくためには、共通の特性をもとに運動体の性格付けを行い、明確な共通の目標などを定めていかなければならない。こうして統合のメディアを持つことによって、自発的で曖昧な「まとまり」は、必然的に単配列的原理に基づく集団へと変換されることになるのである。

二　南太平洋の都市における公共圏と親密圏

1　「都市的なるもの」と公共圏

ところで、社会学者の花田達朗はハーバーマスの議論を整理する中で、次のような指摘を行っている。「〈都市的なるもの〉が新しい空間を懐胎し、不可視の都市としての公共圏を出産したということである。公界が都市を生み出したと見られるのに対して、公共圏は都市から生み出された、すなわち別の空間として都市から分化・放出されたと考えられるのである」［花田　一九九九：六七］。花田はハーバーマスの理念型としての公共圏とフランスでの歴史的事例を参照しながら、新しく浮上してきた空間としての「親密圏」、没落していく空間としての「宮廷」、そして機能を代替・継承していく空間としての「都市」が合流することで文芸的公共圏が成立すると考える。そして、次のように論じる。「まず、都市とは近代以前にもさかのぼることのできる概念となる。そして、西欧近代の端初で起こったことは、その都市がもうひとつの都市の次元を獲得し、そこへ拡張したということ、つまり公共圏として不可視の次元を構築する運動を開始したということとして捉えられるのではなかろうか」〔花田　一九九九：六七〕。

本書で展開してきたこれまでの議論と接合すると、ドイツにおける中世都市のように都市は近代以前から存在したが、フランスなどにおいて近代が始まる当初に出現した都市は、それらの都市とは異なった新しい次元の都市であり、そこに、例えばカフェに集まる芸術家のサークルなどの公共圏が出現することになった、ということになる。しかも、こうした公共圏が出現する時代は長くは続かずに、近代の論理が拡張し、イゾトピー化（同質化、画一化）と排他性が進行するにしたがって、公共圏は消失の危機に陥ったと考えることができるだろう。

ルフェーブルの想定した「都市的なるもの」は中世都市に存在したと考えることはおかしくはない。しかし、そうした「都市的なるもの」が、近代の論理が出現した直後の一時期に新段階に突入し公共圏を生みだしたと想定する方が、公共圏という概念の成立を考える上では都合が良いだろう。そもそも、中世都市における異質性の共存と公共圏がもたらす異質性の共存は次元が違うことはすぐに理解されるだろう。前者は、誓約によって擬制的な兄弟関係を設定し、そうした親族的な相互扶助の精神に基づいて異質なもの相互をまとめようとしたわけだが、文芸的公共圏にみられるように、後者では、異質なもの同士が自由な討論をして意見をぶつけ合うことで互いの異質性の交流を試みるという操作が行われてきたと想定できる。こうしたヘテロトピー状況（異質性の共存）は、しかし、一時的に生まれたが、必然的に消えていく。ということは、ルフェーブルの想定した「都市的なるもの」もハーバーマスが想定した「公共圏」も、近代という時代の端緒において見出されたものであり、それ以降から現代に至るまで、実社会では実現されていないものでもあるということになるのだ。

しかし、ルフェーブルが、近代の論理が広がった後に「都市的なるもの」に彩られた都市社会が出現すると想定したように、ハーバーマスも、近代の様々な問題点を突き抜けた先に、再び公共圏が出現すると考えている。それは、都市を論じた社会学において、異質性の排除を基盤とした「都市の余白化」、「都市の死」などが蔓延する現代の状況を批判的に検証し、新しい都市における関係性の在り方を模索せねばならないという動向と一致しているのだ。その意味で、花田の言う公共圏を、再創造された公共圏であると捉え、イゾトピー化した都市が都市社会となることで再び「都市的なるもの」が蘇るのと同様に、近代の問題点を突き抜けることで、新しい公共圏を生みだすと想定することは不可能ではない。

ただし、第一章で論じたように、そうした時代を異種混淆の「ポスト近代」として位置づけた場合は、差異そのものが消失するようなクレオール化によってヘテロトピー状況さえも無くなってしまい、異質なものの間での討論さえも起こらない混淆した状態を設定することになる。そうなると、再創造された公共圏の成立基盤まで混沌としてしまう。従って、差異は存在するが排他的な性質を極力減少させるような状況を想定するしかない。それは、近代の中にあっても日常知の中に見いだせるブリコラージュ的、そして多配列的な関係ということになる。科学知に対抗する日常知の見直しというのは、まさしく、差異を認めつつも排他的にならないようなカテゴリー化の公的な復権ということになろう。ところが、こうした多配列的な状況が復権したとしても、齋藤が想定したような再創造された公共圏とは矛盾することになる。なぜならば、後者は単配列的概念として成立しているからである。そうすると解決策は二つである。一つは、多配列的な公共圏概念を作り出すことである。しかしこれは、まだ誰もやってはいない。もう一つは、近代の論理の中から公共圏を作りだすということである。その場合には、「都市的なるもの」が公共圏を作り出すのではなく、イゾトピーに満ちた「都市らしさ」から公共圏が生まれるということになる。それは、あり得ないことである。異質なものと異質なものの間の対話を拒み、排他的なカテゴリー化を推し進める近代の論理は、公共圏というものの概念そのものと対立するからである。ただし、近代が始まったばかりの状況に公共圏の可能性を見るのであれば、近代の論理と伝統的な論理が入り混じり、ヘテロトピーに満ちた「都市的なるもの」とイゾトピーに貫かれた「都市らしさ」が共存する南太平洋に見られるようなゲマインシャフト都市は、再創造された公共圏の成立する場であるかもしれない。しかも、今日、グローバリゼーションの進行のもと、単配列的概念はこれらの都市に入り込んでいくのである。

2　グローバリゼーション

近代以前の状態という条件の下に成立する村落共同体、非西洋世界における「伝統的」共同体、あるいは、顔の見える日常世界における生活共同体は、多配列的でありうる。しかし多配列的であるがゆえに、単配列を基盤とした今日の親密圏や公共圏の規定とはそぐわないものとなる。しかし、非西洋世界における都市は、公的な領域において近代の論理を採用し、私的な領域においては多配列な伝統的論理を用いる二重性を生きているため、再創造された公共圏や再創造された親密圏という単配列的概念が入り込む余地が増える。しかも、これらの地域へのグローバリゼーションの侵入は、都市において顕著にその歩を早める。その結果、単配列クラスが出現するその現場に、親密圏や公共圏概念の適用できるあらたな場が生まれる可能性を見ることが出来るかもしれないのである。

ところで、グローバリゼーションに対してグローカリゼーションという表現が様々な分野で用いられている。一方的にグローバルな波に飲み込まれるローカルという被害者的なイメージを払拭し、ローカルの側が主体的にグローバルな波と対峙するというしたたかな姿勢を強調するためのものである。が、グローカリゼーションにおける「グローバル」と「ローカル」は、対等に二分された関係によって設定されているのではないという点を認識しておかねばならない。そもそもローカルという概念はグローバルという概念によって作り出された概念でもある。したがって、グローバルな動きに対してローカルが何らかの反応を示すことはもちろん生じる現象であり、それをグローカリゼーションと名づけることは間違ってはいない。だが、それはあくまでグローバルな動きの枠内でのものであり、ローカルが主体となってグローバルに何かを働きかけるというのではなく、あくまでも、グローバルな動きを拒否できない状況のなかで、それを自分達流のやり方で受け入れていくというプロセスが、グローカリゼーションと呼ばれている現象なのである。たとえば、グローバル化の進行とともに、ローカルの側に民主主義概念が導入され、それがローカルの状況に合わせてローカル色のある民主主義へと変形させていくという姿が見出せる。しかし、これは、ローカルの内部に侵入してきた民主主義概念を再解釈しているのであり、グローバルの側に民主主義概念の再考を迫るものではない。その意味で、変化するのはローカルの側だけであり、結果としては、グローバルの側に変化をもたらさない。それはグローバリゼーション以

外の何者でもないということになるのである。(1)

そもそも、グローバリゼーションの末端では、その中心で否定されだした概念が浸透していく。国民国家概念がそうである。国民国家が幻想であるということが西洋世界で自明になるころ、非西洋世界では単配列的な国民国家概念に基づいて国家建設が行われることになったのである。前章で論じたエスニシティ概念も同様であろう。グローバリゼーションの中心では、排他的なエスニシティ概念をいかに廃絶するかが議論されている現在、もともと民族や言語集団の境界線も曖昧で、エスニックな区分がそれほど意識されていなかったところに、単配列的なエスニシティ概念が侵入し、非西洋世界ではローカルにあわせたエスニシティ概念が意識されはじめるのである。

公共圏、親密圏という概念も、国民国家やエスニシティなどと同様に近代の産物であり、単配列的な規定が与えられているため、「伝統的」という形容詞の付く非西洋世界では、それに合致するものはないと言える。しかし、グローバリゼーションによって近代が一方的にローカルの側に流入することで、単配列的な仕組みが浸透し、外延を持った単配列クラスが成立することになるのである。グローバリゼーションが最も顕著にその姿を表すのは、ローカルの側の都市においてなのである。

3　ルガンヴィルの現実

まず、南太平洋の都市そのものが、公共圏となりえるかどうかを検討してみよう。対象とするのは、南太平洋の人口一万五〇〇〇人余り（二〇一〇年）の都市ルガンヴィルである。齋藤のあげた最初の条件「オープンであること。誰もがアクセスしうる空間であること」に関してであるが、そもそも都市というのは、誰もがアクセス可能で開かれた空間であると言える。ルガンヴィルは首都と比べるとより村落に近いところだと言われるが、それでも、いつでも、誰もがそこの住人になることが出来るのであり、その意味で、誰でもがアクセスしうる空間だと言える。

二つ目の点、「アイデンティティの空間ではない公共性は、共同体のように一元的・排他的な帰属を求めない」という点でも、規定をクリアできる。都市がアイデンティティの空間ではない、という点は、先述したマン・プレス概念の存在を指摘するだけで了解されるであろう。というのは、マン・プレスは、「マン・ペンテコスト」や「マン・アンバエ」のように人々を各島へと帰属させる概念であり、「マン・ルガンヴィル」や「マン・ヴィラ」のように都市への帰属を求める概念は存在しないからである。つまり、ヴァヌアツの都市は、一元的で排他的な帰属を求めてはいないという点で、齋藤の公共圏の規定をクリアするわけである。

では次の「人々の抱く価値が互いに異質であること。複数の価値や意見の間に生成する空間」という点はどうだろうか。確かに、ルガンヴィルに集まる異なった島出身の人々は、それぞれの島（正確にはその内部の言語文化圏）の伝統的な慣習、すなわちカストムを持っており、ルガンヴィルには、これら異なった価値観に基づいた多様な、異質性が存在している。しかし、「複数の価値や意見の間に生成する空間」ということになると、議論は複雑になる。というのは、公共圏は異なった価値や意見、自由な討論を踏まえた上での共有された、あるいは合意された空間ということになるが、ルガンヴィルは異なった文化的価値観相互の相違を乗り越えて都市全体として共有された空間が出来上がっているか、というと否定的にならざるを得ないからである。確かに、都市文化としてのカヴァ・バーが存在し、都市特有の共有される文化が生み出されているということは出来る。それは、異なった価値の間に自然と生成されたものではある。しかし、それは文化変化が生じる時の取捨選択に似た性質を持つもので、自由な討論などの結果至った合意ではない。そもそもカヴァ・バーがあるということが、ルガンヴィルが全体として公共圏となっているということを意味するわけではない。また、カヴァ・バーという「飲み屋」では、様々な意見が出るだろうが、自由な討論の結果合意に至るような空間を提供しているわけでもない。一方、多様な文化を越えて都市としての公的な場における統一は出来上がっている。しかしこれも、都市成立の初めに設定された西洋的な論理であり、多様な文化内部の差異を乗り越えて生み出されたものではないのである。

残った一つ、「その統合のメディアとなるのは、人々の間にある事柄、人々の間に生起する出来事への関心である。差異を条件とする言説の空間である」という点に関しても、同様のことが言える。ルガンヴィルを都市として統合させているのは、「構造的関係」であり、それは植民地化のプロセスの中で醸成されてきた近代の論理に基づいたものである。それは、人々の間に生起する出来事への関心とは関係のないところで作用する。確かに、都市在住の人々の間にある事柄は、日常生活での話題となるが、それらは公共圏としての用件が要求しているように、人々の議論の対象としての話題となりその話題を巡って様々な意見が戦わされる、というわけではない。また、都市文化と呼ぶことの出来るカヴァ・バーの出現など、都市にしか見られない現象も存在するが、それが、都市の統合のメディアと成っているわけではないし、差異を条件とする言説の空間をもたらしているわけでもないのである。

では、都市の下位区分となっているマン・プレスはどうであろうか。この概念が作り出すカテゴリーは、一つの島にも複数の言語が存在するヴァヌアツにおいて、村落共同体より大きな島という単位でのまとまりを作り出しており、まさに、都市という枠組み以上に国家と村落共同体の間の中間カテゴリーとして成立していると言える。多数の言語圏、文化圏からなるこのカテゴリーは、確かに、異質性を内包した多文化的な空間を作り出している。ところが、異質性を基盤とした自由な議論の場というわけでは決してないのである。それはむしろ、島の内部の多文化性を他の島の文化との対比において同質化する傾向を作り出している。グローバリゼーションによってローカルにエスニシティ概念が意識され始めたと先ほど述べたが、その例が、これである。

国家と村落共同体の間に成立している単配列的な性質をもつ中間カテゴリーは、南太平洋の場合、基本的に国家主導で成立し国家の下位区分としての役割を担っている。しかし、マン・プレス概念によって出来上がる中間カテゴリーは、自発的で必ずしも国家の下位区分ではないという点で、そして国家に抗するまとまりとして成立している点で、むしろ例外である。まさに公共圏として考えるには格好の対象であるが、この中間カテゴリーは、公共圏にはむかわずに同質的なエスニック・グループに向かっているのである。

さて、ヴァヌアツの都市部においては、後年のハーバーマスが公共圏の例として想定した市民フォーラム、市民運動、非営利団体、ボランティア団体などに類するものが出現しつつあることは確かである。例えば、女性の権利を考える団体など、グローバリゼーションの進行とともに南太平洋各地に出現したが、これらの団体は、国家に抗する存在でもなければ異質性の共存を実現しているわけでもない。むしろ、国家の下部組織として作り出され、西洋型の近代国家を目指す国の末端の実践機関としての性質を持っているといえる。ただし、ハーバーマスの想定した「討議を通じた積極的な政治的意思形成の設定を目指す自発的な結社」という意味では、インディジナス・パーラメント運動は近い存在かもしれない。

この運動は、ヴァヌアツ独立運動のリーダーで独立後の初代首相となったウォルター・リンギの妹であるヒルダー・リンギの行ってきた運動である。彼女は、独立後のヴァヌアツで最初の女性国会議員となり、さらには厚生大臣をも経験した政治家であるが、その活動は次第にヴァヌアツを越え、南太平洋、さらには世界へと広がっていった。彼女は、フィジーに本拠をおく太平洋問題資料センターを通して、また、世界各地での講演や会議を通して、反核、女性解放、環境問題、土着の権利などについて強硬な発言をしてきたことで知られる活動家である。インディジナス・パーラメントというのは、伝統文化復興運動の一つに位置づけられるが、各島の伝統的政治的リーダー、つまりチーフの議会というような意味で、具体的には、これらチーフたちを集めた集会を指す。ヴァヌアツには、独立と同時にカストムに責任を持つ部署として、全国チーフ評議会が設立され、スクールの問題を論じる国会とカストムの問題を論じるチーフ評議会という仕組みで国家作りがスタートした。しかし、チーフ評議会は選挙によって選ばれた人々から成っており、ヒルダーは、西洋的なやり方に染まっていると批判する。選挙で選ばれた各島のチーフは島の利益代表のように振る舞い、伝統的なチーフの仕組みが機能していないというのである。

二〇〇四年に、ルガンヴィルで開催された三回目のインディジナス・パーラメントに筆者は参加したが、各島のチーフが集められ、今日のヴァヌアツの経済的、文化的な行き詰まり、インディジナス・パーラメントの重要性、伝統的なやり方によってカストムを守ることの重要性などが話し合われた。しかし、ハーバーマスが想定したような自由な討論とは程遠いものであった。ヒルダーら中心となる人物の演説とそれに対する質問が会合の中身であり、それは、独立運動のリーダーが独立の重要性を訴えて開いた集会と同じ種類のもので、主催者側の見解を広めるためのものではあっても、自由な討論の場にはなってはいないのであった。

一方、ヴァヌアツにおける少数宗教会派、たとえばモルモン教やエホバの証人などは、アングリカン、長老派、カトリックなどのキリスト教の信者からの転向者たちで構成されており、ルガンヴィルにおいても活発な活動を展開している。これら少数宗教会派は、後発であると同時に既成の大きな宗教団体を切り崩すことで成立していることもあり、共通の関心に貫かれた強固な単配列的な組織として成立していると言える。これらの教派は、自由な討論に基づいた公共圏とは決して言えないが、逆に、自分たちの生と生命に相互に配慮するという点、あるいは、極端な言い方であるが「傷をなめあう」関係を維持する性質を強くもっている点で、再創造された親密圏概念として認定できるかもしれない。そして、公共圏ではなく親密圏という点では、南太平洋の都市は、成立の芽を醸成していると言える。先述したマン・プレス概念によって成立するカテゴリーが、都市的な状況の中でエスニック・グループのような同質性を持ち、「復讐」や「紛争」の単位となっていくとすれば、それは親密圏として成立していく過程にあると言えるのである。

さて、花田が想定するように、近代の枠組みが浸透する前の近代のスタート時点に公共圏が生まれたとすれば、今日の近代社会には公共圏を見出すことは出来ないということになる。同時代に、もし見いだせるとすれば、それは、南太平洋のように、近代の論理が伝統の論理を破って進行しつつある非西洋世界においてである、ということであった。しかし、これらのところでも公共圏を見出すのは難しいことがわかった。しかし、親密圏に関しては別である。グローバリゼーションによって単配列的な枠組みが導入されたが、それによって生み出されたのはまず国民国家であった。そして国民国家の内部には、様々な中間カテゴリーが成立したが、それらは単配列的な仕組みが本来持っている同質的で排他的なカテゴリー化に向かった。その結果、都市を中心に親密圏が出現してきたように見える。しかし、すでに論じたように、親密圏は公共圏に転換しない。そもそも、単配列的な近代の論理によって生み出されたカテゴリーは、排他的で同質的なカテゴリー化を進めこそすれ、それを否定する公共圏概念と両立するのは困難なのである。

註

（1）小田は、リッツァの「無のグローカル化」と「存在のグローカル化」という概念を用いて、後者のグローカル化こそがグローバリゼーションにおける中心と周縁という非対称性を打ち壊し、対称性を取り戻すための実践であると論じている［小田　二〇一〇：五］。確かにリッツァの言う二つのグローカル化は異なったものであるが、後者の「存在のグローバル化」が対称性を取り戻すための実践であるという指摘には、疑問が残る。小田があげている実例は、東アジアでマクドナルドが入りこんだ時、その店は、一人で早く食事を済ませる場としてではなく、子供の誕生会を開いたり友人と長時間過ごす場所として利用した、というものである。こうした例は、今日の日本でも見出せる。ファーストフード店では、食べ物や飲み物が素早く出てくるが、それを素早く食べたり、持ちかえったりするだけではなく、中高生が宿題をする場として利用したりすることもしばしばみられる。さらに言えば、ファーストフードであるインスタントラーメンも食べ方はいろいろある。ヴァヌアツの北部ラガでは、インスタントラーメンは「マカロニ」と呼ばれてご飯や芋の上にかけて御馳走として出されるのである。こうした利用の仕方が、グローバリゼーションの中心と周縁の力関係における対称性を作り出すと言えるのだろうか？グローバルの流れで押し寄せたファーストフードは、こうしたやり方では決して「スローフード化」されることはなく、食材、作り方、画一性、すべてファーストフードのままなのである。

第八章　ゲマインシャフト都市にみるもう一つ別の共同体

本書の最後の章となる本章では、伝統的共同体、そして中世の都市ゲマインデにおける共同体とはどのようなものであるのかを論じた上で、南太平洋の都市の現状を踏まえて命名したゲマインシャフト都市における共同体のあり方を考察する。

一　伝統的共同体

1　共同体と公共圏

社会科学の一般的な認識では、共同体と公共圏は、表23に見るように明確な対比をもって考えられている［齋藤　二〇〇〇：五―六］。つまり、「閉じた共同体」と「開かれた公共圏」の二分法が明確に現れているといえる。こうした紋切り型ともいえる二分法に対して、小田亮は批判の目を向ける。彼は、両者が接合するような「一種の公共圏としての共同体」を提案するのである。

閉じていると同時に開かれている共同体の例として、彼が取り上げるのは、コート・ジヴォワール共和国の首都、人口二〇〇万人を越える大都会アビジャンにおけるストリート・ボーイズが作り出す集団である。路上で生活するアウトロー的なストリート・ボーイズの集団は、クレオール化したフランス語をベースに独特のスラングなどを用いることで独自のコミュニケーション空間を構成するだけではなく、暴力を含む身体技法などによってストリートを閉じた世界に仕立てているという。しかし一方で、ストリート・ボーイズの間で通用するコードを身に付けた者には誰でも、その世界は開かれているという。しかも、このコードは日常的に絶えず転換されることで、閉じた空間同士を結び付ける開かれた状況を作り出すと論じる［小田　二〇〇四：二四一—二四二］。

コードの転換というのは、しかし、ストリート・ボーイズの間で通用するコードとは意味合いを異にしている。小田があげている例は、ストリート・ボーイズ内の一つのトライブでは、会話の中で出身民族の言葉を巧みに織り交ぜながら会話をするというものあり、バイリンガルにおけるコードスイッチングに似たような例と言える。しかし、同じトライブの間では、空手などの武術で体を鍛え上げ、門番や用心棒などを生業とし、パリっとした恰好でストリートを闊歩する、というコードを常に持っている。そしてこのコードが転換されるわけではなさそうである。とすれば、この世界が「開かれる」ために身につけるべきコードは、この世界への参入資格の意味を持つことになる。コードを身につけさえすれば誰でも受け入れられる、という基準は、閉じられた世界であるからこそ成立する受け入れの資格であり、それは逆に言えば誰でも受け入れられるわけではないということでもあるのだ。もちろん、近代の初頭においてカフェなどに出現した文芸サークルに加わるためには、それなりの討論の出来る知識や考え方

表23　共同体と公共圏

共同体	公共圏
閉じた領域	誰もがアクセスしうる空間
成員の間で統合にとって本質とされる価値が共有される	人々の抱く価値は互いに異質
愛国心や同胞愛などの内面の情念が統合のメディアとなる	人びとの間に生起する出来事への関心が統合のメディアとなる
一元的で排他的な帰属を求める	アイデンティティの空間ではない

が必要ではあったであろう。しかしそれらがなくても、そこに居ることへの排除はなかったであろう。しかしストリートボーイズの集団の場合は、コードを身につけていない者がそこに居ることが許されるだろうか。コードの共有は、資格であり条件である。つまり、それがないことは排除の対象となるのである。いわばコードの共有は、同質性の共有でもあり、このストリートボーイズの集団は、齋藤の規定した再構成された公共圏・親密圏の基準に照らし合わせると、公共圏ではなく、むしろ、同質的な親密圏に近い空間を作り出していることになるだろう。しかし既に前章で説明したように、再構成された親密圏が公共圏になることはないのである。

さらに指摘しておかねばならないことは、ストリート・ボーイズが作りだす集団は、日常生活における目に見える関係の中で構成される何らかのまとまりではあっても、「社会科学の一般的な認識」における共同体とは異なったものであるという点である。表23に見られる二分法に登場する共同体はいわば「村落共同体」のことである。それは、近代以前に存在したと想定されるコミュニティのあり方を、「村落」に代表させて表現したものであり、本書での言い方で表現すれば、「伝統的」な共同体と名づけることが出来るものである。大都会で展開されるストリート・ボーイズの集団は、伝統的共同体からはほど遠く、それを社会科学で取り扱ってきた「共同体」と同じレベルのものとして論じるのは難しいと言える。従って、それが一種の公共圏を構成していると述べたところで、村落共同体と公共圏の二分法に対する批判とはならないのである。

ただし、小田の議論の根底には、社会学的に規定された共同体概念を脱構築し、新たな共同体概念を再構築すべきだという意図があり、その新たな共同体としてストリート・ボーイズの集団が取り上げられているのである。その点を考えてみよう。

2　非同一性の共同性

大杉高司は、社会科学で一般的な認識における共同体概念について次のように説明している。つまり「「帝国主義的ノスタルジア」が夢みた文化や社会の均質性や一元的同一性は、一九世紀の社会学が「共同体」と呼んだものの特徴である。他方「主体」は、「共同体」解体の過程で、「西洋」近代において形成されてきたとされるのが一般的である。しかし、個を抑圧する「共同体」の解体から自由で自立した「主体」の形成へという流れは、実証的な歴史であるというよりも、むしろ近代という時代の「物語」だったのではなかろうか。ジャン＝リュック・ナンシーが正しければ、「共同体」は「主体」の形成に先だってあったものであるというよりも、むしろ「主体」概念の形成とともにノスタルジアの対象として立ち上げられてきたものであった」［大杉　二〇〇一：二八八］。

まさに共同体という概念が、現実に存在したものから抽出されたのではなく、かつて存在したという形で、作り出された概念であったということになる。主体が自由な討論の下に集う公共圏＝市民社会という概念と主体が抑圧されてきた共同体という概念は、まさしく、お互いがお互いを照らし合わせることで作り出された概念であるため、二項対立的に設定されるのは、当然のことであったと言えるだろう。そしてそうした概念が、人類学的フィールドワークから得られたデータと合致しないことも、当然と言えば当然のことなのである。

そこで、このように作り出された共同体概念を離れたところに新たな共同体のあり方を探ることが必要になる。哲学者のナンシーは、このような共同体を「無為の共同体」と名づけ、次のように述べている。「共同体はブランショが無為と呼んだもののうちに必然的に生起する。営み―作品の手前あるいはその彼方にあって、営み―作品から身を引き、生産することとも何ごとかを成就することとももはや関わりをもたず、中断と断片化と宙吊りにのみを事とするもの……共同体は諸特異性の宙吊りによって、特異な存在者たちがそうである宙吊りによってできている。共同体は特異な存在者たちの作品ではないし、彼らが共同体の作品なのでもない。コミュニケーションもまたかれらの営みでもなければ彼らの活動でもない。コミュニケーションは端的にいって彼らの存在なのである。それは、社会的、経済的、技術的、制度的な営みの解体としての無為なのだ」［ナンシー　一九八五：九四］。

ナンシーの議論を総括した大杉は、無為の共同体に関して次のような説明をする。「〈共同体〉はむしろ、非充足的で非完結的な〈主体〉が、他の〈主体〉たちと共出現し、決して共約できない各々の特異性の曝し合いをおこなう空間そのものとしてある。つまり、自と他がそれぞれの有限性を露呈させる〈分割〉そのものを共有し、それを共に支えあうことこそ、〈共同体〉の逆説的実質だとナンシーはいうのだ」［大杉　二〇〇一：二八九］。この点を大杉はチャクラバルティの逸話を題材に「非同一性による共同性」

と呼んでいるが、その逸話は以下のようのものである。

ある時、チャクラバルティは、従兄弟夫婦と両親と一緒に、両親のベッドの上で寛ぎながらテレビを見ていた。その時、テレビに映っていたのは、最近親戚の男性と結婚した女性で、彼女は、研究者としてベンガルの短編小説について論じていた。チャクラバルティは彼女の議論に関心を持ったが、両親や従兄弟夫婦は、彼女の着ているサリーが感じが良いとか、彼女が良き妻になるかどうかなどについて議論していた。チャクラバルティは、ベンガル小説についての議論には耳を傾けない両親を見て、自らの研究者としての活動に関心を向けない両親を思い出し、それでも彼らとテレビの中の彼女、自分が繋がっていることを見出していく、という逸話である。

大杉は、ベッドでの寛ぎ、テレビ放送、ベンガル小説の話、サリーの風合い、チャクラバルティの内省などなどが、それぞれがどれか一つに回収されることのない非同一的な〈断片〉として存在しているにもかかわらず多様に関係づけられ、〈断片〉が〈断片〉のままで非一貫的な〈共同空間〉を作り上げていたと論じる［大杉　二〇〇一：二九〇―二九二］。小田が再構築しようと提案しているのは、この「非同一性による共同性」を含みうる概念としての共同体なのである［小田　二〇〇四：二三七］。

筆者も、ここで提案された人類学が対象とすべき新しい共同体のあり方は重要だと考えている。しかし、本書では、（大杉や小田もそうだろうと思うが）非同一性によって成立するものだけを共同体として考えない。つまり「決して共約できない各々の特異性の曝し合い」の場としての共同体は存在するかもしれないが、それだけではないという立場をとるということなのである。ナンシーの言う「無為の共同体」は、捉え方によっては、主体が共同性によって抑圧される共同体概念と、主体が完全に確立し自由な討論を享受する共同体＝公共圏概念を三角形の底辺の両端に配置することで、三角形の頂点の位置に配置される概念にもなりえる。つまり、社会科学が想定した共同体と公共圏の二分法を放棄するとしてもそれらの概念そのものは放棄せずに、またそれらが融合していると捉えるのでもなく、両者と相互に絡む別の概念の存在も視野に入れることで、現実社会を捉えようと言うのが、本論の立ち位置である。

3　開かれた伝統的共同体

さて、小田はアビシャンの事例以外にも、次のような指摘を行っている。「ずっと同じところに住み成員が固定されているようにみえる農民たちのあいだでも、かなりの出入りがみられる「結い」などが存在していた」と［小田　二〇〇四：二四〇―二四二］。彼は村落共同体をも見据えた形で、開かれた共同体論を展開しようとしているのであるが、具体的な議論を展開していない。この点を明らかにしようとしたのは松田素二である。彼は、アフリカにおける伝統的な共同体を取り上げ、そうした共同体も実は緩やかであいまいな境界線をもつ性質があるということを暴いていく。彼は、「共同体そのものも歴史的に想像され構築されてきたことも間違いない。だが、そうして現出した共同体は、そのつど正当化され本質化（自然化）されることによって、生活世界のなかで確固としたリアリティを獲得してきたのである」という、極めて正当な議論をした後、「共同体は決して、その場その場に立ちあらわれる不定形な過程などではなく、明確な境界（外延）をもち構成員に呼びかけを発しつづけるリアルな存在としてあった」と強調する。それを踏まえた上で、松田は、それでも境界線を維持したまま内部を変異させる性向こそが、アフリカにおける共同体の特質であると論じるのである［松田　二〇〇四b：二六三］。

具体的な例としてあげられているのは、マラゴリという民族共同体の例である。民族の外延は明確に維持しつつ、メンバーシップを解放して流動的な共同体を作りあげると彼はいう。例えば、ケニアの都市に住むマラゴリ人の女性と結婚したルオ人の男性は、異民族であるにもかかわらず妻の兄弟などを指す親族カテゴリーに包含することで、マラゴリの民族共同体の周縁に取り込むということである。こうした取り込みは、親族集団においても存在し、非成員を儀礼的なプロセスを経て一時的な成員とするようなことは、日常的に生じるというのである〔松田 二〇〇四b：二六三〕。

松田は「民族の外延」という言い方をしているが、マラゴリ民族の民族カテゴリーとしての枠組みという意味であろう。上述のルオ人は、マラゴリ人の枠組みにもとりいれられたが、ルオ人とマラゴリ人のカテゴリーが混淆しているのではなく、両カテゴリーは明確な違いを持つにもかかわらず、その周縁は曖昧になり重なることも生じるということであろう。とすれば、松田の議論を本書の議論の言葉で言えば、従来の伝統的共同体は多配列の原理に従って出来上がっているということになる。社会科学は常に単配列的な視点から議論を展開してきたのであり、その結果、共同体と公共圏の二分法は明確な対比を持つように作りだされた。しかし、人類学が対象としている現実は、多配列的なのである。その意味で、社会科学的な二項対立は、現実世界では成立しているとは言い難いということになる。つまり、伝統的な村落共同体は、閉じられているわけではないということなのである(1)。

この「閉じられていない共同体」のあり方を、南太平洋のヴァヌアツにおける事例を通して確認しておこう。ヴァヌアツの北部ラガ地方における村落は、現在集村形態をとっているが集村そのものが近年の産物であり、かつては散村形態をとっていた。そこでは、同じ母系の親族集団の男性成員とその配偶者たちを中核として人々が生活していたが、それは、村落そのものが共同体を構成すると言うよりも、親族集団が共同体を構成するというものだった。そしてこの伝統的な共同体としての親族集団は、松田が指摘するのと同様に、他者を繰り入れる柔軟なシステムを持っていた。例えば、この地方の女性と結婚した他の島の男性は、母系の体系の中にあって、どの集団にも帰属することができないはずなのであるが、その女性が本来結婚するであろうカテゴリーの人々が帰属する集団にこの男性を帰属させるというやり方をとることで、集団の一員として迎える仕組みを持っているのである。もう少し具体的にしかも単純化して言えば、北部ラガ社会には少なくとも理念的には八つの親族集団があり、それらの間を一般交換に基づいて縁組が行われるように規定されているのである。従って、ある親族集団の男性が結婚すべきなのはどの親族集団の女性であるのかはあらかじめ決まっており、その仕組みを利用して他の島の者を取り込んでいくのである［吉岡　一九九八］。

これは、他の地域の人にも開かれた共同体の有り方を示しているが、しかし、注意する必要があるのは、この異質なものを迎えるやり方は、異質性の共存を認めているから生まれたのではなく、異質なものを自分たちの世界にある枠組みで解釈し直した結果であるということである。他の島の男性は、北部ラガ社会の一員として組み入れられたのであり、その社会のカテゴリーの中に取り込まれた。つまりは、北部ラガで言う「我々ラガ人」に同化させたのである。この様に、伝統的共同体は、完全に開かれて「誰でもがアクセスできる」というわけではないし、「異質性を基盤としている」わけでもない。公共圏の規定とは異なり、あくまでもアイデンティティの基盤となっているものであり、柔軟で「排他的ではない」性質は、公共圏としての性質から生まれているのではなく、多配列の性質から生まれ

ているのである。(2)

4　都市ゲマインデにみる共同体のあり方

既に触れたように、社会学者の若林幹夫は「共同体とは、血縁関係や地縁関係、人的な相識関係にある限定的な成員の間の、人格的で非限定的な関係に基礎をおく、内閉的な社会のこと」であると規定した上で、都市共同体（都市ゲマインデ）は、「特定の定住空間に帰属する特定のメンバーからなる強度に閉じた団体をなしており、居住空間に基礎をおき、成員の生活全般を非限定的に包括するという点で、明らかに共同体である」と論じている〔若林　一九九二：一五六、一五七〕。若林の共同体の規定は、齋藤の想定したものとほとんど同じであり、閉じられた伝統的共同体の一般的なイメージで構成されている。しかし既に論じたように、現実の伝統的な共同体は「閉じられている」とは言い難い。多配列的カテゴリーとしての性質が発揮される柔軟性を持っていると言える。さらに、若林の言う血縁関係や地縁関係なども、文化の差異によって内実が変わりうるものであり、一般化して言うのは難しい。再び北部ラガ社会を例にあげよう。

北部ラガの人々は、全員、何らかの親族カテゴリーで分類される。それゆえ、社会の構成員が全員親族関係を持っていると言えるが、それは必ずしも血縁関係を意味するわけではない。いわゆる「類別的」な親族関係が「我々ラガ人」を構成しているのであり、私のようなフィールドワーカーも、この親族関係の中に入り込むことで「我々ラガ人」の周縁に位置するようになる。ここで重要なのは、系譜的あるいは血縁的なつながりがない場合でも「親族」の概念で人々を結びつけているということと、逆に、類別的な関係で出来上がるため、血の繋がりによる関係よりもはるかに柔軟になり、非限定的となるということである。前者は、様々な人を親族関係の枠組みで捉え、親族関係の権利義務を付与することで関係性を縛るという点で、社会学で想定された共同体概念に近い。しかし後者は、それにもかかわらず、血縁関係と類別的な関係は意識されており、類別的な関係は「縛り」が柔軟になるということを示している。例えば、近親相姦（*bonaga*）は禁止されているが、類別的な関係が遠くなればなるほど、黙認や許容される度合いが強くなるのである〔吉岡　一九九八：九一―九二〕。こうした重層的で柔軟な関係は、地縁関係においても見いだせる。「マン・プレス」概念が、血統主義と生地主義で揺れ動いている状況は第六章で見て来たとおりである。「特定の居住空間」で生活していても、地縁関係が出来るとは限らないし、また、ルガンヴィルとマエウォ島のように異なった場所で居住していても、「我々ラガ人」という共同意識は生まれるのである。

一方、若林が共同体であると捉えた中世の都市ゲマインデも、単純化して捉えることは出来ない。ウェーバーやプラーニッツが強調してきたのは、これら中世の都市は、誓約共同体的兄弟盟約に基づいて出来上がっていたという点である。それは、擬制的な兄弟関係を作り出すことでお互いに親族となった者たちが、ゲマインデの構成員となったということであり、形の上では、北部ラガ社会などにおける類別的親族の拡大により異質な者を取り込む仕組みに似ている。しかし、後者は、自分たちの社会で機能している親族体系の枠組みの中に異質な者を同化させたのに対して、前者は、実際の親族体系とは別の擬制的な関係を設けて異質な者を加えていったのである。この擬制的な兄弟関係は、実際にある親族体系の中に兄弟関係として組み込まれるものではなく、「兄弟分の契り」のように、関係性を誓約によって作り上げるときに親族の用語でそれを示すというやり方をとったもので、そうした誓約こそが、ゲマインデの一員となるために一律に課された必要条件となったのである。

伝統的な共同体とは全く異なったリクルートの仕方で構成される都市ゲマインデは、従って、異質な人々を既にある関係へ同化するという仕組みをとらなかった。ゲマインデの構成員は、お互いに約束事によって結びついてはいるが、ゲマインデの中に何か中核となるものがあって、その枠組みや文化的背景に同化するわけではなかった。要するに、ゲマインデには異質な者が集まり、伝統的な共同体とは違って、ヘテロトピーに満ちた状況が存在したということになる。しかし、近代の初頭に現われたとされる文芸的公共圏などの「異質性の共存」とは一線を画することになる。都市ゲマインデでは、誓約を守る限り誰でも市民になれたというが、誓約をするということは、アビシャンのストリート・ボーイズの集団におけるコードの共有と類似のものであり、公共圏からは遠いものであったと言えよう。

中世の都市ゲマインデは、ウェーバーも言うように、異質な人々で満ちた集合体であった。しかし、互いに異なる人々を「兄弟」という枠組みでまとめることで、漠然とした共通項目を作り上げ、家族的な共同体らしきものを出現させていた。つまり、異質なものを同化させた伝統的共同体とは異なるが、第一章で規定したような、異質なものを異質なものとしてそのまま認める「都市」としての性質を持っていたと断言するには躊躇させるものがある。その意味で、中世の都市ゲマインデは、ヘテロトピーに満ちた状況を生み出してはいたかも知れないが、都市において見いだせる「都市的なるもの」としてのヘテロトピーとは区別して考えた方がいいかもしれない。第一章で、中世の都市ゲマインデは村落共同体に類似してゲマインシャフト的であると述べたのも、こうした意味においてである。しかし植民都市として成立した南太平洋の都市は、これら共同体とは異なった共同体を作り出していると言えるのである。

二　ゲマインシャフト都市と共同体

1　私的領域で形成されるもの

南太平洋の都市には、出身地が異なる人々が集まる。そして、棲み分けと言うほど明確ではないか、それぞれ同じ出身地ないしは同じ文化的背景を持った者同士が私的な領域で深い付き合いを実践している。それは、「成員の間で統合にとって本質とされる価値が共有される」と同時に「愛国心や同胞愛などの内面の情念が統合のメディアとなる」という意味で、社会学的な村落共同体に類するものを作り出していると言える。日常的な相互扶助のあり方も、冠婚葬祭における「付き合い」も、出身地で話されている言語やその地でのカストム（伝統的慣習）への誇りなども、村落と同じように見いだせる。しかしルガンヴィルにおける北部ラガ出身者の作りだす生活は、故郷の島での村落生活そのままだろうか。確かに、北部ラガの人々が比較的多くいるラフシヴァッツ地区では、カヴァの宴も結婚式も村落のやり方にそった形で実践される。そして、自分たちの都市生活がカストムから外れないように絶えず気にしている。しかし、村落の側から見れば都市生活にはカストムが存在しないのであり、相互扶助のあり方も弱まると認識されている。北部ラガ社会で最も重要な生活の指針と考えられているのは、メメアルアンナ（*mwemwearuana*）と呼ばれる互酬性に基づいた相互扶助の精神であるが、日常や儀礼における労働力の提供であったり、食料の提供であったり、伝統的財である豚やマットの提供であったり、様々な生活の局面でそれが求められる［吉岡　一九九八］。しかしそれは、農耕生活による自給自足が成立する村落生活に適したものではあっても、都市生活では遂行するのが困難になることもある。労働力は仕事の合間に提供せねばならないし、食料は商店で購入してこなければならない。自分の畑から収穫するのとは異なり、もらう給与によっては、そうした購入が苦しいこともある。自分の豚が居住地にいるわけでもない。人々は、カストムの様式を継承しつつ、それが出来ないこともあるし、出来た場合にも、その中身は、市場経済の流通するスクール（西洋から入った新しいもの）のやり方によって変形せざるを得ないのである。その意味で、「価値が共有される」という共同体の性質が厳格ではなくなるのである。

南太平洋の都市の人々が、その私的領域で展開している生活は、本章で言う伝統的共同体における生活であると言える。しかし、第六章で論じたように、都市における「我々ラガ人」というカテゴリーにはペンテコスト島の中部や南部の人々も含まれることや、マン・ペンテコストというマン・プレス概念が、「我々ラガ人」概念を変形させている現実は、都市における共同体の範囲をも変形させていることを示している。それに伴って「同胞愛」などの情念が適用される範囲も変化するのである。都市の人々が私的な領域で見出している共同体的生活は、村落における共同体とは異なり、「都市らしさ」が侵入した「村落」共同体である。この点は、ツヴァルの首都フナフチに出現している出身島別のコミュニティでも見られることである。それぞれのコミュニティは、それぞれの出身島の文化的背景に従った生活をするという点で、村落の共同体に類似している。しかし、フナフチのチーフが批判する貨幣経済に基づいた「都市らしさ」から逃れることはできないのである。近代の論理が入りこんだ伝統的村落共同体、それが、都市の私的領域に見いだせる生活の場なのである。

南太平洋における現実の村落共同体は、社会学的規定にあるように「閉じられた」ものではなく、異なる者にも開かれた共同体である。しかしそれは、想定された公共圏のように開かれているわけではない。また、都市生活の私的領域では、出身地の文化を共有する人々の共同体が生きている。しかし、村落における共同体と同質の「等質な価値」や「同胞愛などの情念」があると言うわけではない。近代の論理が浸透する以前の関係性だけを頼りに作りだされた社会学的な共同体概念は、近代と伝統が交差する南太平洋の都市のようなところでは、変更を余儀なくされるのである。

2　ゲマインシャフトとゲゼルシャフト

テンニースが想定したゲマインシャフトとゲゼルシャフトという二分法も、対立的に想定されている点で、共同体と市民社会（公共圏）の二分法と同じである。そして市民社会の成立と共同体概念の成立が同時であったように、「ゲゼルシャフトは、国家や産業や資本とともに、それ以前にあったゲマインシャフトを解体して到来したのではない」というナンシーの指摘は説得力がある［ナンシー　一九八五：三七］。テンニースは、二種類の結合体を設定し、実在的有機的な生命体と考えられるものをゲマインシャフトの、観念的機械的な形成物と考えられるものをゲゼルシャフトの本質としている。そして、前者における生活は、家族の者と共におくるような信頼にみちた親密な水いらずの共同生活であり、あらゆる幸不幸を共にする持続的な真実の共同生活であるのに対して、後者における生活は公共生活であり、世間であり、一時的な外見上の共同生活にすぎないと説明する［テンニェス　一九五四：一六―一八］。彼は、ゲマインシャフト的な実在の最も一般的な表現は家族であると考えているが［テンニェス 一九五四：四二］、親密圏概念と同じく、資本主義が拡大し近代の論理が浸透していった時代の現実を否定的に捉えた結果、その対極にある、ある意味理想化された姿を家族の中に追い求めたということであろう。しかしだからと言って、本書では、これらの概念を放棄はしない。ゲマインシャフトの概念が現実の歴史上の社会から抽出されたものではないかも知れないが、ゲゼルシャフトの対極として描き出されたその姿は、一つの典型的なモデルとしては成立しうるであろう。そして言うまでもなく、そのモデルは、共同体モデルと連動したものであったわけである。

テンニースは、ゲマインシャフトの基礎として、母子関係、夫婦関係、同母兄弟関係を中軸とした血縁関係を想定していたが［テンニェス 一九五四：二三二］、それは親密圏の例として考えられた小家族が、あまりにも情緒的な結びつきに溢れたものとして理想化されたのと同様、理想化されすぎている。しかし、現実の社会においても、例えば、母子関係は、情緒的に鉄壁の結びつきを作り出すものとして想定されている。ただし、それは多配列的に周縁的な関係も包摂しており、その典型的なイメージからズレたものも含まれて、ついには「血がつながっていてもそれでは母子ではない」と言われるような関係にまで至る。そう考えれば、ゲマインシャフトの基礎として、こうした理想的な家族関係が典型的に持つイメージを想定することはありえることである。そして、この理想的な親族関係イメージは、伝統的共同体においても、共同体をまとめる論理としてしばしば用いられる。さらに言えば、ポートモレスビーやスヴァのような「大都市」における出身地を同じくする人々が作り出す共同体においても同様のことが言える、というのは第二章で見てきた通りである。その意味で、これらの共同体はゲマインシャフト的であると言える。しかし、北部ラガ社会に見られる共同体と、北部ラガ出身者が構成するルガンヴィルでの共同体は、「同じ」ではないというのも論じて来た通りである。

一方、テンニースがゲマインシャフトと対比するものとして設定したゲゼルシャフトは、資本主義的生産と関連している。彼は、ゲゼルシャフトの本質は、資本家による労働の購入、労働力の適用、労働の売却であると論じるとともに〔テンニェス　一九五四：一一九〕、ゲゼルシャフトにおいては「利己心がありとあらゆる享楽のための手段の獲得を目標として目指し」て貨幣を追求する点や、そこにおける意志のあり方が「人為的、強制的、故意の、意図的」である点などを指摘することで、ゲゼルシャフトを否定的に捉えている〔テンニェス　一九五四：一六一―一六二〕。それは、近代が浸透し資本主義経済の仕組みが流通してくる時代をゲゼルシャフトとして批判的に見ていることを意味している。それはハーバーマス的に言えば、かつてあった公共圏が崩壊してしまった社会であるということになるだろうが、テンニースは、かつてあった状態として共同体（ゲマインシャフト）を想定したということなのである。[3]

このゲゼルシャフトは、シカゴ学派の視点で言うところの「社会」を意味するという〔若林　一九九二：二三六〕。とすれば、それは、ルフェーブル的な言い方をすれば、イゾトピー化（同域化、画一化）が進んだ社会ということになる。[4]「都市の余白化」、「都市の死」などの言葉で表現されるイゾトピー化の進んだ近代以降の都市の状態は、もはや共同体概念で捉えることは出来ないと考えた若林は、それを「共に異なり」、「共に移動する」という意味で「共異体＝共移体」という概念で捉えることを提案する。そして「それは人びとの集合体が共にありながら異和的でありつづける社会、巨大な人びとの集合体が移動することを通じて共に在る社会である」と論じる〔若林　一九九九：一一三〕。ゲゼルシャフトと共異体は同じことを言っているのではない。ただし、人為的で強制的で意図的な選択意志は、近代の論理によって作り出されたシステムから生まれるのであり、このシステムはイゾトピー化と連動し、それは、匿名性の発露する群集を生みだすのであるから、両者は、同じ現象を別の側面から描いたものであると言えるだろう。

さて、ゲマインシャフト都市には、文化的背景を同じくする人々が作り出すゲマインシャフト的な共同体が複数存在している。これらの共同体は、しかし、伝統的な村落共同体と比べると、「都市らしさ」が流通しており、その点が、共同体相互のカテゴリー関係において交通性をもたらす。一方、都市全体を貫く構造的関係においては、西洋的な近代の論理が支配しており、そこにおいてはテンニースがいう意味でのゲゼルシャフト的な関係性が見いだせると言える。しかし、仕事関係などにおいて見いだせる人間関係は、ゲゼルシャフト的ではあっても共異体的ではない。仕事場における集合体は、「共にありながら異和的である」という群集のような集合体ではなく、互いに同じ目的を持ち、人為的で意図的な性質を持ったものであるからである。しかも、そこにおける関係性がそのまま私的な領域における「都市らしさ」を作り出しているわけではない。構造的関係におけるゲゼルシャフト的なものは、私的な領域における都市のやり方と根を同じくしている。しかし、私的な領域における共同体が伝統的な村落共同体と異なるのは、それが、ゲゼルシャフト的な結合体である、あるいはゲゼルシャフト的な意志がみいだされる、あるいはゲゼルシャフト的な人間関係が存在する、からではない。そこには村落と対比して「都市らしさ」と考えられるものが存在しているからであり、「都市らしさ」はゲゼルシャフト的なありかたそのものではないからである。

出身地を同じくするゲマインシャフト的な共同体は、それぞれが持つカストムを隣接的に類似させると同時に、「都市らしさ」をつなぎとして他の共同体と接合される。[5] さらに、私的な領域と公的な領域の中間にある酒場、例えばヴァヌアツのカヴァ・バーにおいては、様々な個人が、それぞれの背景にある共同体というまとまりを相互に意識しながら、交流する。そこにおける会話では、個人よりもその個人の属する共同体が話題の単位となる。一方、職場などの公的な領域においては、個人がゲゼルシャフト的な関係を築きあげるように見える。しかし、その個人も出身地別の共同体ごとに区分されていることを全員が相互に認識しており、ある島出身の大臣が就任するとその省ではその島の職員が増加する、などといった現象が常識として見いだせるのであり、いわば、出身地別のゲマインシャフト的共同体が相互にゲゼルシャフト的な関係を作り出しているという状況にある。ゲマインシャフトはカストムに、ゲゼルシャフトはスクールに位置づけられるヴァヌアツでは、私的な領域においてはカストムの枠を守りながらスクールの要素を入れる共同体が出来上がるのに対して、公的な領域においては、スクールの枠組みをまもったままカストムの要素を入れるような共同体が構成されていると言えよう。[6]

3　もう一つ別の共同体

異なる複数のゲマインシャフト的共同体が、カテゴリー関係においても構造的関係においても相互に関連しているのが、ゲマインシャフト都市のあり方である。それは、都市全体を一つの共同体としてみるならば、社会学的な共同体概念にも共異体概念にも収まらないものになる。それは、新しい共同体として提案された「非同一性の共同性」に基づいた共同体との関係で論じるべきであろう。この新しい共同体のあり方を大杉は、「それぞれがどれか一つに回収されることのない非同一的な〈断片〉として存在しているにもかかわらず多様に関係づけられ、〈断片〉が〈断片〉のままで非一貫的な〈共同空間〉を作り上げていた」とまとめているが、この議論は、そのまま哲学者リンギスの「もう一つ別の共同体」論へと接合されることになる。

リンギスは、この共同体を「何も共有していない者たちの共同体（The community of those who have nothing in common）」と呼んでいる。彼の視点は、それは近代の論理によって作り出された「合理的共同体」に対する「もう一つ別の共同体」であり、それは「作品《ワーク》のなかにではなく、事業《ワーク》と企てを中断させることによって姿を現す。それは、何かを共有するとか、共有物を生みだすことによってではなく、何ものも共有していない者——アステカ人、遊牧民、ゲリラ、敵——にたいして、人が自分自身を曝すことによって実現される」と言う〔リンギス　二〇〇六：一二八〕。何も共通のモノを持たないアステカ人や遊牧民やゲリラや敵に対して、合理性の枠を脱して自己自身を曝け出すことは、同時に、これら他者も、私に対して、そして相互に自己自身を曝け出すことを要請する。それは、ナンシーの言う無為の共同体においては「生産者としての人間」は否定され、自己と他者は、「ただたがいの差異をさらし合うだけの〈特異〉な者同士」となる〔西谷　一九九七：一七八、一八〇〕、ということと通低するのである。

リンギスは、また、近代の論理が様々なものの外観を厳密に区分すること、つまり、雑音が完全に遮断されたきれいな情報伝達を可能にしたが、それらが排除した、斜めや逆さ、あるいはぼやけた外観、また叫び、笑い、涙などの雑音の中に、もう一つ別の共同体の可能性を見ようとする〔リンギス　二〇〇六：六三、一二四〕。彼は、個人の代替不可能性をめぐって人間存在の哲学的な思索を巡らせているのであり、本書で展開しているような現実社会の分析を念頭に置いているわけではない。しかし、物事が厳密に区分され排他的なカテゴリーを作り出す合理的共同体から、共有するものが何もないモノの集まりであるもう一つ別の共同体への転換を論じているという点では、明らかに、人類学的議論における、単配列的な科学的規定による共同体概念から、多配列的な共同体概念への転換という視座の変換と連動したものとして解釈することが出来よう。

単配列的な思考は、共通の特性を持たないカテゴリー同士は互いに排他的に分離され、相互に関連することが出来ないという結論を導く。従って、「何も共有していない者たちの共同体」や「非同一性の共同性」は矛盾した、あるいは、架空の状況に見える。しかし、多配列思考では、カテゴリー相互は排他的ではなく、典型的な部分では差異が強調されるにもかかわらず周辺部では相互が重なるという状況を踏まえた視点を持つため、相互に差異が強調される非同一なモノは、どこかで何らかの多様な関係性をもつ、ということはあり得ると考える。ナンシーの想定した無為の共同体も、無為のレベルで実現されるのは、この後者の状況なのである[7]。

さて、ゲマインシャフト都市における共同体のあり方の議論に戻ろう。非同一性を、出身地別のゲマインシャフト的共同体相互のカストムの異質性と捉えれば、ゲマインシャフト都市では、非同一性が非同一性として複数存在していることになる。しかも、これら非同一的な個々の共同体は、それが持っているカストムの要素を、隣接的に共有することでチェーンの輪を繋げるように相互に関連すると同時に、カストムの枠を用いて実現されるスクールの要素という点でも関連する。このスクールの要素というのは、共同体のカストムを貫いて全体に共通するものであるというわけではない点に注目する必要がある。ある共同体のあるカストムの要素において顔を出すスクールの要素は（例えばカヴァの宴で、カヴァ・バーからボトルで購入してきたものを使用すること）、同じ共同体の別のカストムの要素におけるスクール（儀礼を取り仕切りるべき共同体のチーフが、仕事で儀礼に参加出来ずに代理を立てること）とは異なっている。共同体が変わるとそれも変わる。つまり、その場その場の状況に合わせたスクールの要素が出現するのであり、カストムの枠組みで実現されるスクールが、全ての共同体を通して同一であるというわけではないのである。とすれば、まさに、ゲマインシャフト的な共同体が、カテゴリー関係において多配列的に関連しているということになる。

ところで、社会科学的に想定された共同体と公共圏の二分法とは異なるレベルで提案された「非同一性の共同性」は、前二者との違いを強調するために、ことさら合理主義的、あるいは本書で言う単配列的な規定や定義を否定する仕方で論じられており、前二者と対立的に、二分法的にすら描かれている。しかし、既に述べたように、これら三つの概念は相互に関連しながら存在すると捉えるのが本書の立場であり、その意味で、「非同一性の共同性」も、排他的に固定された概念ではないという視点から取り組むのが望ましい。それは特に、共同性のあり方を固定的に捉えないという視座である。

この点を考えよう。非同一性が多様に関連付けられるというときの非同一性は、都市論との関連で言えば、ヘテロトピー（異域、異質性）と言い直すことも出来るだろう。かくして、この「非同一性の共同性」は、ヘテロトピーがヘテロトピーとして存在しつつ相互に関連を持つ「都市的なるもの」とほぼ類似の意味合いを持つことになる。既に述べたように、中世の都市ゲマインデにおけるヘテロトピーのあり方と、近代初頭に登場したと考えられる多配列的な公共圏におけるヘテロトピーのあり方が異なっているのは、共同性のあり方の違いとして捉えられよう。前者はヘテロトピー相互を擬制的なゲマインシャフト的親族関係でまとめるというやり方をとるのに対して、後者は、ヘテロトピーとしての主体相互が自由な討論によって共有する空間を構成する。それは、大杉の言う「非一貫的な共有空間」でもあり、主体の位置づけは異なるが、ナンシーの言う新しい共同体にみる「決して共約できない各々の特異性の曝し合いの空間」にも通じる。しかし、前者の都市ゲマインデでは、共同体全体が擬制的な親族関係の枠組みという「一貫した」形でまとめられている。その意味で、大杉の想定した典型的な非同一性による共同性からはズレた位置につくことになる。しかしそれは、社会学的な村落共同体ではないし共異体でもない。多配列的な伝統的共同体でもない。やはり、非同一性が作り出す共同体なのである。

ではゲマインシャフト都市はどうだろうか。私的領域内部、そして私的領域相互のカテゴリー関係については既に分析した。残るのは、公的領域における構造的関係のレベルである。ゲマインシャフト都市は、この関係において、「一貫した」軸を導入する。それは、何度も繰り返してきたことだが、西洋的枠組みであり、スクールの枠組みである。それは私的領域の各共同体を背景にもった個人が、統一されたこの枠組みの中で仕事関係を維持していくということである。それは、各ゲマインシャフト的な個々の共同体（すなわち非同一的なもの）に共通する一貫性ではない。しかし、共同空間としての都市を、各個別の共同体の成員がみんな理解できる形のイゾトピーで、まとめていると言えるのである。これは、都市ゲマインデにおける共同性とも多配列的公共圏における共同性とも異なったものであり、「非同一性の共同性」に基づいた「もう一つ別の共同体」なのである。

南太平洋の都市は、植民都市として成立し、その後の発展の過程で「近代」と「伝統」の交差する独自の都市空間を作り出してきた。そこでは、ヘテロトピーと関連する「都市的なるもの」とイゾトピーと関連する「都市らしさ」が相互に絡み合った共同体が出現したのである。それは、従来の社会科学で捉えられてきた共同体とは異なったものであり、同時に、哲学的な議論ベースで展開されてきた「無為の共同体」、「非同一性の共同性」、「何も共有していない者たちの共同体」そのものでもない、「もう一つ別の共同体」のあり方を示していると言えるのである。

註

（1）ただだからといって、小田が想定しているような「一種の公共圏としての共同体」が成立しているとも言い難い［小田 二〇〇四：二四一―二四二］。その理由は二つある。一つは、かつて存在した公共圏として想定された多配列的な「カフェにおけるサークル」と、柔軟な参加の仕組みを持つ「村落共同体」とは、その仕組みが異なっているということである。前者は、仲間集団的で自発的なまとまりをもち、形式的には誰にでも開かれている。しかし後者は、自発的なサークルではなく既に生れ落ちるときにそこに自動的に入るということが出発点にあり、柔軟な枠組みを持っているとしても、それは誰にでも開かれているわけではない。二つ目の理由は、多配列的な性質を持つローカルな社会における伝統的共同体は、理念としての、あるいは再創造された単配列的な公共圏とは異質なものであるということである。つまり、村落共同体は、具体的な実像としての公共圏とも理論として組み立てられた公共圏とも異なったものであるということなのである。

（2）一方、この共同体としての親族集団は、他の親族集団に対して、自らの秘密を保持したり、内部だけで他の集団が承認しないことを承認したりすることはない。つまりは、親密圏として成立していたわけでもない。そもそも日常生活は、母と子どもたちに、親族の枠からはみ出る父を加えた形の家族が基盤となっていた。そして、それは確かに他のどの集団構成よりも親密な関係を築いていたが、父と子どもの関係はテンションに満ちたものであり、父が子どもを（伝統的なものであれ近代国家の装置としてのものであれ）裁判に訴えるという行為が決して奇妙なことではないとされる世界であったため、お互いをかばい合う、社会的に否定されたものをも認め合う、あるいは、生・生命への配慮をベースとした親密圏の規定からはかけ離れた現実が展開されていたのである。

（3）社会学における近代化をめぐる議論は、基本的に進化主義的な視点に立脚しているが、テンニースの議論とハーバーマスの議論は、花田の公共圏に関する指摘を挿入すると接合される。すなわち、公共圏は近代の初頭の一時期に出現したと考えるべきであり、それ以前はゲマインシャフト的な共同体の時代であったと捉えるということである。

（4）おもしろいのは、ハーバーマスがこうした「嫌な時代」の対極に公共圏を設定したうえで、現在の社会にその公共圏を復活させる道を模索し、ルフェーブルがヘテロトピーに満ちた「都市的なるもの」をかつての都市に想定し、来るべき都市社会に再びそれを見出そうとしたのに対して、テンニースは、ゲゼルシャフトが再びゲマインシャフト的になる道を模索しなかった点である。

（5）言語圏を単位としたカストムは、地理的に隣接することで類似してくる。例えば、ペンテコスト島北部における親族組織は、マエウォ島南部やペンテコスト島中部と関連し、位階階梯制は、さらにアンバエ島西部と関連している、という具合である。

（6）フォーマルセクターにおける仕事関係よりもインフォーマルセクターにおける仕事関係の方が、公的な領域と私的な領域の間に位置することになり、カストムの要素が強く出る場でもある。第二章で取り上げたパプアニューギニアのギャング集団は、その例であろう。そこでは、犯罪はメラネシア人が資本主義経済を伝統的な贈与交換に統合するためのひねくれたやりかたであるというゴダードの説明を紹介したが、スクールの枠組みの中でカストムが実現されている例の一つである。しかしここにおける贈与交換は、伝統的共同体で行われてきた贈与交換とは異なるものであり、グループのボスがビッグマンのようにふるまうとしても、彼はビッグマンではない。それは、スクールの枠、つまり市場経済という枠組みの中でカストムを盛り込んだカヴァ・バーと同様に、スクール化したカストムなのである。そしてこのスクール化したカストムは、それぞれの棲み分けが実現する都市内の各共同体固有のカストムではなくなり、全体を貫く性質を持つことになる。

（7）「もう一つ別の共同体」は、まさに多配列的な共同体の提案であるが、第七章で、「多配列的な公共圏概念は、まだ誰も作ってはいない」と述べたのは、ナンシーもリンギスも、固定された共同体という概念と表裏一体となっている公共圏という概念を否定しているという視点からのものである。

あとがき

本書は、ここ一〇数年の間に書いた論文の中でも、南太平洋の都市について書いたものを集めたものである。それぞれの論文は、一冊の本としてまとめるにあたり結構加筆修正した。そしてなかには、原文を大きく書き直したものもある。特に序と第三章は、既論文をベースにはしているが、ほとんど書き下ろしに近い。各章の初出は以下のとおりである。

序
　二〇一〇年「秘境と楽園」吉岡政徳、石森大知編『南太平洋を知るための五八章　メラネシア、ポリネシア』三―七、一八―二二頁の一部
第一章　都市とは――「都市的なるもの」と「都市らしさ」
　（書き下ろし）
第二章　南太平洋における都市の諸相

（書き下ろし）

第三章　ヴィレッジと呼ばれる首都

二〇〇二年「ヴィレッジとしてのミニ都市・フナフチ」『会報ツバル』二〇：一―四、二〇〇六年「首都フナフチのマネアパ」『会報ツバル』二七：一―四、二八：一―三。

第四章　アメリカ軍の建設したキャンプ都市

二〇〇八年「ルガンヴィル――アメリカ軍の建設したメラネシアのキャンプ都市」『文化人類学』七二―四：五〇四―五一八。

第五章　都市文化としてのカヴァ・バー

二〇〇二年「ピジン文化としてのカヴァ・バー――メラネシアにおける都市文化をめぐって」『国立民族学博物館研究報告』二六―四：六六三―七〇五。

第六章　都市におけるエスニシティの誕生

二〇一二年「単なる「出身」、それとも「エスニシティ」？――ヴァヌアツ・ルガンヴィル市におけるマン・プレス概念」須藤健一編『グローカリゼーションとオセアニアの人類学』、二三―五〇頁、東京：風響社

第七章　南太平洋の都市における公共圏と親密圏の可能性

二〇一二年「オセアニアにおける公共圏、親密圏の出現」柄木田康之、須藤健一編『オセアニアと公共圏：フィールドワークから見た重層性』二〇五―二二二頁、京都：昭和堂。

第八章　ゲマインシャフト都市にみるもう一つ別の共同体

（書き下ろし）

これら章のもとになった論文は、二〇〇三年から一二年間続けて採択された三つの科学研究費補助金による研究に負っているところが大きい。それらは、基盤研究（C）「太平洋戦争とメラネシアの都市――アメリカ軍の建設したキャンプ都市の歴史人類学的研究」（二〇〇三年～二〇〇七年）、基盤研究（C）「島嶼国ツバルにおける環境破壊とそれに対する適応戦術に関する文化人類学的研究」（二〇〇七年～二〇一一年）、基盤研究（C）「南太平洋における公共圏と親密圏の生成に関する文化人類学的研究」（二〇一一年～二〇一五年）である。また、第五章は、国立民族学博物館の共同研究会「メラネシアにおける都市と都市文化の人類学的研究」（一九九九年～二〇〇〇年、研究代表者：吉岡政德）で二〇〇〇年に発表したものを、第六章は、国立民族学博物館地域研究センターの共同研究会「オセアニア諸社会におけるエスニシティ」（二〇〇三年～二〇〇六年、研究代表者：山本真鳥）で二〇〇四年に発表したものを、第七章は、国立民族学博物館の共同研究会「脱植民地期オセアニアの多文化的公共圏の比較研究」（二〇〇六年～二〇一〇年、研究代表者：柄木田康之）で二〇〇九年に発表したものをベースとして、その後のフィールドワークなどを踏まえて書いたものである。研究会での過激とも言える楽しい討論に感謝する。

また、書き下ろしの論考となった第一章と第八章はそれぞれ「都市」と「共同体」に関する理論がテーマとなっているが、どちらも、私が務めている神戸大学大学院国際文化学研究科の修士課程の院生対象のゼミで取り上げたテーマであり、院生との議論を通じて本書で展開しているような方向性が明確になった点も多々あった。我慢強く文献と向き合ってくれた院生諸君に感謝する。

年を経るごとに学術書の出版事情が厳しくなるにもかかわらず、本書が世に出ることになったのは、採算を度外視して出版を引き受けてくださった風響社の石井さんのおかげである。初めて博士論文を本として出版していただいたときから、日本語での出版はこれが三冊目となるが、どれも石井さんの決断と度量の広さのおかげで世に出ることが出来た。深くお礼を申しあげたい。

ここまで書きあげた二〇一五年三月、予期せぬ事態が起こった。三月一三日から一四日にかけて、歴史的に巨大なサイクロンがヴァヌアツを襲ったのである。カテゴリー五に位置づけられたサイクロンは、一時は八九六ヘクトパスカル、最大瞬間風速八五メートルという巨大なサイクロンに発達し、ヴァヌアツ全体で一六万人が被災したと言われた。ネット上では、木々や家屋が軒並みなぎ倒されている映像が流れ、首都のポートヴィラもほとんどの家屋が被災し、壊滅状態であると報じられた。

それから二カ月半が経過し、会議や授業の算段を終えて、私は今ようやくポートヴィラに降り立った。そして驚いている。というのは、人々は普通の生活をしているからである。家々は再建され、三月に何があったのか分からないほど、以前と変わらぬ生活が展開されているのである。確かに市場に並ぶ野菜や果物の種類が限られていることや、ポートヴィラの内陸部では屋根のない家が散見されるが、メインストリート沿いは何ら変わらず、初めてポートヴィラを訪れた人ならば、災害の爪痕は見逃してしまう程度であろう。カヴァ・ナカマルは相変わらず盛況で、被災しながらもその度合いの弱かった島からカヴァが取り寄せられ、人々はアフター・ファイヴの疲れをいやしている。

サイクロンが通り過ぎた後、大木が倒れて道路をふさいでいたが、人々は自らチェーンソーを持ち出して木を切り、道路を開通させたという。また、どこからか飛んできたトタン屋根が、いつのまにか片付けられており、サイクロンの過ぎ去った次の日から、人々は助けあいながら、譲り合いながら、崩壊した家屋の修理を自らの手で開始したのだ。サイクロン被害のなかったルガンヴィルからは、すぐに野菜がポートヴィラに向けて送られた。人々の互助精神は都市生活で発揮され、災害からの極めて早い復旧を成し遂げているのだ。まさにゲマインシャフト都市は生き続けているのだ。

フィールドワークでは、様々な人々にお世話になった。特に、ポートヴィラやルガンヴィル在住の北部ラガ人にはいつも温かく迎え入れてもらった。都市の言葉としてのビスラマで言えば、*Mi wandem talem tankyu tu mas long olgeta man mo uman we ol i stap long taon mo uman blong mi mo famili blong mi long Not Pentekos from we olgeta ia ol i helpem mi tu mas.*（私を助けてくれたことに対して、都市在住の方々と北部ペンテコストの私の家族に感謝したい）。

ポートヴィラにて

二〇一五年五月二九日

引用文献

Aaron, D.B, P.Antfalo, F. Din, J. Gwero, S. Korae, P. Mala, L. Mangawai, W. Mele, A. Nafuki, D.J.Peter, K. Shing, G. Tabeva, S.Vulum and W. Wayback

1981　"Jimmy Stevens: Founder of the Nagriamel Movement." In B. Macdonald-Milne and P. Thomas eds. *Yumi Stanap: Leaders and Leadership in a New Nation*, pp.46-52. Suva: Institute of Pacific Studies, The University of the South Pacific and Lotu Pasifika Productions.

阿部　潔

一九九八　『公共圏とコミュニケーション』京都：ミネルヴァ書房。

秋本貫一

一九四三　『南太平洋踏査記』東京：日比谷出版社。

Anglo-French Condominium

1951　*Colonial Report - Anglo-French Condominium: New Hebrides 1949 and 1950*. London: His Majesty's Stationery Office.

青柳まちこ

一九九六　「序章「エスニック」とは」青柳まちこ編・監訳『「エスニック」とは何か——エスニシティ基本論文選』七―二一頁、東京：新泉社。

綾部恒雄

一九八五　「エスニシティの概念と定義」綾部恒雄編『文化人類学2：特集　民族とエスニシティ』八―一九頁、京都：アカデミア出版。

バルト、F

一九九六　「エスニック集団の境界――論文集『エスニック集団と境界』のための序文」青柳まちこ編・監訳『「エスニック」とは何か――エスニシティ基本論文選』二三―七一頁、東京：新泉社。

ベッカー、H・S

一九九八（一九六六）「序文」ショー、C『ジャック・ローラー』玉井眞理子、池田寛訳、一―一九頁、東京：東洋館出版社。

Bennet, J. M

1957　“Vila and Santo: New Hebrides Towns.” *Geographical Studies* 4(2): 116-128.

ビッカートン、D

一九八五　『言語のルーツ』筧壽雄、西光義弘、和井田紀子訳、東京：大修館書店。

Bill, R.

1995　“Luganville.” In Trease, H. Van ed. *Melanesian Politics: Stael blong Vanuatu.* pp.293-300. Christchurch and Suva: Macmillan Brown Centre for Pacific Studies, University of Canterbury and Institute of Pacific Studies, University of the South Pacific.

Bonnemaison, J.

1977　*Système de Migration et Croissance Urbaine à Port-Vila et Luganville (Nouvelle-Hébrides).* Paris: O.R.S.T.O.M.

1981　*Map of Luganville.* Port Vila: Service Topographique.

カステル、M

一九八二（一九七六）「都市社会学は存在するか」ピックバンス、C・G編『都市社会学――新しい理論的展望』山田操、吉原直樹、鯵坂学訳、五三―九六頁、東京：恒星社厚生閣。

一九八四（一九七七）『都市問題――科学的理論と分析』山田操訳、東京：恒星社厚生閣。

セルトー、M

一九八七（一九八〇）『日常的実践のポイエティーク』山田登世子訳、東京：国文社。

Crowly, T.

1995 "The National Drink and the National Language in Vanuatu." *The Journal of Polynesian Society* 104: 7-22.

Discombe, R.

1979 *The New Hebrides at War*. Port Vila: Vanuatu National Library.

土井隆義

二〇〇四 『「個性」を煽られる子どもたち　親密圏の変容を考える』東京：岩波書店。

Douglas, N. and N. Douglas

1989 *Pacific Islands Yearbook 16th Edition*. Suva : Fiji Times.

1994 *Pacific Islands Yearbook 17th Edition*. Suva : Fiji Times.

イームズ、E／J・グード

一九九六 「都市におけるエスニック集団——母文化を共通にする集団」青柳まちこ編・監訳『「エスニック」とは何か——エスニシティ基本論文選』九七—一三九頁、東京：新泉社。

Fiji Bureau of Statistics

2014 *Key Statistics September 2014*. Suva: Fiji Bureau of Statistics.

フィッシャー、C・S

一九八三（一九七五）「アーバニズムの下位文化理論に向けて」奥田道大、広田康生編訳『都市の理論のために——現代都市社会学の再検討』五〇—九四頁、東京：多賀出版株式会社。

フレイザー、N

一九九九 「公共圏の再考——既存の民主主義の批判のために」クレイグ・キャンホール編『ハーバマスと公共圏』山本啓、新田滋訳、一一七—一五九頁、東京：未来社。

福井栄二郎

二〇〇六 「私信」

藤田弘夫

一九八七 「都市と国家——戦争・内乱・革命」藤田弘夫、吉原直樹編『都市——社会学と人類学からの接近』二—二一頁、京都：ミネルヴァ書房。

一九九三 『都市の論理——権力はなぜ都市を必要とするか』東京：中公新書。

一九九五　「都市の発展と衰退」藤田弘夫、吉原直樹編『都市とモダニティ――都市社会学コメンタール』四〇―四五頁、京都：ミネルヴァ書房。
Garret, J.
1982　*To Live among the Stars: Christian Origins in Oceania.* Geneva: World Council of Churches.
Geslin, Y
1956　“Les Américains aux Nouvelles-Hébrides au Cours de la Seconde Guerre Mondiale.” *Journal de la Société des Océanistes* 12: 245-28.
Goddard, M.
2005　*The Unseen City: Anthropological Perspectives on Port Moresby, Papua New Guinea.* Canberra: Pandanus Books.
Gravelle, K.
1979　*Fiji's Times: A History of Fiji.* Suva: The Fiji Times.
Haberkorn, G.
1989　“Urbanization.” Bedford, R. ed. *Population of Vanuatu: Analysis of the 1979 Census*. pp.71-86. Noumea: South Pacific Commission.
ハーバーマス、ユルゲン
一九九四　『公共性の構造転換――市民社会の一カテゴリーについての探求』東京：未来社。
花田達朗
一九九九　『メディアと公共圏のポリティクス』東京：東京大学出版会。
Harcombe, D. and D. O'Byrne
1991　*Vanuatu*. Hawthorn: Lonely Planet Publications.
Heinl, R. D.
1944　“Palms and Planes in the New Hebrides.” *National Geographic* 86: 229-256.
日野舜也
二〇〇一　「アフリカ都市研究と日本人研究者」嶋田義仁、松田素二、和崎春日編『アフリカの都市的世界』

一一二八頁、京都：世界思想社。

Ielemia, V.
1983　“Funafuti.” In Laracy, H. ed. *Tuvalu: A History*. pp.92-96. Suva: Institute of Pacific Studies and Extension Services, University of the South Pacific and the Ministry of Social Services, Government of Tuvalu .

今福龍太
一九九四　『クレオール主義』東京：青土社。

石森大知
二〇〇一　「カストムとファッション――ソロモン諸島ヴァングヌ島における過去と現在をめぐる認識論的連関」『民族学研究』六六―二：二二二―二三七。

Kofe, L.
1983　“Palagi and Pastor.” In Laracy, H. ed. *Tuvalu: A History*. pp.102-120. Suva: Institute of Pacific Studies and Extension Services, University of the South Pacific and the Ministry of Social Services, Government of Tuvalu .

Kralovec, D. W.
1945　*A Naval History of Espiritu Santo, New Hebrides*. Naval Historical Center Archives.

熊谷圭知
二〇〇〇　「ポートモレスビーにおける都市空間の形成と都市移住者の生存戦略――「セトゥルメント」、インフォーマル・セクターと都市権力」熊谷圭知、塩田光喜編『都市の誕生――太平洋島嶼国の都市化と社会変容』二七―八四頁、アジア経済研究所。

ルフェーブル、H
一九七四（一九七〇）『都市革命』今井成美訳、東京：晶文社。
二〇一一（一九六八）『都市への権利』森本和夫訳、東京：ちくま学芸文庫。

Levi=Strauss, C.
1962　*Pansée Souvage*. Paris: Plon.

Lindstrom, L.

1993 "Cargo Cult Culture: Toward a Genealogy of Melanesian Kastom." In White, G. and L. Lindstrom, eds. *Custom Today. Anthropological Forum* (special issue) 6(4): 495-513.

Lindstrom, L. and Gwero (eds.)

1998 *Big Wok : Storian blong Wol Wo Tu long Vanuatu.* Christchurch and Suva: Macmillan Brown Centre for Pacific Studies, University of Canterbury, Institute of Pacific Studies, University of the South Pacific.

リンギス、A

二〇〇六（一九九四）『何も共有していない者たちの共同体』野谷啓二訳、京都：洛北出版。

MacClancy, J.

2002 *To Kill A Bird With Two Stones: A Short History of Vanuatu.* Port Vila: Vanuatu Cultural Centre.

Mamak, A.

1977 "Aspects of Social Life in An Urban Housing Estate." In Harre, J. and C. Knapman eds. *Living in Town: Problems and Priorities in Urban Planning in the South Pacific.* pp.33-42. Suva: University of the South Pacific and South Pacific Social Science Association.

松田素二

一九九二「民族再考——近代の人間分節の魔法」『インパクション』七五：一二三—一三五。

一九九六『都市を飼いならす——アフリカの都市人類学』東京：河出書房新社。

二〇〇一「現代アフリカ都市社会論序説」嶋田義仁、松田素二、和崎春日編『アフリカの都市的世界』一七〇—一九三頁、京都：世界思想社。

二〇〇四a「日常の中の都市性——あるケニア人一族の一〇〇年間の都市経験から」関根康正編『〈都市的なるもの〉の現在——文化人類学的考察』二四一—二七一頁、東京大学出版会。

二〇〇四b「変異する共同体——創発的連帯論を超えて」『文化人類学』六九—二：二四七—二七〇。

松本博之

二〇〇四「〈都市的なるもの〉の襞——身体性からの逆照射」関根康正編『〈都市的なるもの〉の現在——文化人類学的考察』三九四—四二一頁、東京：東京大学出版会。

松本　康

一九九六「訳者解説　クロード・S・フィッシャーの「アーバニズムの下位文化理論」について」フィッシャー『都市的体験――都市生活の社会心理学』松本康、前田尚子訳、四〇五―四二六頁、東京：未来社。

二〇〇八「サブカルチャーの視点――C・S・フィッシャー「アーバニズムの下位文化理論に向かって」」井上俊、伊藤公雄編『都市的世界』五三―六二頁、京都：世界思想社。

南真木人

二〇〇四「「村人」にとっての都市的経験――ネパールの事例から」関根康正編『〈都市的なるもの〉の現在――文化人類学的考察』一九〇―二〇九頁、東京：東京大学出版会。

Mitchell, J. C.

1966 "Theoretical Orientations in African Urban Studies." In Banton, M. ed. *The Social Anthropology of Complex Societies*. pp.37-68. ASA Monographs 4. London: Tavistock Publications.

宮内泰介

一九九八「発展途上国と環境問題――ソロモン諸島の事例から」舟橋晴俊、飯島信子編『講座社会学一二　環境』一六三―一九〇頁、東京：東京大学出版会。

二〇〇三「「民族紛争」下の住民たち――ソロモン諸島マライタ島避難民の移住パターンと生活戦略」山本真鳥、須藤健一、吉田集而編『オセアニアの国家統合と地域主義』ＪＣＡＳ連携研究報告書六：二〇九―二三八、

Moon, M. and B. Moon

1998 *Ni-Vanuatu Memories of World War II.* Diamond Harbour: Published by the Authors.

森岡裕一

一九九六「都市の映像――現代アメリカ映画における都市のイメージ」斉藤隆文、堀恵子、田口哲也、森岡裕一、好井千代『イメージとしての都市――学際的都市文化論』二一一―二六九頁、東京：南雲堂。

村田晶子

二〇〇二「フィジーにおけるインド人社会――サトウキビ栽培地域の事例を中心に」『民族学研究』六七―二：一八三―二〇四。

中川　敏

一九九六　『モノ語りとしてのナショナリズム――理論的人類学探究』東京：金子書房。
中野正大、宝月誠編
二〇〇三　『シカゴ学派の社会学』京都：世界思想社
中山和芳
二〇〇〇　「人食い人種とキリスト教――一九世紀アメリカの新聞に見るオセアニア人観」吉岡政德、林勲男編『オセアニア近代史の人類学的研究――接触と変貌、住民と国家』国立民族学博物館研究報国別冊二一：三七―六三。
ナンシー、J＝L
一九八五（一九八三）『無為の共同体――バタイユの恍惚から』西谷修訳、東京：朝日出版社。
Nayacakalou, R. R.
1963　"The Urban Fijians of Suva." In Spoehr, A. ed. *Pacific Port Towns and Cities: A Symposium.* pp.33-41. Honolulu : Bishop Museum Press.
Narsey, W.
2008　*The Quantitative Analysis of Poverty in Fiji.* Suva: Vanuavou Publicaitons.
Needham, R.
1975　"Polythetic Classification. Convergence and Consequences." *Man (n.s)* 10: 349-369.
新津晃一
一九九五　「第三世界の都市化」藤田弘夫、吉原直樹編『都市とモダニティ――都市社会学コメンタール』六六―七三頁、京都：ミネルヴァ書房。
西澤晃彦
二〇一〇　『貧者の領域――誰が排除されているのか』東京：河出書房新社。
西谷　修
一九九七　「ブランショと共同体――あとがきに代えて」ブランショ、M『明かしえぬ共同体』西谷修訳、一六五―二二〇頁、東京：筑摩書房。
Noricks, J. S.

1981　*A Tuvalu Dictionary*. New Haven: HRAFlex Books. Human Relations Area Files, Inc.

布野修司

二〇〇五　「都市のかたち——その起源、変容、転成、保全」植田和弘、神野直彦、西村幸夫、間宮陽介編『都市の再生を考える1——都市とは何か』三七—六六頁、東京：岩波書店。

O'Connor, A.

1983　*The African City*. London: Hutchinson & Co. Ltd.

小川和美

二〇〇〇　「フィジー諸島の都市形成とフィジー系住民社会」熊谷圭知、塩田光喜編『都市の誕生——太平洋島嶼国の都市化と社会変容』二五一—二八九頁、アジア経済研究所。

岡部明子

二〇〇五　「都市を生かし続ける力」植田和弘、神野直彦、西村幸夫、間宮陽介編『都市の再生を考える1——都市とは何か』一五五—一八五頁、東京：岩波書店。

小田　亮

二〇〇四　「共同体という概念の脱／再構築——序にかえて」『文化人類学』六九—二：二三六—二四六。

二〇一〇　「グローカリゼーションと共同性」小田亮編『グローカリゼーションと共同性』一—四二頁、成城大学民俗学研究所グローカル研究センター。

大杉高司

二〇〇一　「非同一性による共同性へ／において」杉島敬志編『人類学的実践の再構築——ポストコロニアル転回以後』二七一—二九六頁、京都：世界思想社。

Oram, N.D.

1976　*Colonial Town to Melanesian City: Port Moresby 1884-1974*. Canberra: Australian National University Press.

Papua New Guinea National Statistical Office

2013　*2011 National Population and Housing Census of Papua New Guinea- Final Figures*. Port Moresby: National Statistical Office.

Park, R. E., E. W. Burgess and R. D. Mckenzie

1925　*The City*. The University of Chicago Press.
プラーニッツ、H
一九八三（一九四三―四四）『中世ドイツの自治都市』林毅訳、東京：創文社。
レルフ、エドワード
一九九九（一九七六）『場所の現象学』高野岳彦、阿部隆、石山美也子訳、東京：筑摩書房。
Rika, N.
1986　"Is Kinship Costly?" Griffin, C. and M. Monsell-Davis eds. *Fijians in Town*. pp.189-195. Institute of Pacific Studies of the University of the South Pacific .
Ripablik blong Vanuatu
1980　*Konstitusin blong Ripablik blong Vanuatu*. Port Vila: Ripablik blong Vanuatu.
齋藤純一
二〇〇〇　『公共性』東京：岩波書店
二〇〇三a　「まえがき」齋藤純一編『親密圏のポリティクス』i―viii頁、京都：ナカニシヤ出版。
二〇〇三b　「親密圏と安全性の政治」齋藤純一編『親密圏のポリティクス』二一一―二三六頁、京都：ナカニシヤ出版。
二〇〇五　「都市空間の再編と公共性――分離／隔離に抗して」植田和弘、神野直彦、西村幸夫、間宮陽介編『都市の再生を考える1――都市とは何か』一二九―一五四頁、東京：岩波書店。
Samuelu, L.
1983　"Land." In Laracy, H. ed. *Tuvalu: A History*. pp.35-39. Suva: Institute of Pacific Studies and Extension Services, University of the South Pacific and the Ministry of Social Services, Government of Tuvalu .
サッセン、S
二〇〇八（二〇〇一）『グローバル・シティ――ニューヨーク・ロンドン・東京から世界を読む』伊豫谷登士翁監訳、大井由紀、高橋華生子訳、東京：筑摩書房。
Secretariat of the Pacific Community
2004　*Tuvalu 2002 Population and Housing Cencus: Administrative Report and Basic Tables*. Noumea: Secretariat

of the Pacific Community.

関根久雄
　二〇〇二　「「辺境」の抵抗――ソロモン諸島ガダルカナル島における「民族紛争」が意味するもの」『地域研究論集』四―一：六三―八六、

関根政美
　一九九四　『エスニシティの政治社会学――民族紛争の制度化のために』名古屋：名古屋大学出版会。

関根康正（編）
　二〇〇四　『〈都市的なるもの〉の現在――文化人類学的考察』東京：東京大学出版会。

関根康正
　二〇〇四　「序論　〈都市的なるもの〉を問う人類学的視角」関根康正編『〈都市的なるもの〉の現在――文化人類学的考察』一―三九頁、東京：東京大学出版会。

渋谷望
　二〇〇三　「排除空間の生政治――親密圏の危機の政治化のために」斎藤純一編『親密圏のポリティクス』一〇七―一二九頁、京都：ナカニシヤ出版。

シンガー、M
　一九六八（一九六六）「宗教の近代化」ウィナー、M編『近代化の理論』上林良一、竹前栄治訳、五四―六五頁、東京：、法政大学出版局。

塩田光喜
　二〇〇〇　「まえがき」熊谷圭知、塩田光喜編『都市の誕生――太平洋島嶼国の都市化と社会変容』i―iv頁、アジア経済研究所

白川千尋
　一九九八　「カヴァ・バーとワータ――ヴァヌアツ共和国トンゴア島民のカヴァ飲み慣行とローカリティ認識の構図」『民族学研究』六三―一：九六―一〇六。

庄司博史
　二〇〇六　「私信」

一九九七　「民族境界としての言語」『岩波講座・文化人類学5　民族の生成と論理』六七―九六頁、東京：、岩波書店。

Southall, A.

1961　“Introductory Summary.” In Southall, A. ed. *Social Change in Modern Africa: Studies Presented and Discussed at the First International African Seminar, Makerere College, Kampala, January 1959*. pp.1-66. Oxford: Oxford University Press.

高山龍太郎

二〇〇三　「歴史的・社会的背景――一九二〇年代アメリカの社会状況」中野正大、宝月誠編『シカゴ学派の社会学』四四―五三頁、京都：世界思想社。

Teiwaki, R.

1983　“Kiribati- Nation of Water.” In Crocombe, R. & A. Ali (eds.) *Politics in Micronesia.* pp.1-28. Suva: Institute of Pacific Studies of the University of the South Pacific.

Teo, N. P.

1983　“Colonial Rule.” In Laracy, H. ed. *Tuvalu: A History*. pp.127-139. Suva. Institute of Pacific Studies and Extension Services, University of the South Pacific and the Ministry of Social Services, Government of Tuvalu.

テンニェス、F

一九五四（一八八七）『ゲマインシャフトとゲゼルシャフト――純粋社会学の基本概念』杉之原寿一訳、東京：理想社。

豊田由貴夫

二〇〇〇　「メラネシア・ピジンと植民地主義」吉岡政德・林勲男編『オセアニア近代史の人類学的研究――接触と変貌、住民と国家』国立民族学博物館研究報告別冊二一：一五一―一七三、

Tryon, D.

1999　*Pacific Islands Stakeholder Participation in Development: Vanuatu.* A Report for the World Bank.

内堀基光

一九八九　「民族論メモランダム」田辺繁治編『人類学的認識の冒険――イデオロギーとプラクティス』二七―四三頁、東京：同文館。

一九九七　「民族の意味論」『岩波講座・文化人類学5――民族の生成と論理』一―二八頁、東京：、岩波書店。

内田芳明

一九九〇　「都市風景とは何か」内田芳明・陣内秀信、三輪修三編『歴史と社会一〇　都市の意味するもの』一七八―二〇〇頁、東京：リブロポート。

UN-Habitat

2012　*Fiji: Greater Suva Urban Profile.* Nairobi: United Nations Human Settlements Programme.

Vanuatu National Statistic Office

1983　*Report on the Census of Population 1979.* Port Vila: National Planning and Statistic Office.

1991a　*Vanuatu National Population Census May 1989: Main Report.* Port Vila: National Statistics Office.

1991b　*National Population Census 1989 Population Atlas* I, II, III, IV, V, VI . Port Vila: National Statistic Office.

1995　*Small Business and Informal Sector Surveys: Report.* Port Vila: National Statistics Office.

2000a　*Overseas Trade - June 2000.* Monthly News Release. Port Vila : National Statistics Office.

2000b　*The 1999 Vanuatu National Population and Housing Census. Main Report.* Port Vila: National Statistics Office.

n.d.　*2009 National Population and Housing Census. Basic Tables Report Volume 1.* Port Vila: National Statistic Office.

若林幹夫

一九九二　『熱い都市　冷たい都市』東京：弘文堂。

一九九九　『都市のアレゴリー』東京：INAX 出版。

二〇〇五　「余白化する都市空間――お台場、あるいは「力なさ」の勝利」吉見俊哉、若林幹夫編『東京スタディーズ』六―二五頁、東京：紀伊国屋書店。

Wallin, H. N

1967a　"The Project Was Roses: Part I." *The Navy Civil Engineer (May/June)*: 16-19.

1967b “The Project Was Roses: Part II.” *The Navy Civil Engineer* (July): 8-31.
1967c “The Project Was Roses: Part III.” *The Navy Civil Engineer* (Augusut): 26-28.

和崎春日
一九八七 「現代都市と都市人類学の展開――地域人類学とエスニシティの視角」藤田弘夫、吉原直樹編『都市――社会学と人類学からの接近』四六―七九頁、京都：ミネルヴァ書房。

ウェーバー、M
一九六四（一九五六）『都市の類型学』世良晃志郎訳、東京：創文社。

White, G. and L. Lindstrom (eds.)
1993 *Custom Today. Anthropological Forum* (special issue) 6(4).
1997 *Chiefs Today: Traditional Pacific Leadership and the Postcolonial State.* Stanford: Stanford University Press.

Wilson, A.
1956 “Santo’s Part in the Pacific War.” *Quarterly Jottings from the New Hebrides* 212: 8-10.

Wirth, L.
1938 “Urbanization as a Way of Life.” *The American Journal of Sociology* 44(1): 1-24.

Wittgenstein, L.
1967 *Philosophical Investigations(Third Edition)*. London: Basil Blackwell.
1969 *The Blue and Brown Books: Preliminary Studies for the ‘Philosophical Investigations’ (Second Edition)*. London: Basil Blackwell.

吉岡政德
一九九三 「キリバスにおける性関係――マイアナを中心として」須藤健一、杉島敬志編『性の民族誌』一八七―二〇八頁、京都：人文書院。
一九九八 『メラネシアの位階階梯制社会――北部ラガにおける親族・交換・リーダーシップ』東京：風響社。
二〇〇五ａ 「バラエティ番組における未開の演出」飯田卓、原知章編『電子メディアを飼いならす――異文化を橋渡すフィールド研究の視座』九〇―一〇三頁、東京：せりか書房。
二〇〇五ｂ 『反・ポストコロニアル人類学――ポストコロニアルを生きるメラネシア』東京：風響社。

二〇一〇　「比較主義者ニーダムの比較研究」出口顯、三尾稔編『人類学的比較再考』国立民族学博物館調査報告九〇：七九―九六。

吉見俊哉

一九八七　『都市のドラマトゥルギー――東京・盛り場の社会史』東京：弘文堂。

一九九五　「都市的なるものと祝祭性」藤田弘夫、吉原直樹編『都市とモダニティ――都市社会学コメンタール』一四五―一五二頁、京都：ミネルヴァ書房。

一九九六　『リアリティ・トランジット』東京：紀伊国屋書店。

二〇〇五　「都市の死　文化の場所」植田和弘、神野直彦、西村幸夫、間宮陽介編『都市の再生を考える1――都市とは何か』一〇一―一二八頁、東京：岩波書店。

吉原直樹

一九九三　「序　都市の思想のために」吉原直樹編『都市の思想――空間論の再構成にむけて』三―九頁、東京：青木書店。

Young, M.

1996　"Kava and Christianity in Central Vanuatu: With an Appendix on the Ethnography of Kava Drinking in Nikaura, Epi." *Canberra Anthropology* 18: 61-96.

写真・図表一覧

ヤ・ラ・ワ

ハ

マ

ナ

索引

著者紹介
吉岡政德（よしおか　まさのり）

1951年生まれ。

1979年東京都立大学大学院社会科学研究科単位取得退学。

社会人類学博士。

専攻は社会人類学、オセアニア地域研究。

現在、神戸大学大学院国際文化学研究科教授。

著書に、『メラネシアの位階階梯社会—北部ラガにおける親族・交換・リーダーシップ』（1998年、風響社、第15回大平正芳記念賞受賞）、『反・ポストコロニアル人類学—ポストコロニアルを生きるメラネシア』（2005年、風響社）、*The Story of Raga: David Tevimule's Ethnography on His Own Society, North Raga of Vanuatu*. (The Japanese Society for Oceanic Studies Monograph Series No.1)、編著書に、『社会人類学の可能性 I 歴史のなかの社会』（1988年、弘文堂、共編著）、『オセアニア3　近代に生きる』（1993年、東京大学出版会、共編著）、『オセアニア近代史の人類学的研究—接触と変貌、住民と国家』（2000年、国立民族学博物館研究報告別冊、共編著）、『オセアニア学』（2009年、京都大学出版会、監修および著）、『オセアニアを知るための58章：メラネシア、ポリネシア』（2010年、明石書店、共編著）など。

ゲマインシャフト都市　南太平洋の都市人類学

2016年2月10日　印刷
2016年2月20日　発行

著者　吉岡　政德
発行者　石井　雅

発行所　株式会社　風響社

東京都北区田端4-14-9（〒114-0014）
03(3828)9249　振替 00110-0-553554
印刷　モリモト印刷

ISBN 978-4-89489-218-7 C1039